四川省一流建设学科（政治学与社会治理）专项资金资助
西华师范大学出版基金资助
西华师范大学博士科研启动项目资金资助

族群政党合作与马来西亚的政治发展

李江 著

中国社会科学出版社

图书在版编目（CIP）数据

族群政党合作与马来西亚的政治发展 / 李江著. —北京：中国社会科学出版社，2020.9

ISBN 978-7-5203-6910-7

Ⅰ.①族… Ⅱ.①李… Ⅲ.①政治—研究—马来西亚 Ⅳ.①D338.2

中国版本图书馆 CIP 数据核字（2020）第 143751 号

出 版 人	赵剑英
责任编辑	王 琪
责任校对	夏慧萍
责任印制	王 超

出　　版	中国社会科学出版社
社　　址	北京鼓楼西大街甲 158 号
邮　　编	100720
网　　址	http://www.csspw.cn
发 行 部	010-84083685
门 市 部	010-84029450
经　　销	新华书店及其他书店
印　　刷	北京明恒达印务有限公司
装　　订	廊坊市广阳区广增装订厂
版　　次	2020 年 9 月第 1 版
印　　次	2020 年 9 月第 1 次印刷
开　　本	710×1000　1/16
印　　张	13.5
字　　数	226 千字
定　　价	79.00 元

凡购买中国社会科学出版社图书，如有质量问题请与本社营销中心联系调换
电话：010-84083683
版权所有　侵权必究

序

　　政党研究是比较政治研究中的一个传统领域，近年来，这个领域的研究有一些新的倾向，尤其是倾向于研究政党或政党联盟的治理对非西方国家稳定与发展的意义。受这种倾向的影响，本书系统地阐述了马来西亚的主要族群政党建立与开展合作的过程，成为该领域研究的一部新颖之作，对想了解马来西亚国家发展的读者，尤其是研究马来西亚族群政治的学者来说，具有一定的参考价值。

　　本书给出了自己的族群政党概念，分析了族群政党合作过程中的政党利益与族群利益的一般互动关系，族群政党合作的基础、条件、方式和地位，族群政党合作的过程、结果、原则和策略，公共利益与政党利益、族群利益的协调，族群政党合作与政治发展的关系。这种研究对拓展政党合作理论也具有启发意义。本书没有运用建立西式的民主政治体制、提高政府能力的政治发展概念，而是从实现国家独立、维护族群社会稳定、维护世俗政体、保证国家政策连续、促进公正发展的角度构建了马来西亚式的政治发展概念。这是建构非西方国家的政治发展概念的一项有意义的努力。

　　以这些比较独到的理论努力为基础，本书精心选择了马来西亚多年来政党之间合作的一些案例进行分析。例如，作者重点研究了2018年大选的过程及结果，从马哈蒂尔的政治威望、国阵人员的行为、国阵的执政能力、国阵干预议会选举、国阵获得马来人的选票数等角度分析了希盟能获得马来西亚执政权的原因。从这些案例分析中，作者揭示了马来西亚的族群政党开展合作的原因、方式、效果，并且从主导政党、成员党关系、全面与局部合作、协调三方面利益的角度分析了该国族群政党开展合作的特征。本书从国家的公共利益、政党的特殊利益、发展主义、政党合作的效果、族群政党的利益协调的角度分析了马来西亚的族群政党合作对其他的多族群国家的政党合作的启示，对其他的多族群国家的政党开展有效合作也具有借鉴作用。

从理论建构到经验分析，本书都显示了一定的新意，对强化比较政党研究的新倾向，推动有关经验研究的发展做出了值得肯定的贡献。

储建国

武汉大学特聘教授、比较政治研究中心主任、博士生导师

2020年5月30日

前　言

　　随着西方工业革命、资产阶级革命的发展，英国、美国、法国等欧美国家相继出现了近代意义的政党。这些国家政党的成员主要是由社会中具有相同政治信仰的人组成，所以这些政党致力于维护这些政党成员及代表的社会人员的利益。为增强政党的政治合法性，尽量吸收更多的社会人员支持该党，所以政党也要维护国家的公共利益。当西方的政党制度传入多族群的发展中国家时，这些由族群人员组成的政党通常面临着实现国家独立、维护政权本质、维护族群利益、开展议会竞选等方面的任务，这些任务分别代表着族群政党要维护的公共利益、族群利益、政党利益，其中的族群利益和政党利益也是族群政党的特殊利益。它们也面临着公共利益、政党利益和族群利益之间的协调问题。然而在族群文化存在很大差异、族群之间的信任程度低、族群冲突较频繁、各族群人数占总人数较大比率的国家，单一的族群政党很难完成国家独立、维护政权本质、保证政策连续、促进公正发展、有效维护族群利益的目标。这些族群政党要通过组建政党联盟的方式，在联盟内部开展有效的合作；或者在有关事务中采用互相支持与配合的方式，才能提高族群政党之间的信任感，逐步地实现国家的公共利益，协调国家的公共利益与族群政党的特殊利益。

　　马来西亚是多族群的国家，主要包括马来人、华人、印度人等族群。各族群的语言、宗教、风俗习惯、价值观念存在显著差别，所以各族群曾经发生激烈的冲突事件。各族群为维护本族群的利益，协调与其他族群的利益矛盾，所以组建了族群政党。由于这些族群政党在政治影响力、选民基础等方面的资源存在互补，所以它们为实现马来亚①的国家独立、获得议会的多数议席组成了族群政党联盟。由于各族群政党的政治纲领、代表的利益群体不同，所以它们在联盟内部必须通过互相妥协、寻求共识的方式，才能解决有关事项。未结盟的同一族群的不同政党在共同维护本族群的语言、教育、宗教权利的过程中，必须通过相互支持与配合的方式，才能更好地争取族群的正当权利。马来西亚的政治发展方式与有的学者倡导的民主政体的建构与完善，政府的治理能力提高的政治发展途径存在很大差异。事实上，马来西亚的族群政党通过开展合作，在很大程度上影响了该国的政治发展。例如，马华公会、民政党支持巫统的世俗伊斯兰教国，华人政党联合抵制伊斯兰党的政教合一政权，有效维护了该国的世俗政体。国阵成员党的议会选举合作，使该联盟持续获得了马来西亚的执政权力；国阵在执政期间实施了多项有利于经济社会发展的政策，也确保了该国政策的连续。马来西亚反对党联盟的议会选举合作，也促进了该国政治、经济、社会领域的公正发展。因此，本书的主要问题是分析马来西亚的族群政党合作对该国政治发展的影响。具体是从该国族群政党的发展历程分析族群政党的合作对国家独立、族群稳定、世俗政体、政策连续、国家公正发展产生的影响；并且分析族群政党在族群事务、宗教事务、议会选举事务等方面为什么能开展合作，怎样开展合作，它们的合作效果怎样；分析它们在这些事务中如何协调了国家的公共利益、族群政党利益和族群人员利益。

---

① 马来亚是指马来亚半岛南部的大部分地区，它由槟城、吉打、彭亨、霹雳、柔佛、玻璃市、丁加奴、吉兰丹、马六甲、雪兰莪、森美兰十一个州组成。由于马来亚靠近马六甲海峡，它的战略地位非常重要，所以西方殖民者为获取东南亚及远东地区的利益，在16世纪初期就在马来亚建立了殖民地。葡萄牙、荷兰曾经对马来亚实行殖民统治，掠夺该地区的物质财富；随后英国在19世纪20年代成为马来亚的新殖民统治者。第二次世界大战期间，日本军队击败了英国在马来亚的军队，所以日本曾经在1942年至1945年占领马来亚。日本投降后，英国再次回到马来亚实行殖民统治，并且在1948年2月建立了由英王委任的高级专员控制的马来亚联合邦。在马来亚民众的大力支持下，该国的政治团体对马来亚的独立事项开展了有效的合作，最终英国同意马来亚联合邦在1957年8月独立，从而结束了马来亚长达四百多年的殖民历史。1963年9月，马来亚联合邦与新加坡、东马的沙巴、砂捞越组建了马来西亚联邦，所以马来西亚联邦是马来亚联合邦扩大化的结果。随后由于新加坡与马来西亚联邦政府在政治、经济发展观念、族群政策理念方面存在较大分歧，1965年8月，新加坡被迫退出了马来西亚联邦，并且成立新加坡共和国。现在的马来西亚联邦主要由西马的十一个州、东马的两个州以及布城、纳闽、吉隆坡三个联邦直辖区组成。为了文字表达的简练，本书在研究该国1963年9月以前的历史时，通常将马来亚联合邦简称为"马来亚"；在研究该国1963年9月以后的历史时，通常将马来西亚联邦简称为"马来西亚"。如果是涉及该国整体的情况，也通常将该国称为"马来西亚"。

目　　录

第一章　绪论 …………………………………………………………（1）
　　第一节　研究意义 …………………………………………………（1）
　　第二节　研究综述 …………………………………………………（3）
　　第三节　主要概念与研究方法 ……………………………………（17）
　　第四节　研究的难点与创新点 ……………………………………（30）
　　第五节　研究的基本框架 …………………………………………（32）

第二章　族群政党合作理论 …………………………………………（35）
　　第一节　协商合作的公共利益 ……………………………………（35）
　　第二节　族群政党的特殊利益 ……………………………………（37）
　　第三节　族群政党合作与利益协调 ………………………………（38）
　　第四节　族群政党合作与政治发展的关系 ………………………（41）
　　第五节　本章小结 …………………………………………………（42）

第三章　实现国家独立：马来亚独立前的族群政党合作 …………（43）
　　第一节　争取联盟的利益：巫华印参与独立前的议会选举 ……（43）
　　第二节　争取马来亚的利益：巫华印联盟共同推动国家独立 …（55）
　　第三节　本章小结 …………………………………………………（62）

第四章　维护族群稳定：马来亚独立后的族群政党的教育事务
　　　　　合作 ………………………………………………………（64）
　　第一节　巫统与马华公会协同解决教育事务 ……………………（64）
　　第二节　华人政党共同制止华小马来化 …………………………（70）
　　第三节　马华公会与民政党共同解决华文教育事务 ……………（75）
　　第四节　族群政党的教育协作对该国政治发展的影响 …………（81）

第五节　本章小结 …………………………………………（84）

第五章　维护世俗政体：马来西亚族群政党对伊斯兰理念的合作 …（86）
　　第一节　马华公会、民政党支持巫统的世俗伊斯兰教国理念 ……（86）
　　第二节　华人政党反对伊斯兰党的宗教政权理念 ………………（97）
　　第三节　本章小结 …………………………………………（103）

第六章　保证政策连续：马来西亚国阵的议会选举合作 ……………（105）
　　第一节　国阵成员党的政治互助 …………………………………（105）
　　第二节　国阵的成员党共同开展议会竞选 ………………………（111）
　　第三节　国阵的内阁职务分配 ……………………………………（117）
　　第四节　国阵的议会选举协作对该国政治发展的影响 …………（121）
　　第五节　本章小结 …………………………………………………（135）

第七章　促进公正发展：马来西亚反对党联盟的议会选举合作 ……（137）
　　第一节　反对党联盟的首次议会选举互助 ………………………（137）
　　第二节　替阵的议会选举配合 ……………………………………（142）
　　第三节　民联的议会选举协作 ……………………………………（151）
　　第四节　希盟的议会选举配合 ……………………………………（160）
　　第五节　本章小结 …………………………………………………（170）

第八章　马来西亚族群政党合作的经验 ……………………………（173）
　　第一节　族群政党合作的过程 ……………………………………（173）
　　第二节　族群政党合作的特征 ……………………………………（181）
　　第三节　族群政党合作的启示 ……………………………………（184）
　　第四节　本章小结 …………………………………………………（187）

结　论 ……………………………………………………………（188）

参考文献 …………………………………………………………（192）

后　记 ……………………………………………………………（207）

第一章

绪　　论

第一节　研究意义

一　研究的理论意义

首先，本书丰富了政党政治理论，尤其是政党合作理论。目前的政党政治通常是指不同的社会阶层、利益集团的人员为有效地维护自身的利益，获得该国的执政权力，通过建立政党，在议会选举中与其他政党开展竞争，所以这些政党之间主要是竞争关系。马克思主义的创建者马克思、恩格斯认为共产党与资产阶级政党的利益存在不可调和的矛盾，共产党只有通过革命的方式推翻资产阶级政党的统治，才能为实现共产党的政治目标建立坚实的基础，所以这两类政党也是对立与竞争的关系。然而，马克思、恩格斯也提出在无产阶级革命运动中，当资产阶级政党的实力很强，共产党的实力较弱时，共产党应该与其他的无产阶级政党建立团结、合作的关系，增强革命的力量；由于共产党具有先进的指导思想、坚定的革命意志，所以共产党在与其他的无产阶级政党的合作中要掌握领导权。因此，马克思、恩格斯既提出了阶级政党之间的竞争关系，也提出了共产党与其他的无产阶级政党合作的思想。列宁也曾经指出为获得俄国革命的胜利，维护新生的苏维埃政权，俄国的布尔什维克党有必要与其他的革命政党开展合作。本书的政党政治理论不同于政党在议会竞争的理论，也与马克思主义的阶级政党对立、共产党与其他的无产阶级政党开展合作，列宁的布尔什维克党与其他的革命政党开展合作的理论存在差异，而是主要探讨以马来西亚的族群为基础建立的政党，为实现国家的公共利益，协调国家的公共利益与政党利益、族群利益的关系开展的合作,这都丰富了目前关于政党合作的理论。

其次,本书丰富了政治发展的含义。西方多数学者主要是从建立民主政体、推动政体规范运作的角度分析政治发展的含义;国内的多数学者主要是从政治体系的变化与重建的角度分析政治发展的含义。然而马来亚的族群政党在成立初期就面临着实现国家独立的历史重任,它们必须完成该任务才能推动该国的政治发展。英国殖民者在退出马来亚之前,就已经为该国留下了议会民主制的政治遗产,所以该国的民主政体在独立之前就已经建立,该国没有必要再建立其他的民主政体。马来亚独立之后面临着族群社会稳定的问题,巫统与马华公会通过推动华文中学改制,阻止独立大学创办的方式,维护了马来人社会的稳定;马华公会与民政党的华文教育事务合作,使该国废除了能使华小马来化的法律条例,取消了华小用英语教数学和科学的规定,维护了华人社会的稳定。在世界的伊斯兰复兴运动的影响下,该国的行政、经济和社会体制增加了伊斯兰因素,但是在巫统及华人政党的共同努力下,该国的世俗政体本质没有改变。国阵长期掌握该国的执政权,并且持续改进该国政策,推动了该国经济社会的发展。反对党的议会选举合作也促进了该国的公正发展。因此,必须从马来西亚的国家独立、族群稳定、世俗政体、国家政策、公正发展的角度分析政治发展的概念,这也丰富了现有的政治发展含义。

二 研究的现实意义

首先,本书有助于总体了解马来西亚独立时期至2018年的国家建构情况。在马来西亚的国家建构过程中,该国的族群政党尤其是执政党联盟发挥着重要作用。马来亚的巫统、马华公会、印度人国大党联合制定公民权的获取条件、族群的教育法令、联合邦的宪法内容,建立了该国政策的基础,也使该国再次进入了自主发展的时代。马华公会与巫统共同支持有关华文中学改制的法令,马华公会、民政党推动不利于华小发展的条例修改,为该国华文中学、华小的发展提供了准则。马华公会、民政党共同支持巫统的世俗伊斯兰教国,华人政党联合反对伊斯兰党的政教合一的政权理念,使该国建立了有伊斯兰特点的世俗政体。国阵的成员党开展的议会选举合作,促进了该联盟长期获得马来西亚的执政权;

该联盟在执政期间制定与实施了多项有利于经济社会发展的政策，国阵的执政理念也得到了有效落实。马来西亚的反对党为了在大选中获得议会的更多议席，它们在议会选举中也开展了有效合作，最终也推动该国政治的公正发展。

其次，本书有助于为其他多族群的发展中国家化解族群冲突提供有益的借鉴。族群冲突是多族群的发展中国家必须解决的现实问题，各族群的利益诉求、思想观念存在差异是族群冲突频发的根源。马来西亚的主要族群通过建立政党的方式表达族群的诉求，具有相同政治目标的族群政党还组建政党联盟协调族群的利益矛盾。该国的族群政党在协调族群利益时，充分考虑了有关族群的人数，以及族群的利益诉求强弱，所以它们并不致力于族群之间利益分配的绝对均衡；而是人数较多的、利益诉求更强的族群获得更多的利益，人数较少的、利益诉求较弱的族群获得较少的利益，有关族群在不同时期获得的利益也不同，所以它们的族群利益协调与分配体现了理性的原则。马来西亚的族群政党对有关族群的特权、公民权、教育权、宗教信仰、经济利益的协调与分配，使该国自"5·13"族群冲突事件以来，再也没有发生大规模的族群冲突伤亡事件。因此，马来西亚的族群政党通过合作的方式有效管控了族群的利益分歧，降低了族群冲突事件的发生概率；它们的族群利益协调与分配原则对其他多族群国家处理族群利益问题具有启发作用。

第二节　研究综述

一　国内学者的研究现状

国内学者主要从马来人、华人、印度人等族群政党，执政党联盟或反对党联盟的性质和作用，族群政党或族群政党联盟在议会选举中的表现及影响等方面分析马来西亚的政党政治。

（一）族群政党的研究

1. 族群政党的性质和作用

郭伟伟等指出马来西亚的某族群的不同政党的差异在于各自代表着该族群的保守派或激进派的利益，但是与其他族群政党竞争时，族群政党通常照顾的是本族群的利益。① 马来西亚同一族群的不同政党的差异是它们的政治理念不同，所以它们代表的是族群内部具有相同政治理念的人的利益。这些政党为实现国家的公共利益，维护与其他政党的联盟关系，它们有可能对本族群的利益进行适当妥协。范若兰指出伊斯兰党是以伊斯兰为基础制定宗教和民族政策的，该党不赞同马来人的特权，主张各民族享有平等的地位以及建立公正的社会。② 尽管伊斯兰党主张社会公正，但是它的最终政治目的是在马来西亚建立政教合一的政权，所以该党难以获得多数民众的政治支持，它只在伊斯兰教徒，主张政治清廉、公正的民众中有影响力和号召力。许梅指出由于马华公会的执政党地位和政治经历，所以该党在缓和政府与华人的利益冲突，维持政局的有效运作，保持族群关系和谐等方面能发挥其他华人政党不可替代的作用。③ 尽管马华公会在该国曾经是多年的执政党之一，但是近年来，该党难以有效维护华人的利益，所以它协调该国政府与华人的利益矛盾的能力下降了，其他的华人政党甚至比它更有能力维护华人的利益。

2. 马来西亚的重要事件对族群政党的影响

陈衍德、任娜指出"5·13"族群冲突事件，不仅使华人反对党受到了沉重打击，也使马华公会在执政联盟的地位急剧下降。④ 廖小健指出"5·13"族群冲突事件之后，巫统在联盟的地位由政治优势向政治主导转变，具体表现在巫统在联盟的领导地位得到增强；巫统推行"以党治国"的政治理念，实施进一步维护马来人权益的经济、教育、文化政策。⑤ 宋效峰也指出"5·13"族群事件发生之后，巫统将马来人至上的理念贯彻在该国的各领域，损害了该国的竞争性政党政治，加强了该党的政治集权。⑥ 这些学者分析的"5·13"族群冲突事件对该国政党的影响，有助于本书研究在该事件之后，巫统、马华公会在国阵的地位，以及该国推行的

---

① 郭伟伟、陈晓全：《马来西亚政党政治的特点与趋势展望》，《国外理论动态》2013 年第 11 期。
② 范若兰：《马来西亚华人社会与伊斯兰党关系简析》，《世界民族》2012 年第 1 期。
③ 许梅：《独立后马来西亚华人的政治选择与政治参与》，《东南亚研究》2004 年第 1 期。
④ 陈衍德、任娜：《马来西亚华人与马来人族际关系演变新探》，《暨南学报》（哲学社会科学版）2002 年第 1 期。
⑤ 廖小健：《战后马来西亚族群关系研究》，博士学位论文，暨南大学，2007 年。
⑥ 宋效峰：《试析马来西亚一党独大制的历史合法性》，《广州社会主义学院学报》2008 年第 1 期。

国家政策。巫统领导的国阵对议会竞选事务的管控，也是为了维护该国政局的稳定，推动马来西亚的经济社会发展。

3. 族群政党的理念

齐顺利对比分析了巫统主导的民族国家建构与伊斯兰党主张的"伊斯兰国"在最高权力来源、统治阶层、意识形态、政权理念方面的差异。① 他对巫统、伊斯兰党的政党理念的差异研究，有助于本书分析这两个政党的国家建构思想和伊斯兰教理念。戴小峰分析了巫统对伊斯兰教的态度，他指出巫统从20世纪80年代起在经济、法律、国家管理、社会宣传、对外关系等领域的政策都增加了伊斯兰教因素，但是该党始终反对建立非世俗的伊斯兰教国。② 他对巫统的伊斯兰理念的研究，有助于本书分析巫统领导的马来西亚在行政、经济、社会领域实施的伊斯兰政策。范若兰指出伊斯兰党的政治、经济、社会纲领较含糊，也难以进行操作，所以它们的实施效果值得怀疑；该党推行伊斯兰刑法以及约束妇女权利的主张，也违背了现代社会理念。③ 她对伊斯兰党理念的研究，尤其是对该党的伊斯兰刑法的探讨，有利于本书分析该党的伊斯兰教国主张难以获得其他族群政党支持的原因。

4. 族群政党的政治活动方式

廖小健指出马来西亚执政的和在野的族群政党进行族群政治动员的方式是利用族群课题抨击对方，以获得选民的政治支持。这种族群政治动员既体现在大选竞选期间，也体现在选前舆论准备、选后情况总结、族群政党的会议庆典以及政党要员的平时言论中。④ 她分析了族群课题在族群政党的政治活动中的运用及作用，有助于我们了解族群政党的族群政治动员形式。齐顺利指出巫统对马来西亚进行政治整合的主要方式是公民权和族群政党联盟，这两种方式增强了华人对马来西亚的认同感，也促进了社会稳定。⑤ 赋予华人适当的公民权能有效地整合华人社会，维护华人社会的稳定。由于华人在该国的经济领域占优势地位，所以多数马来人经常抱怨

---

① 齐顺利：《马来西亚"伊斯兰国"与民族国家：争论、影响与趋势》，《东南亚研究》2016年第6期。
② 戴小峰：《伊斯兰复兴及其对马来西亚的政治影响》，硕士学位论文，暨南大学，2004年。
③ 范若兰：《伊斯兰教与马来西亚政治民主化》，《东南亚研究》2007年第6期。
④ 廖小健：《影响马来西亚马华两族关系的文化与政治因素》，《华侨华人历史研究》2007年第4期。
⑤ 齐顺利：《政治整合视域下的马来西亚民族建构研究》，《国际论坛》2012年第4期。

自己处于弱势地位,他们在"5·13"族群冲突事件之后还要求该国政府加强对马来人经济、教育利益的保护。

5. 华人政党对华教权益的态度

胡春艳指出马华公会经历了积极争取华教权益,与华人社会对立,争取华教权益获得成效,转变成"福利性组织"的过程。其原因是马华公会与华教团体对华教议题的认识存在差异;马华公会在国阵受制于巫统;马华公会出现的党内斗争,使巫统干涉该党的事务。① 她对马华公会的华文教育权益与华人社会对立的原因研究,有助于本书分析马华公会为何与巫统开展华文中学改制、阻止独立大学创办的合作。程嘉辉也指出马华公会对华文教育的态度经历了全面性支持、有限性支持、被动性支持的转变过程。② 他对马华公会的华文教育的态度研究,为本书分析马华公会从全面支持华文教育发展向部分支持华文教育发展转变提供了有价值的观点。

6. 族群政党对该国政治发展的作用

李博指出马华公会推动该国政治现代化的作用体现在该党在执政联盟内部维护了华人的基本权利,促进了政府政策的民主化进程;反对伊斯兰党的伊斯兰刑法,维护了该国的世俗政体;在较大程度上化解了该国的族群矛盾,促进了社会的稳定与团结。民主行动党推动该国政治现代化的作用体现在推动该国向民主型政体转变,倡导平等的族群关系,反对该国不合理的制度。③ 马华公会在执政联盟较好地维护了华人的公民权和经济权益,但是没有妥善地维护华人的华文中等及以上的教育权益。国阵建立以后,马华公会在国阵的地位边缘化,并且在国阵政府的政策制定中发挥的作用越来越小。民主行动党主张的马来西亚人的马来西亚理念,要求取消各种不合理的制度,推动了该国的公正发展。宋效峰着重分析了巫统在执政联盟的主导地位和推行的经济社会发展政策对马来西亚政治稳定的积极作用。④ 巫统领导马来西亚的发展,制定与实施有利于该国经济社会发展

---

① 胡春艳:《二战后马华公会与马来西亚华教权益争取》,《八桂侨刊》2015年第3期。
② 程嘉辉:《马华公会对华文教育的态度演变研究——政党政治的研究视角》,硕士学位论文,暨南大学,2009年。
③ 李博:《马来西亚政治现代化进程中的华人作用研究》,硕士学位论文,云南民族大学,2016年。
④ 宋效峰:《马来西亚现代化进程中的政治稳定:政党制度的视角》,博士学位论文,山东大学,2009年。

的政策，这些都凝聚了民心，增强了国阵的执政合法性，所以有效地促进了该国的政治稳定。

7. 族群政党之间的合作

宋效峰指出尽管民主行动党在非马来人中的代表性较稳定，但是该党必须与其他族群的反对党合作，才有可能击败巫统主导的族群政党联盟。① 民主行动党的主要成员是华人，该党在大选中也主要是获得城市中的华人的选票支持；但是马来西亚是多族群的国家，该国的人口是马来人占多数，所以民主行动党必须与马来人的反对党组建政党联盟，才有可能在大选中获胜。段颖指出东古·阿卜杜·拉赫曼（简称"拉赫曼"）在担任政府总理期间，注重马来人、华人、印度人政党的团结与合作，共同推动国家建设，所以充实了马来人在行政、经济方面的资源。② 在马来亚的独立时期，马华公会有较强的经济实力，马华公会与印度人国大党也有较多的政治精英，所以巫统与这两个政党开展合作，弥补了巫统的经济、行政资源的不足。

（二）族群政党联盟的研究

1. 政党联盟的性质和作用

莫彦华将马来西亚执政联盟长期掌握该国执政权的现象称为"一党独大制"，分析了该国的"一党独大制"从1946年至1990年的形成与发展过程，并且从领袖行为、族群行为、经济政策和选举制度等方面分析了该国"一党独大制"演变的原因。③ 他对马来西亚政党制度的研究，为本书分析国阵执政下的马来西亚政党制度提供了有益的参考。曹庆峰、熊坤新指出巫统主导的政党联盟包括了各族群的主要政党，各政党为维护族群的利益，通常将族群的精英推选为联盟的政党代表，所以联盟成为各族群的政治协商组织。④ 他们对巫统领导的执政联盟的成员党的协商研究，有助于本书分析国阵成员党的非对称协商。曹庆峰指出国阵的建立为马来西亚各族群利益的相互协调提供了有效渠道，避免了族群矛盾向尖锐化方向发

---

① 宋效峰：《马来西亚的"第三条道路"：民主行动党的理念与实践》，《东南亚南亚研究》2012年第3期。
② 段颖：《马来西亚的多元文化、国家建设与族群政治》，《思想战线》2017年第5期。
③ 莫彦华：《马来西亚"一党独大制"研究（1946—1990）》，硕士学位论文，天津师范大学，2013年。
④ 曹庆峰、熊坤新：《民族关系维度下的马来西亚治国理念》，《黑龙江民族丛刊》（双月刊）2013年第1期。

展，有助于发展和谐的族群关系。① 国阵的成员党既包括三大族群的政党，也包括同一族群的不同政党，所以国阵为该国的主要族群人员以及同一族群的不同政治诉求人员，提供了较好的利益协调平台。

2. 政党联盟建立的影响

许利平、骆永昆指出国阵建立之后，尽管联盟的成员党数量大幅度增加，但是非马来人政党的联盟地位降低了，越来越难以抗衡马来人政党，马来人的特权也得到增强。② 他们对国阵成员党的地位研究，有助于本书分析巫统在国阵的领导地位。李路曲指出马来西亚的多族群政党联盟能在较大程度上满足各族群的政治诉求，协调各族群的利益，致力于实现各族群的共同的政治诉求，所以该国在民主转型过程中没有产生政治动荡和族群分裂。③ 他对各族群的共同政治诉求及族群利益协调的研究，对本书分析马来西亚各时期的公共利益，以及公共利益与族群政党利益、族群人员利益的协调具有启发作用。梁忠指出执政联盟转变成国阵之后，增加了联盟成员党达成共识的难度，但是占主导地位的巫统可以通过联盟更容易地操控其他政党。④ 国阵建立之后，巫统在该联盟的话语权增强了，联盟的其他成员党通常是听从巫统的指挥，所以国阵还是较容易制定有关事项的决策。

3. 政党联盟政策的影响

童宁指出巫华印联盟对各族群实行自由放任的政策，马来人、华人、印度人在各自领域生存和发展，各族群是平行对立的关系，也缺乏共同的价值认识。这种族群政策为后来的"5·13"事件提供了隐患。⑤ 巫华印联盟继续对该国三大族群人员实施行业分工的政策，使他们继续保持了互不信任的心态，所以促进了该国"5·13"族群冲突事件的产生。王文俊指出马哈蒂尔宣称马来西亚已经是伊斯兰教国的目的是表明国阵政府的政策

---

① 曹庆峰：《马来西亚民族政策的历史嬗变及其启示》，《西北民族大学学报》（哲学社会科学版）2013 年第 4 期。

② 许利平、骆永昆：《马来西亚的种族政治与和谐社会的构建》，《东南亚南亚研究》2011 年第 3 期。

③ 李路曲：《"体制内"民主化范式的形成及其类型学意义》，《政治学研究》2017 年第 1 期。

④ 梁忠：《马来西亚政府华人政策研究——从东姑·拉赫曼到马哈蒂尔》，博士学位论文，复旦大学，2006 年。

⑤ 童宁：《族际关系与政治发展：以马来西亚为个案的民族政治学考察》，《经济与社会发展》2007 年第 3 期。

与伊斯兰教的教义相符合，使伊斯兰党难以在该问题上吸引马来人的注意力。① 他对国阵政策的研究，对本书分析国阵在行政、经济、社会领域实施的伊斯兰政策具有启发作用。

4. 两线制格局对该国政治的影响

凌海指出国阵与民联的两线制格局的建立标志着该国开始向民主政体转型。② 民联的成员党在国会众议院和州议会获得的议席数增加，增强了它们在国会众议院、州议会对国阵的立法权的监督与制约，国阵在国会众议院、州议会制定或修改法律的难度加大了。王晓倩指出马来西亚国阵和民联的两线制政治格局的形成，对国阵造成了较大的政治压力，促使纳吉布推动政治、经济、社会等领域的改革，使民众能获得更多的利益；也在较大程度上抑制了右翼族群主义势力，两个联盟党都逐渐使用中间温和路线。③ 他对两线制后的国阵、民联的政策研究，有利于本书分析国阵、民联在2013年大选的竞选宣言。

5. 政党联盟的政治协商作用

廖小健指出国阵内部的族群政党领袖通过协商的方式解决族群利益冲突，对促进族群的相互了解与沟通，缓和各族群的矛盾，维护马来西亚的政治稳定，实现经济社会的可持续发展发挥了重要作用。④ 国阵的成员党领袖秘密地协商联盟的有关事项，维护了族群关系的总体稳定，也使该国政局保持了较长时期的稳定，为该联盟持续地改进国家政策，推动经济社会发展创造了良好的条件。蒙文彪指出巫统通过建立国阵的协商机制，将联盟成员党的族群矛盾转变成联盟的内部矛盾，并且进行有效的协调，最终形成大权独揽、小权分散的权力分配局面。巫统掌握外交、内政等重要部门的领导职务，其他部门的职务则按成员党的大小进行分配，缓和了执政联盟的权力纷争。⑤ 他对国阵的内阁职务分配的研究，有利于本书分析国阵的成员党在不同时期的内阁职务获取情况。姚建国指出国阵提前制定竞选策略，按照成员党的竞选实力协商分配各选区的候选人，制定统一的

---

① 王文俊：《论伊斯兰教在马来西亚政治中的作用和影响》，《东南亚纵横》2013年第11期。
② 凌海：《马来西亚民主化的特点及其成因》，硕士学位论文，上海师范大学，2015年。
③ 王晓倩：《马来西亚政治转型进程评析》，硕士学位论文，辽宁大学，2014年。
④ 廖小健：《马来西亚民族政党联盟的构建与影响》，《世界民族》2007年第6期。
⑤ 蒙文彪：《确立和谐协商机制，坚持独特发展模式——马来西亚巫统缘何能长期执政》，《当代世界》2001年第10期。

竞选宣言，按照有利于联盟竞选的方式划分选区，为国阵获得执政权提供了制度保障。① 他对国阵的竞选活动的研究，有利于本书分析国阵在大选中的竞选人数、竞选区域的分配，以及竞选宣言的制定。

(三) 族群政党或族群政党联盟议会选举的研究

1. 国阵议会选举情况的原因

张应龙指出国阵在1974年大选中获得国会众议院80%以上议席数的原因是国阵的成员党数量急剧增加，弱化了反对党的实力；以有利于国阵竞选的方式重新划分了选区；选民希望尽快从族群冲突事件中走出来，恢复国家安宁的局面；中马正式建立外交关系，国阵获得了多数华人选民的好感。② 国阵在1974年获得国会众议院多数议席的主要原因是该联盟的成员党数量增加，尤其是东马地区的族群政党加入了该联盟。王雷指出国阵在2008年大选失利的原因是人们的生活成本持续增加；内阁的多名部长出现贪污现象；非马来人对"马来人优先"的政策感到不满；选民日益接受安瓦尔的治国理念；巴达维的执政绩效不佳。③ 国阵在2018年大选获得的国会众议院、州议会议席数减少的主要原因是该联盟的执政能力下降，难以有效解决社会民生问题。

2. 反对党和民联议会选举情况的原因

范若兰指出马来西亚的民主行动党在1999年大选没有获得多数华人选民支持的原因是国阵加强了对华文学校的投资与批准力度，华人选民担心巫统败选导致社会的不稳定，华人选民对民主行动党与伊斯兰党组成政党联盟感到困惑。④ 该国的多数华人选民不支持伊斯兰党的伊斯兰教国理念，他们也担心民主行动党的政党理念被伊斯兰党同化，所以民主行动党在该届大选获得的华人选票数减少了。张云指出伊斯兰党在1999年大选的议席数增加的原因是该党在北马各州以宗教凝聚民心，该党的领导人的作风也较清廉。⑤ 伊斯兰党主张的廉洁政治，使该党在1999年大选获得了较多的

---

① 姚建国：《协调种族利益　确保执政地位——马来西亚巫统的执政理念》，《当代世界》2005年第1期。
② 张应龙：《马来西亚国阵的组成与华人政党的分化》，《华侨华人历史研究》2002年第2期。
③ 王雷：《马来西亚族群政策演变研究》，硕士学位论文，云南大学，2010年。
④ 范若兰：《对立与合作：马来西亚华人政党与伊斯兰党关系的演变》，《东南亚研究》2010年第4期。
⑤ 张云：《马来西亚政党政治的变化及其走向》，《东南亚研究》2001年第2期。

追求公正、廉洁政治理念的选民支持。俞云平、陈衍德指出民联能在 2008 年大选获得国会众议院的 82 个议席的原因是该联盟的跨族群竞选宣言淡化了宗教争议，但是注重社会民生建设；较多选民也强烈不满国阵人员的贪污腐败、该国的经济发展缓慢等问题。① 他们对民联在 2008 年大选获得的国会众议院议席数的原因研究，对本书分析民联的成员党在该届大选的竞选宣言具有启发作用。

3. 族群政党的议会选举对族群政党的影响

廖小健指出民主行动党在 1999 年大选失去了最大反对党的地位之后，使该党为华人争取权益的能力降低；伊斯兰党成为最大的反对党之后，该党为马来人中的回教徒争取权益的能力增强。② 族群政党在该国的政治地位，与该党维护族群权益的能力不存在必然联系。民主行动党在 1999 年大选之后就退出了替阵，并且积极地反对伊斯兰党的伊斯兰教国理念，民主行动党维护华人的世俗生活方式的能力反而增强了。李一平指出公正党、伊斯兰党在 2004 年大选中失利，民主行动党难以获得马来人的选票支持，所以该国的反对党抗衡巫统的实力下降了。③ 他对反对党的 2004 年大选的研究，有利于本书分析人民公正党、伊斯兰党在该届大选的竞选结果。廖小健指出国阵的华人政党在 2013 年大选后都不担任内阁职务，降低了华人政党协调政府与华人矛盾的作用。④ 她分析了华人政党不担任内阁职务，对缓解华人与政府的利益冲突的不利影响。

二 国外学者的研究现状

（一）族群政党研究

1. 族群政党建立的原因

Zachariah Haji Ahmad 指出巫统是在多数马来人特别是在民族主义者的支持下建立的，他们认为只有建立代表马来人的政党才能有效地维护他们的政治利益。⑤ 在该国的独立时期，致力于维护马来人特权的马来人代表

---

① 俞云平、陈衍德：《从隔阂对抗走向共存共荣——马来西亚马华族群关系的演变》，《厦门大学学报》（哲学社会科学版）2008 年第 3 期。
② 廖小健：《马来西亚政局新特点》，《东南亚研究》2000 年第 3 期。
③ 李一平：《一党独大下马来西亚多党联盟政治的发展》，《当代亚太》2005 年第 12 期。
④ 廖小健：《试论马来西亚华人政党的"不入阁"》，《东南亚研究》2013 年第 6 期。
⑤ Zachariah Haji Ahmad, *Government and Politics of Malaysia*, Oxford: Oxford University Press, 1987, p.31.

组建了巫统。Heng Pek Koon 指出马华公会成立的直接原因是为应对共产主义的挑战，华社的保守派领袖试图维护他们在华社的利益。英国的殖民政府也鼓励华社保守派成立政党以便争取华人支持镇压叛乱。① 马来亚的华人商界及其他行业的代表，为维护华人的经济利益，改善被安置在新村的华人的生活条件，在英国殖民者的支持下建立了马华公会。

2. 族群政党的性质

Farish A. Noor 指出由于伊斯兰党认为伊斯兰教是至高无上的，所以该党常被看作伊斯兰原教旨主义政党。② 伊斯兰党在该国的 1990 年、1999 年、2013 年大选之后都实施了伊斯兰教国理念，这都造成了该党与联盟的其他族群政党关系的破裂。Ibrahim Ahmad 也指出伊斯兰党致力于在马来西亚建立一个执行伊斯兰的价值观念和法律的社会与政体——乌玛与伊斯兰政体。③ 他对伊斯兰党性质的研究，有利于本书分析该党的政党理念。Cheah Boon Kheng 指出巫统在 1969 年之后致力于推行马来民族主义理念，其目的是维护马来人的特权，发展马来人的马来西亚。④ 巫统为更好地维护马来人的利益，所以该党在 1969 年之后加强了对社会舆论的管控，实施了增强马来人经济实力的新经济政策。

3. 伊斯兰党的发展历程

Alias Mohamed、Erica Miller 从民主政治的视角分析了伊斯兰党的发展历程以及该党如何适应现代民主政治，并且指出随着伊斯兰教政治化趋势的逐渐增强，该党将更加深入地参与现代民主政治进程。⑤ 面对国阵实施的不公正政策，以及该联盟人员的贪污腐败行为，伊斯兰党将要求实施更公正的经济社会政策，更加主张清廉政治，并且在大选中积极地获取议会议席。Clive S. Kessler 分析了伊斯兰党在吉兰丹州的发展状况，以及该党从

---

① Heng Pek Koon, *Chinese Politics in Malaysia: A History of the Malaysian Chinese Association*, Singapore: Oxford University Press, 1988, p. 54.

② Farish A. Noor, *Islam Embedded: The Historical Development of the Pan - Malaysian Islamic Party PAS 1951 - 2003*, Kuala Lumpur: Malaysian Sociological Research Institute, 2004, p. 294.

③ Ibrahim Ahmad, *Konflik UMNO - PAS Dalam Isu Islamisasi*, Kuala Lumpur: Buku Sdn, 1990, pp. 21 - 22.

④ Cheah Boon Kheng, *Malaysia: The Making of a Nation*, Singapore: Institute of Southeast Asian Study, 2002.

⑤ Alias Mohamed, *Malaysia's Islamic Opposition: Past, Represent, and Future*, Kuala Lumpur: Gateway Publishing House, 1991; Erica Miller, *Democratic Islamists? A Case Study on the Pan - Malaysian Islamic Party (PAS)*, Boston: Tufts University, 2007.

1959 年至 1969 年在吉兰丹州的执政情况。① Hussin Mutalib 分析了伊斯兰党 20 世纪 90 年代以来在吉兰丹州的执政情况。② 他们对伊斯兰党在地方州的执政情况研究，有利于本书简要分析该党的发展历程，以及该党在吉兰丹州主张的伊斯兰教国理念。Farish A. Noor 指出伊斯兰党能从人数较少的政党发展为人数较多的政党的原因是该党在坚持基本原则和奋斗目标的前提下，调整了党的策略和理念。③ 伊斯兰党在 2004 年大选之后和 2013 年大选期间暂停了伊斯兰教国理念，积极主张为社会民众增加福祉，所以该党在此期间的选民支持率获得提高，该党的成员数量也得到增加。

4. 重大事件对族群政党的影响

Heng Pek Koon 指出在马华公会内部出现派系斗争以及"5·13"族群事件发生之后，巫统逐渐掌握了联盟的支配权和国家权力。④ 马华公会的内部分裂，"5·13"族群冲突事件后马来人的利益诉求增强，都促进了巫统在联盟的地位提升，以及该党在马来西亚的主导权的增强。Patricia A. Martinez 指出伊斯兰党在 1999 年大选中获得的国会众议院议席数显著增加的原因之一是较多的马来人对巫统处理安瓦尔的结果表示不满，所以他们转向支持伊斯兰党的竞选人。⑤ 巫统领导人对安瓦尔事件的不恰当处理，暴露了该党的政治腐败，所以较多追求廉洁政治的马来人在 1999 年大选中没有支持巫统的竞选人。

5. 族群政党的相互关系

Leo Suryadinata 指出马来西亚存在各族群政党的权力地位不平衡的现象，这种现象从联盟党向国阵转变过程中进一步加剧。⑥ 在国阵建立之前，

---

① Clive S. Kessler, *Islam and Politics in a Malay State：Kelantan 1838 – 1969*, Ithaca, N. Y.：Cornell University Press, 1978.

② Hussin Mutalib, *Islam in Malaysia：From Revivalism to Islamic State*, Singapore：Singapore University Press, 1993.

③ Farish A. Noor, "Blood, Sweat, and Jihad：The Radicalization of the Political Discourse of the Pan – Malaysian Islamic Party (PAS) from 1982 Onwards", *Contemporary Southeast Asia*, Vol. 25, 2003.

④ Heng Pek Koon, *Chinese Politics in Malaysia：A History of the Malaysian Chinese Association*, Singapore：Oxford University Press, 1988, pp. 3 – 6.

⑤ Patricia A. Martinez, "The Islamic State or the State of Islam in Malaysia", *Contemporary Southeast Asia*, Vol. 23, 2001, p. 481.

⑥ Leo Suryadinata, *Chinese and Nation – Building in Southeast Asia*, Singapore Society of Asian Studies, 1997, p. 40.

巫统、马华公会、印度人国大党在联盟的政治地位较平等；但是国阵建立之后，巫统的领导地位显著增加，马华公会、印度人国大党在联盟的影响力下降了。Heng Pek Koon 指出由于马华公会失去了多数华人的政治支持，所以该党的竞选人在很多时候必须依靠马来人选票才能当选。这种竞选现象使巫统更容易控制马华公会。① 在议会的竞选过程中，马华公会的候选人需要在巫统的帮助下，才能获得马来人的选票支持，进一步强化了马华公会对巫统的依赖程度；马华公会在党内事务和国家的重大事项中通常也听从巫统的指挥。Judith Strauch 着重分析了马华公会、印度人国大党与巫统之间的政治关系的变化。② William Case 指出巫统与联盟的其他政党按照民主的程序协商国家的有关事项，但是巫统也积极地动员该国的选民，使该党在政治领域保持主导地位。③ 他对巫统与联盟的其他政党的协商关系的研究，对本书分析它们在马来亚独立时期和国阵建立之后的协商地位具有启发作用。

6. 族群政党之间的合作

尼古拉斯·塔林指出马华公会与巫统在 1957 年的政治共识是国家保护华人的经济利益，但是华人必须承认马来人优先的地位。④ 马华公会与巫统对经济利益和特权的互相妥协，促进了它们继续开展合作。Roger Kershaw 指出伊斯兰党与巫统从马来亚独立至 20 世纪 70 年代在丁加奴州和吉兰丹州的政治博弈中，形成了合作关系。⑤ 伊斯兰党的主席希望与巫统开展合作，巫统也接受伊斯兰党的合作提议，所以它们在 20 世纪 70 年代开展了短暂的合作。Jomo Kwame Sundaram、Ahmed Shabery Cheek 指出巫统与伊斯兰党的合作、协同促进了马来西亚政治民主化进程。⑥ 事实上，巫统和伊斯兰党只合作了三年多的时间，它们的合作对该国政治也没有产生

---

① Heng Pek Koon, *Chinese Politics in Malaysia: A History of the Malaysian Chinese Association*, Singapore: Oxford University Press, 1988, p. 269.
② Judith Strauch, *Chinese Village Politics in the Malaysian State*, Harvard University Press, 1981.
③ William Case, "UMNO Paramountcy: A Report on Single-Party Dominance in Malaysia", *Party Politics*, Vol. 2, 1996, pp. 115–127.
④ ［新西兰］尼古拉斯·塔林：《剑桥东南史》，王士录译，云南人民出版社 2003 年版，第 298—301 页。
⑤ Roger Kershaw, "The East Coast in Malayan Politics: Episodes of Resistance and Integration in Kelantan and Trengganu", *Modern Asian Studies*, Vol. 11, 1977.
⑥ Jomo Kwame Sundaram, Ahmed Shabery Cheek, "The Politics of Malaysia's Islamic Resurgence", *Third World Quarterly*, Vol. 10, 1988.

大的影响，所以它们的合作对该国的政治民主化产生的作用不大。Heng Pek Koon、Lee Karo Hing 指出华人政党明白在马来人的政治控制下，华人政党必须与马来人政党结盟，他们才会成功。华人政党参与该国的政治合作是维护族群关系和谐的基础。① 华人政党与马来人政党开展合作，能更好地解决该国的有关事项，协调华人与马来人之间的利益冲突。Soh Eng Lim 指出马华公会与巫统的初步合作获得成功，使巫统在议会选举中继续保持政治优势，马华公会也通过参与选举正式进入了该国的政坛。② 他对马华公会与巫统的初次合作的研究，对本书分析这两个政党在马来亚的地方议会选举中开展的合作具有启发作用。

（二）族群政党联盟研究

1. 族群政党联盟的性质

Donald L. Horowitz 指出马来西亚各族群的政治精英通过理性选择的方式组成政党联盟，所以该联盟是一种"精英包容体制"。③ 他对马来西亚的政党联盟成员的精英性质的研究，对本书分析国阵注重遴选精英参与国会众议院、州议会选举具有启发作用。Khoo Boo Teik 指出国阵的苦恼是巫统主导着政府关键性政策的制定与实施，巫统也占据着内阁的重要职务；马华公会只能在体制内从事修补与协调工作，陷入了"当家不当权"的困境。④ 马华公会的政党实力变弱，其他的华人政党加入国阵是巫统在国阵的地位提升、马华公会在该联盟的地位下降的主要原因。巫统在国阵居于领导地位，能避免国阵权力的互相牵制，使该联盟能快速地解决内部的有关事项，提高联盟的运作效率。但是，马华公会在国阵从属于巫统，不利于马华公会维护内部人员及华人的利益。

2. 国阵实施的政策

Abdul Rahman Embong 指出国阵实施的新经济政策改变了马来西亚的经济、社会结构，在较大程度上消除了非马来人与马来人族群冲突的经济

---

① Heng Pek Koon, Lee Karo Hing, "The Chinese in the Malaysian Political System", in Lee Kam Hing, Tan Chee-Beng, eds, *The Chinese in Malaysia*, Kuala Lumpur: Oxford University Press, 2000.
② Soh Eng Lim, "Tan Cheng Lock", *JSEAH*, Vol. 1, 1960, pp. 50–51.
③ Donald L. Horowitz, *Ethnic Groups in Conflict*, Berkeley: University of California Press, 1985, p. 569.
④ Khoo Boo Teik, *Paradoxes of Mahathirism: An Intellectual Biography of Mahathir Mohamad*, New York: Oxford University Press, 1995, p. 283.

根源，并且培育出马来中产阶级阶层，有助于维护社会稳定。① 国阵实施新经济政策的主要目的之一是增强马来人的经济实力，减少马来人的贫困现象。该政策的有利结果是多数马来人的经济实力得到了增强、马来人的贫困率得到下降、维护了马来人社会的稳定，但是并没有维护整个社会的稳定。Elsa Lafaye 指出国阵的教育政策存在自相矛盾的特点：其一，国阵希望通过教育方式培养该国民众的共同价值观，以维护国家统一、社会稳定；其二，国阵的教育政策通常有利于马来人，限制非马来人的发展。② 国阵在 20 世纪 80 年代之前的教育政策主要是维护马来人的利益，但是在 20 世纪 80 年代之后，随着华人的教育权益意识的增强，国阵的教育政策也适当照顾了华人的利益。Hussin Mutalib 分析了国阵怎样开展伊斯兰复兴运动以及该运动的政治影响。③ 他对国阵开展的伊斯兰复兴运动的研究，有利于本书分析国阵从 20 世纪 80 年代起，在马来西亚的行政、经济、社会领域实施的伊斯兰政策。

3. 联盟体制与政治稳定的关系

Donald L. Horowitz 在分析族群政治运行模式的基础上，总结了巫统主导的政党联盟能保持该国政治稳定的原因。④ 巫华印联盟、国阵都包括该国的三大族群，这两个联盟的成员党通常能有效地协调各自的利益冲突，并且在大选中开展务实的合作，所以它们经常能获得该国的执政权，保持该国的政局稳定。Jennifer Haskell 也指出由于国阵的体制包容性较强，所以该联盟今后仍然能在维护政治稳定、吸收族群诉求等方面发挥重要作用。⑤ 国阵包括的族群政党数量比巫华印联盟更多；只要其他的族群政党赞同国阵的理念，服从国阵的工作安排，就能成为国阵的成员党。在国阵获得马来西亚的执政权之后，该阵线的成员党还能成为该国的执政党之一，这都能满足有关族群政党的政治参与诉求，有效地维护该国的总体政治稳定。

---

① Abdul Rahman Embong, *State – led Modernization and the New Middle Class in Malaysia*, London: Palgrave Macmillan, 2002.
② Elsa Lafaye, *The Role of educational policy in overcoming ethnic divisions and building Malaysia's nation*, Education and Geopolitical Change, Oxford: Grande – Bretagne, 1997.
③ Hussin Mutalib, *Islam and Ethnicity in Malay Politic*, Oxford University Press, 1990.
④ Donald L. Horowitz, *Ethnic Group in Conflict*, Berkeley: University of California Press, 1985.
⑤ Jennifer Haskell, "Racial Politics, Power and Dominant Party Autocracy in Malaysia", *Stanford Journal of International Relations*, Vol. 6, 2005, p. 112.

因此，研究马来西亚政党政治的学者分析了族群政党、族群政党联盟的性质、理念、建立的原因及影响，也分析了该国的重大事件对族群政党、族群政党联盟的影响以及它们的议会选举情况的原因，对本书分析族群政党、族群政党联盟的建立背景、发展历程以及在历次大选中的选举结果具有启发作用。此外，在研究方法上，学者们除了使用文献研究法之外，还使用了经济学、历史学等研究方法，这些都为本书提供了较好的借鉴。然而目前关于马来西亚族群政党的研究还存在以下不足：（1）理论研究存在缺欠。现有的文献存在一些关于族群政党、族群政党联盟对该国事务的合作研究，但是学者们没有运用族群政党合作的理论阐释它们的合作，所以难以说明族群政党、族群政党联盟的成员党之间的合作本质。（2）族群政党的合作研究较零散。目前学者们主要论述族群政党在某重大事件中如何开展合作，但是关于它们开展合作的原因研究较少，所以目前的马来西亚族群政党的合作研究还不系统，也不全面。（3）某些问题缺乏深入研究。例如，有的学者叙述了巫华印联盟在马来亚独立前如何在议会选举、争取马来亚独立方面开展合作，但是没有分析巫华印联盟的合作对马来亚政治发展的影响。有的学者分析了华人政党如何对伊斯兰教事务开展合作，但是没有分析它们的合作对该国政治发展的影响。有的学者分析了国阵的成员党如何在议会竞选中开展合作，但是没有分析它们的议会竞选合作的特点。这些学者对马来西亚族群政党合作研究的不足，也是本书致力于解决的问题。

第三节　主要概念与研究方法

一　主要概念的界定

（一）族群政党的概念

本书主要从族群和政党的定义分析族群政党的概念。国内外的学者从多角度分析了族群的定义。例如，国内学者孙九霞认为族群是指"在较大的社会文化体系中，由于客观上具有共同的渊源和文化，因此主观上自我认同并被其他群体所区分的一群人"①。共同的渊源是指具有相似的体貌特

---

① 孙九霞：《试论族群与族群认同》，《中山大学学报》（社会科学版）1998年第2期。

征、血脉传承等；共同的文化是指具有相似的语言、风俗习惯等。覃光广、冯利、陈朴认为族群是"一种社会群体。它根据一组特殊的文化特质构成的文化丛或民族特质而在一个较大的文化和社会体系中具有一种特殊的地位。它在宗教、语言、生活方式、文化传统的整体方面的特征，以及在民族和地理的共同渊源上，使它有别于其他的社会群体"①。由此可知，这些学者认为某群体与其他群体在文化、渊源等方面存在差异，所以某群体形成了独特的族群。徐杰舜认为族群是指"对某些社会文化要素认同而自觉为我的一种社会实体"②。其中的社会文化要素包括语言、宗教、信仰、习惯、风俗、历史经验等，要素的具体内容也是根据族群的实际情况而定的；族群的"自觉为我"也是族群的自我意识，它具有自主性、认同性、稳定性等方面的特点；族群作为一个社会实体，只能在某种社会条件下才能形成和发展。他的族群概念强调的是有关人员通过认同某些文化要素，形成了社会的独特群体。

  国外学者 Barfield Thomas 从文化的共享角度分析族群是指"同一社会中共享文化的一群人，尤其是共享同一语言，并且文化和语言能够没有什么变化地代代传承下去"③。某族群形成自身的文化，使该族群人员有别于社会的其他人员。Marx Weber 也从群体的文化、记忆的角度指出"某种群体由于体质类型、文化的相似，或者由于迁移中的共同记忆，面对他们共同的世系抱有一种主观的信念，这种信念对非亲属社区关系的延续相当重要，这个群体就被称为族群"④。某群体对文化、记忆的自觉传承，增强了群体成员的相似程度，使成员的交往更加密切。弗里德里克·巴斯从人类学的角度分析族群是指在"生物上具有极强自我延续性、共享基本的文化价值、具有自我认同和被他人认可的成员资格，并且形成了不同于其他人群的种类"⑤。Anthony D. Smith 从名称、历史源流的角度分析族群是"一个具有名称的、有着共同祖先和传说、共同的记忆和文化因素的人群；一

---

  ① 覃光广、冯利、陈朴：《文化学辞典》，中央民族学院出版社 1988 年版，第 664 页。
  ② 徐杰舜：《论族群与民族》，《民族研究》2002 年第 1 期。
  ③ Barfield Thomas, *The Dictionary of Anthropology*, Malden: Blackwell Publishers, 1997, p. 153.
  ④ Marx Weber, "The Ethnic Group", in Parsons, Shils, eds., *Gleercol Illionois: Theories of Society*, Vol. 1, 1961, p. 306.
  ⑤ ［挪威］弗里德里克·巴斯：《族群与边界》，高崇译，《广西民族学院学报》（哲学社会科学版）1999 年第 1 期。

种与历史的领土或家园有关的联系；一个团结的度量"①。Stuart Kaufman 和 Modern Hatreds 从血统、地域的角度分析族群是指"一个具有自定义的名称的一群人，他们有一个共同的血统、共同的历史记忆和共同的文化元素，并具有对特定地域的依附"②。Nathan Glazer 和 Daniel P. Moynihan 也从文化特质、成员来源的角度认为族群是指"在一个较大的文化和社会体系中具有自身文化特质的一种群体；其中最显著的特质就是这一群体的宗教的、语言的、习俗的特征，以及其成员或祖先所具有的体质的、民族的、地理的起源"③。所以国外的上述学者普遍认为族群的成员具有相似的文化，族群的独特文化也成为区别其他族群的标志之一。因此，以族群人员为基础建立的政治团体要维护本族群的语言、风俗习惯、宗教信仰等方面的文化利益，才能体现政治团体的族群特点，获得族群人员的政治支持，为族群政治团体的可持续发展建立良好的基础。

目前学术界关于政党的概念很多。有的学者从实现国家利益的角度分析了政党的概念。例如，周淑真认为政党是"一部分政治主张相同的人所结合的，以争取民众或控制政府的活动为手段，以谋促进国家利益实现共同理想的有目标、有纪律的政治团体"④。英国学者 Edmund Burke 认为"政党是一些人根据一致认同的某些特定原则组织起来，通过共同努力来促进国家利益的团体"⑤。政党在开展政治活动过程中致力于实现国家利益，增强政党与国家事务的密切程度。有的学者从维护政党成员利益的角度分析了政党的概念。例如，"马克思主义认为，政党本质上是特定阶级利益的集中代表者，是特定阶级政治力量中的领导力量，是由各阶级的政治中坚分子为了夺取或巩固国家政治权力而组成的政治组织"⑥。所以由阶级的人员组成的政党维护的是该阶级的利益；阶级的领导人员通过政党的

---

① Anthony D. Smith, *The Ethnic Sources of Nationalism*, *Ethnic Conflict and International Security*, Princeton: Princeton University Press, 1993, p. 28.

② Stuart Kaufman, Modern Hatreds, *The Symbolic Politics of Ethnic Wars*, Ithaca: Cornell University Press, 2001.

③ Nathan Glazer, Daniel P. Moynihan, *Ethnicity: Theory And Experience*, Harvard University Press, 1975, p. 2.

④ 周淑真：《政党与政党制度比较研究》，人民出版社 2001 年版，第 6 页。

⑤ Edmund Burke, "Thoughts on the Causes of the Present Discontents", in Louis I. Bredvold and Ralph G. Ross, eds., *The Philosophy of Edmund Burke*, Ann Arbor: University of Michigan Press, 1960, p. 134.

⑥ 王浦劬：《政治学基础》，北京大学出版社 2005 年版，第 265 页。

方式引导着阶级的发展方向，也致力于掌握该国的执政权。吴丽萍拓展了政党成员的来源范围，她认为"政党是代表一定阶级、阶层或社会集团的根本利益，由其中的最积极的分子所组成，为了达到某种政治目的而建立的政治组织"①。所以政党不只是代表某阶级的利益，在阶级矛盾不激烈的社会中，由社会的某阶层或集团的人员组成的政党维护的是该阶层或集团的利益。美国学者哈罗德·德姆塞茨认为"政党就是为竞争政治职位和影响政治决策进行持久合作的人构成的组织"②。利昂·D. 爱泼斯坦认为"任何群体，无论它的组织多么松散，只要它在一个特定的标签下参加竞选政府公职，就可以被称作政党"③。查尔斯·A. 比尔德也认为政党"是一群人的联合，这群人一心要占有宪法所批准的政府，并运用政府的各种手段来制定和实施他们认为公正、适当或对他们的利益有好处的法律"④。所以政党的成员希望通过该组织获得行政、立法等方面的利益，政党为增强成员的凝聚力，也必须致力于满足成员在这些方面的利益诉求。

因此，族群政党是指以族群人员的代表建立的政治组织，该组织既要维护国家的公共利益，也要致力于维护族群人员的政治、经济、文化等方面的族群利益，维护该党的执政地位的获取、参与国家法律的制定与修改等方面的政党利益。

(二) 政党合作的概念

1. 马克思、恩格斯的政党合作

马克思和恩格斯在他们的著作中积极地探讨了共产党与其他政党开展的合作。例如，马克思、恩格斯认为"共产党人不是同其他工人政党相对立的特殊政党。他们没有任何同整个无产阶级的利益不同的利益"⑤。共产党与其他无产阶级政党的目的是推翻资产阶级的统治，夺取该国的政权，所以它们可以共同扶助无产阶级真正成为一个阶级，增强无产阶级的实力。由于共产党在无产阶级政党中最有革命性和先进性，共产党始终代表着无产阶级的利益，所以它与其他的无产阶级政党合作时必须掌

---

① 吴丽萍：《政党的概念及其要素考辩》，《南华大学学报》（社会科学版）2010 年第 6 期。
② 高鹏怀：《比较政党与政党政治》，知识产权出版社 2008 年版，第 4 页。
③ [美] 利昂·D. 爱泼斯坦：《西方民主国家的政党》，何文辉译，商务印书馆 2014 年版，第 15 页。
④ [美] 查尔斯·A. 比尔德：《美国政府与政治》（上册），朱曾汶译，商务印书馆 1987 年版，第 68 页。
⑤ 《马克思恩格斯文集》（第 2 卷），人民出版社 2009 年版，第 44 页。

握领导权。由于具有部分社会主义性质的社会民主党也反对资产阶级,所以为实现共产党与社会民主党的共同利益,为以后的无产阶级革命创造良好的条件,共产党也应当与社会民主党开展合作。但是在合作过程中,共产党为保持无产阶级的政党本质,要保持思想、组织、纲领的独立性,也要拥有批评社会民主党的政治错误、不合理行为的权利。

马克思、恩格斯指出,由于德国还处于资产阶级的民主革命时期,资产阶级仍然在努力推翻封建势力,所以"在德国,只要资产阶级采取革命的行动,共产党就同它一起去反对专制君主制、封建土地所有制和小资产阶级"①。由于小资产阶级有时也为无产阶级表达诉求,所以共产党也可以与小资产阶级开展合作,共同反对目前的不合理制度。但是小资产阶级也具有思想的动摇性、革命的不彻底性的特点,所以共产党在与该阶级合作时要保持组织的独立性,掌握合作的领导权。在德国,共产党与资产阶级开展合作,也是"以便德国工人能够立刻利用资产阶级统治所必然带来的社会的和政治的条件,作为反对资产阶级本身的武器,以便在推翻德国的反动阶级之后立即开始进行反对资产阶级本身的斗争"②。因此,德国共产党与资产阶级开展的合作是短暂的。马克思、恩格斯也认为由于资本具有国际性的特点,各国工人的利益是相同的,无产阶级革命应当在所有的文明国家中产生,所以共产党也要与国际无产阶级政党开展合作。由此可知,马克思、恩格斯的政党合作思想主要以共产党为分析对象,他们认为的政党合作是指共产党要根据本国的经济社会状况、革命的发展情况,采用相应的策略与其他政党开展合作;但是在合作过程中,共产党要铭记共产主义的最终目标,保持自身的先进性和革命性,掌握合作的领导权。

2. 列宁的政党合作

俄国的苏维埃政权的创建者列宁也探讨了布尔什维克党与其他政党的合作。例如,他在俄国十月革命之前就提出如果布尔什维克党不与革命民主派、社会民主党开展合作,就难以取得俄国革命的胜利,所以布尔什维克党必须与它们开展革命合作。俄国十月革命胜利之后,列宁提出了布尔什维克党应当与左派社会革命党建立以工农联盟为基础的联合,如他明确

---

① 《马克思恩格斯文集》(第2卷),人民出版社2009年版,第66页。
② 同上。

指出"这是一种真诚的联合,真诚的联盟,如果左派社会革命党人能更明确地说他们深信我们所经历的革命是社会主义革命,那么,这一联盟也会成为上层的,即左派社会革命党人和布尔什维克之间的真诚的联合"①。随后,布尔什维克党与左派社会革命党在该国的多领域开展了合作,它们还共同掌握了苏维埃的执政权力。然而在1918年3月,它们对是否签订《布列斯特和约》产生了严重分歧,左派社会革命党主张拒绝签订和约,但是布尔什维克的多数高层人员为了使俄国尽快地退出"一战"的战场,维护新生的政权,主张签订和约,最终该国还是签订了《布列斯特和约》。面对这种政见不合的局势,左派社会革命党在俄国的苏维埃四次会议上侮辱了布尔什维克党,左派社会革命党的人员在该次会议后也退出了人民委员会。随后列宁的政党合作思想也产生了变化,他明确对左派社会革命党人说:"如果你们不满意的话,就去召开新的代表大会吧,去吧,但是不要说什么政权崩溃了。政权属于我们的党,属于依靠广大人民群众信任的党。"②列宁领导的布尔什维克党也在俄国建立了一党执政的体制。由此可知,列宁的政党思想经历了从政党合作向一党专政的转变过程。他的政党合作思想主要以俄国的布尔什维克党为分析对象,他认为的政党合作是指布尔什维克党为获得俄国的无产阶级革命的胜利,维护新生的苏维埃政权,有必要与其他的革命政党开展合作;其他的革命政党在合作中要服从布尔什维克党的政策观念。因此,列宁的政党合作概念以马克思、恩格斯的政党合作概念为基础,并且根据俄国的实际情况,将他们的政党合作概念具体化了。

3. 国内学者的政党合作概念

张文生认为政党合作是指具有共同利益的政党为了参与政治权力的分配,通过互相沟通的方式,在政策法案、议会选举等方面开展合作。③ 他的政党合作建立在利益相同的基础上,参与合作的政党主要是为了分享政治权力,在国家法律的制定与修改中尽量地维护本党的利益。洪明认为政党合作是指部分纲领或政策相同的政党,在人事、权力分配等方面开展合作。④ 他的政党合作条件更理性,只要求政策、纲领内容的部分一致,既

---

① 《列宁全集》(第33卷),人民出版社1985年版,第95页。
② 同上书,第54页。
③ 张文生:《台湾泛蓝阵营的政党合作分析》,《台湾研究集刊》2002年第3期。
④ 洪明:《台湾"政党合作"问题初探》,《台湾研究》1997年第1期。

注重有关权力的共享，也重视成员党之间的人员协调与配合。周淑真认为政党合作是指在和而不同的条件下，政党通过合作或协作的方式对有关事项开展协商。① 她的政党合作强调成员党关系的团结与和睦，它们以协商的原则开展有关事项的合作。李羚认为政党合作是指在包容不同意见，求同存异的政治环境中，参与合作的政党致力于将政治协商向审议式民主转变，加强对执政党的权力监督。② 她的政党合作建立在互相宽容的政治环境中，为有关的政党提供便利的政治参与渠道，允许它们在法律许可的范围内探讨执政党制定的方针政策，评价执政党的执政得失。

以族群人员为基础建立的政党通常属于相同的阶级，所以它们的合作与马克思、恩格斯、列宁的阶级政党之间的合作存在差异。族群政党也是为实现国家的公共利益，协调公共利益与政党利益、族群利益的关系才开展合作，所以它们的合作与国内有的学者探讨的政党在具备共同利益、部分政策理念相同的条件下开展合作存在相同点。具体而言，族群人员的政党合作是指有关的族群政党为实现该国不同时期的公共利益，有效地维护党内成员及代表的族群人员的利益，在涉及国家的重大利益事项，议会选举、族群的语言、教育、宗教等领域开展的合作。

（三）政治发展的概念

政治发展理论兴起于20世纪60年代，它起源于西方的区域研究和政治学的"行为主义革命"研究。对政治发展的概念，国外学者阿尔蒙德认为政治发展是指"政府能力的发展和国家的民主化，包含两个变量：政府的权力和效能、公众对政府影响程度"③。他的政治发展注重的是提高政府能力，推动国家的民主进程。Lucian W. Pye 在《政治发展面面观》一文中总结了十种政治发展的定义。其中包括政治发展是"政治现代化的过程；民族国家的运转；健全立法、行政体制；民众广泛参与政治生活；建立西式的民主政治制度；逐步建立稳定的社会秩序；提高政治结构、政治领袖的民众动员能力等"④。他的政治发展主要是以发展中国家为分析背景，他

---

① 周淑真：《政党协商——多党合作制度的核心要素》，《世纪行》2016年第2期。
② 李羚：《党争视角下的政党合作职能思考》，《中国政协理论研究》2011年第2期。
③ ［美］加布里埃尔·阿尔蒙德：《发展中地区的政治》，任晓晋译，上海人民出版社2012年版，第17—18页。
④ Lucian W. Pye, "Aspects of Political Development", *Midwest Journal of Political Science*, Vol. 10, 1966.

在社会秩序、政治结构、民众参与、立法行政体制、民族国家等方面的理念，对发展中国家的政治发展具有借鉴意义；但是他提倡的西式民主政治制度很有可能导致发展中国家的社会动乱、政治不稳定，所以该制度不适合所有的发展中国家。亨廷顿认为政治发展是"现代化的政治性后果，包括政治一体化、制度化、民主化三方面"①。他的政治发展强调增强政治运作的规范程度，增加政治的民主因素。

国内学者也分析了政治发展的概念，王沪宁认为政治发展是指建立适应历史、社会、文化要求变化的稳定的政治体系。② 他的政治发展建立在政治体系与历史、文化、社会相适应的基础上，对发展中国家的政治发展具有启发作用。王浦劬认为政治发展是指政治关系的表现形式和外延形态的发展变化，如政治体系、政治行为、政治文化的变革与调整。③ 他的政治发展内容涉及的范围很广泛，既包括宏观的政治体系的调整，也包括微观的政治行为的变化。王仲田认为政治发展是指人类社会政治进化的状态，即以国家权力为核心的政治体系向合理化转变的趋势、程度和性质。④ 房宁指出政治发展是政治体系的结构性变化，既可以是体系内部的宪政体制、权力结构的变化，也可以是新制度、新体系代替旧制度、旧体系。⑤ 王仲田、房宁都认为政治发展是政治体系的变化过程。陈家刚指出政治发展是指政治体制从不发达走向发达、从传统走向现代的变迁过程，其核心内容是民主政治建设和完善的变迁过程。⑥ 他的政治发展注重的是政治体制内民主政治因素的增加。陈振明认为政治发展是指政治进化的过程与状态，既包括政治形态的转变，也包括政治体系向合理化方向转变与调整，它是政治生活由低级到高级，由简单到复杂的演变过程。⑦ 他的政治发展强调的是政治形态、政治体系的变化。

由多族群组成的发展中国家的政治发展包括政治体系的建立与完善，

---

① ［美］塞缪尔·P.亨廷顿：《变化社会中的政治秩序》，王冠华译，上海世纪出版集团2008年版，第26—27页。

② 王沪宁：《比较政治分析》，上海人民出版社1987年版，第237页。

③ 王浦劬：《政治学基础》，北京大学出版社1997年版，第375页。

④ 王仲田：《政治学导论》，中共中央党校出版社1997年版，第238页。

⑤ 房宁：《亚洲政治发展比较研究的理论性发现》，《中国社会科学》2014年第2期。

⑥ 陈家刚：《协商民主与当代中国的政治发展》，《北京联合大学学报》（人文社会科学版）2008年第2期。

⑦ 陈振明：《政治学——概念、理论和方法》，中国社会科学出版社2004年版，第381页。

所以它们的政治发展与国内有的学者倡导的政治体系向合理化转变具有相同点。多族群的发展中国家的国情存在差异，所以它们的政治发展包括的内容也不同。本书认为马来西亚的政治发展是指在维护族群关系总体稳定的基础上，政治体系的建立与健全的过程，其中包括实现国家独立、维护族群社会稳定、维护世俗政体、保证国家政策连续、促进公正发展。

（四）公共利益的概念

国内外学者从多角度分析了公共利益的概念。美国学者 E. R. 克鲁斯克、B. M. 杰克逊认为公共利益是指"社会或国家占绝对地位的集体利益而不是某个狭隘或专门行业的利益"①。他们的公共利益注重的是国家或社会中多数人的利益。潘恩认为由于社会是个人的总和，所以公共利益是个人利益的总和。② 他从个人利益的角度，统计了公共利益的数量。然而，个人利益存在较大差异，公共利益不能是个人利益的简单相加，公共利益也难以满足所有人的个人利益。庞德认为公共利益是"包含在一个政治组织的社会生活中并基于这一组织的地位提出的各种要求或愿望"③。政治组织包括政党、社会团体等，某个政治组织提出的要求或愿望通常是该组织的利益，所以与国家或社会的公共利益相差较大。英国学者边沁认为公共利益是"组成共同体的若干成员的利益的总和"④。共同体中的一些人的利益难以形成这个共同体的公共利益。哈耶克认为公共利益是一种抽象的秩序，它为社会成员提供了最佳的途径，能使他们将自己的知识用于自己的目的。⑤ 他的公共利益强调的是社会成员能通过该利益实现自己的意图。德国学者阿尔弗莱德·弗得罗斯认为公共利益是"一个社会通过个人的合作生产出来的事物价值的总和"⑥。个人的合作生产的事物价值包括的范围很广泛，所以它们也难以解释公共利益。C. E. 洛厚德认为公共利益是"一个相关空间内大多数人的利益，这个空间以地区为划分标准，所以地

---

① ［美］E. R. 克鲁斯克、B. M. 杰克逊：《公共政策词典》，上海远东出版社1992年版，第930页。
② ［英］史蒂文·卢克斯：《个人主义》，阎克文译，江苏人民出版社2001年版，第46页。
③ ［美］庞德：《通过法律的社会控制——法律的任务》，沈宗灵、董世忠译，商务印书馆1984年版，第37页。
④ ［英］边沁：《道德与立法原则导论》，时殷弘译，商务印书馆2000年版，第58页。
⑤ ［英］哈耶克：《经济、科学与政治——哈耶克思想精粹》，冯克利译，江苏人民出版社2000年版，第393页。
⑥ ［美］E. 博登海默：《法理学：法律哲学与法律方法》，中国政法大学出版社1998年版，第298页。

区内的大多数人的利益就形成了公益"①。某个地区的多数人的利益,只是该地区多数人的共同利益,它通常只属于国家或社会的公共利益的一部分。

国内学者周义程认为公共利益是指"符合社会全体或大多数成员需要,体现他们的共同意志,让他们共同受益的那类利益"②。他的公共利益强调的是社会多数人或所有人的共同意识。张千帆认为公共利益是指"全部私人利益之和"③,私人利益存在很大差异,所有人的私人利益不可能组成公共利益。胡小红认为公共利益是指"一国范围内全体社会成员或者多数社会成员的共同利益"④。她的公共利益建立在社会多数人或所有人的共同利益的基础上。门中敬从法律的角度分析了公共利益的概念,他认为公共利益在私法领域是指社会的基本道德规范准则;在公法领域是指公权力行使的向度和依据;在公私法混合领域是指维护社会的公共福祉并且与社会救济、医疗、文化、教育等公共事务有关。⑤ 他主要从私法、公法、公私法的角度分析了公共利益包括的事项。李欣认为公共利益是指"为了增强或保障社会上不特定多数人的个人利益,所实施的必要且不可替代的法律行为,代表着社会上不特定多数人的合法权益"⑥。她的公共利益强调的是通过实施有关的法律,维护社会中的多数人的合法利益。

多族群的发展中国家的公共利益通常是各族群多数成员的共同利益,所以它与国内外有的学者倡导的社会中的多数人的利益具有相同点。由于多族群的发展中国家的历史、文化、社会结构存在差异,它们承担的国家建设任务也不同,所以它们的公共利益涉及的事项也不同。本书认为马来西亚的公共利益是指实现国家的自主发展,协调族群的教育利益冲突,确保世俗政体不受实质损害,保持国家政局稳定,增强国家多领域的公正程度。

---

① 陈新民:《德国公法学基础理论》(上),山东人民出版社2001年版,第184—185页。
② 周义程:《公共利益、公共事务和公共事业的概念界说》,《南京社会科学》2007年第1期。
③ 张千帆:《"公共利益"是什么?——社会功利主义的定义及其宪法上的局限性》,《法学论坛》2005年第1期。
④ 胡小红:《公共利益及其相关概念再探讨》,《学术界》2008年第1期。
⑤ 门中敬:《含义与意义:公共利益的宪法解释》,《政法论坛》2012年第4期。
⑥ 李欣:《论公共利益的界定》,硕士学位论文,郑州大学,2011年。

（五）伊斯兰复兴运动的概念

研究宗教事务的学者从多角度分析了伊斯兰复兴运动的概念。例如，美国学者塞缪尔·亨廷顿指出伊斯兰复兴运动是指"对现代性的接受，对西方文化的摒弃，以及重新把伊斯兰教作为现代世界中生活的指导来信奉"①。他的伊斯兰复兴运动注重的是社会民众再次信仰伊斯兰教。国内学者何靖华、东方晓认为伊斯兰复兴运动是指主要由穆斯林发起的反对西方的物质和文化，重建伊斯兰文化理念，使穆斯林社会得到独立发展的社会运动。② 他们的伊斯兰复兴运动强调伊斯兰文化的建构，保障穆斯林社会的独立性。范若兰认为伊斯兰复兴运动是指宣传和纯洁伊斯兰教。③ 她主张通过宣传伊斯兰教，推动伊斯兰复兴运动的发展。彭树智认为伊斯兰复兴运动是指运用伊斯兰教的教义约束穆斯林的生活，治理穆斯林的社会。④ 他的伊斯兰复兴运动注重发挥伊斯兰教教义的作用。金宜久认为伊斯兰复兴运动是指伊斯兰社会更加重视伊斯兰文化传统，使伊斯兰理念渗透国家政治、社会生活、对外政策、民众信仰等领域。⑤ 他的伊斯兰复兴运动建立在国家多领域实施伊斯兰理念的基础上。周燮藩认为伊斯兰复兴运动是指实现伊斯兰教复兴的政治社会运动，该运动由不同的复兴现象和行为组成，其中包括受事件影响的民众信仰，由于宗教情感和宗教生活变化形成的社会氛围，有的国家采取的伊斯兰化举措，国际宗教组织开展的泛伊斯兰宣传活动，在政治领域推行伊斯兰主义等。⑥ 他主要从现象和行为的角度分析了伊斯兰复兴运动涉及的范围。曹庆峰认为伊斯兰复兴运动既是宗教文化复兴运动，也包括实现国家政治、经济发展、社会生活、民族文化、个人信仰等方面复兴的社会政治运动。⑦ 他的伊斯兰复兴运动注重的是宗教文化、社会政治活动的复兴。

因此，塞缪尔·亨廷顿、何靖华、东方晓、范若兰、彭树智分析了狭义的伊斯兰复兴运动的概念，金宜久、周燮藩、曹庆峰分析了广义的

---

① ［美］塞缪尔·亨廷顿：《文明的冲突与世界秩序的重建》，周琪译，新华出版社2002年版，第111页。
② 何靖华、东方晓：《现代政治与伊斯兰教》，社会科学文献出版社2000年版，第273页。
③ 范若兰：《马来西亚伊斯兰教复兴运动试析》，《东南亚研究》1998年第1期。
④ 彭树智：《伊斯兰教与中东的现代化进程》，西北大学出版社1997年版，第223页。
⑤ 金宜久：《当代伊斯兰教》，东方出版社1995年版，第158页。
⑥ 周燮藩：《当代伊斯兰教浅析》，《伊斯兰文化》2009年第1期。
⑦ 曹庆锋：《马来西亚伊斯兰复兴运动研究》，博士学位论文，中央民族大学，2013年。

伊斯兰复兴运动的概念。根据伊斯兰复兴运动在马来西亚的实际发展情况，本书认为伊斯兰复兴运动是指伊斯兰教的再次盛行，以及执政者将伊斯兰教理念广泛运用到行政事务、经济体制、司法机构、国际交往等领域。

（六）精英的概念

国外的学者从多角度分析了精英的概念。传统精英理论的代表人物帕累托认为"由于社会中的少数人比其他人的能力要强，这些最精明能干和最强有力的少数人也获得了较高的社会地位，所以他们就是精英"①。他的精英注重的是能力和社会地位。莫斯卡认为"由于统治阶级掌握着国家权力，执行着所有的政治职能，并且享有较多的特权，他们还通过各种合法方式控制被统治阶级，所以统治阶级就是精英"②。他主要是从统治阶级的政治权力、政治统治、政治职能和特权的角度分析了精英。现代精英理论的代表人物拉斯韦尔认为最有社会影响力的人员，或者是集团中权力最大的人员都是精英。他的精英强调的是社会影响力和权力。巴特摩尔认为精英是指"那些在各自活动领域中获得最高指数的人"③。他的精英注重的是在领域中获得的成就。国内学者仝志辉认为精英是指"那些比其他成员能调动更多社会资源、获得更多权威性价值分配如安全、尊重、影响力的人"④。他的精英强调的是社会资源的调动和权威价值的分配。单伟认为在人类的文明社会中，"政治权力总是集中在一少有的社会成员手中，这一少有的人就是精英"⑤。他的精英以政治权力为基础。

本书认为精英是指在个人能力、社会资源、社会地位等方面比普通人占优势的人员。广义上的精英既包括政治精英，也包括经济、知识、技术、军事等领域的优秀分子，他们也构成了社会的精英阶层。精英通常拥有较高的社会名望，对行业内的人员有较强的号召力，也具有较高的竞选技巧。

---

① ［意］维尔弗雷多·帕累托：《精英的兴衰》，宫维明译，上海人民出版社2003年版，第12—14页。
② ［意］加埃塔诺·莫斯卡：《政治科学要义》，任军锋等译，上海人民出版社2005年版，第119—120页。
③ ［英］巴特摩尔：《平等还是精英》，尤卫军译，辽宁教育出版社1998年版，第2页。
④ 仝志辉：《农民选举参与中的精英动员》，《社会学研究》2002年第1期。
⑤ 单伟：《美国学界对中国政治精英的研究》，《浙江社会科学》2008年第5期。

二 研究的方法

（一）案例分析法

案例分析法是"对现实中某一复杂的和具体的现象进行深入和全面的实地考察，是一种经验性的研究方法"①。研究者使用案例研究法时，通常选取一个或几个案例详细地描述某种现实现象，并且分析该现象为何能发生，探求该现象的客观规律。研究者选择的案例数量取决于研究对象的繁复程度，也取决于研究者获取案例材料的能力和时间，如果研究对象较复杂，研究者获取案例素材的能力较强，时间也充足，研究者通常选用几个案例研究；反之，研究者会使用一个案例进行研究。研究者运用案例法分析、解释案例时，必然会回归自己提出的理论假设，并且形成被证实的理论，所以案例分析法也是一种从经验事实向理论陈述转变的研究工具。案例分析法不限制研究对象的背景，也不控制研究对象的变化过程，但是集中关注研究的问题。从案例的性质角度分析，案例研究可分为描述性、解释性和探索性案例研究。描述性案例研究是指通过深入陈述研究对象的过程，并且根据客观事实形成理论内容或检验理论假设；解释性案例研究是指分析某案例的因果联系；探索性案例研究是指研究者先收集有关的资料形成案例，再通过分析案例提出研究的问题和理论依据。

本书在叙述巫华印联盟在特权、公民权、马来亚宪法等方面的合作案例的基础上，论证它们的合作对促进该国的政治发展产生的积极影响；在分析华人政党维护马来西亚的华文教育，特别是华人的华文小学教育权利时，选取了华人政党对华小的马来化事件、数理英语教学事件的合作案例。本书运用描述性案例研究的方式陈述巫统、马华公会、印度人国大党成立的过程；描述国阵在竞选区域和人员、竞选口号和纲领等方面的合作案例，并且说明该联盟的议员竞选合作的特点；叙述民联的竞选区域和纲领的合作案例，并且说明该联盟的议会选举合作对该国政治发展的影响。本书运用解释性的案例研究方式分析国阵、替阵、民联、希盟建立的原因；陈述巫华印联盟在马来亚议会选举合作的案例，以及该联盟开展合作的原因；叙述巫统与马华公会在教育政策方面开展合作的案例，以及马华公会支持巫统的教育政策的原因。

---

① 孙海法、刘运国、方琳：《案例研究的方法论》，《科研管理》2004年第2期。

（二）统计分析法

统计分析法是指以研究对象的资料和事实为依据，分析研究对象的范围、进程、速度等方面的数量关系，阐释研究对象的内在因素之间的关系，以及研究对象的变化规律和发展趋向的研究方法。统计分析法属于定量研究法，它主要包括总和、均数、方差、概率、线性回归等方面的运算方式。统计分析法的研究步骤是首先选择研究的对象，其次是根据研究对象选取有关的变量，并且收集和整理变量的样本数据，再次是选择恰当的统计方法计算变量的样本数据，最后是根据样本数据的计算结果分析有关的问题，并且得出研究对象的规律性的结论。因此，通过使用统计分析法，能使研究者以数据的形式描述分析对象的特征和规律，使研究的结果更加直观和具体。本书运用统计分析法的总和计算方式列举国阵从 1974 年至 2013 年大选获得的国会众议院议席数，分析国阵在这些大选中的议席数量的变化规律；列举民联的人民公正党、民主行动党、伊斯兰党的 2008 年、2013 年大选的国会众议院议席数，说明民联的成员党获得的国会众议院议席数对马来西亚产生两线制的政治格局发挥的作用；列举希盟的主要政党在 2018 年大选获得的国会众议院议席数，说明希盟获得的国会众议院议席数超过了国阵获得的国会众议院议席数，所以希盟取代了国阵的执政地位，实现了该国执政权力的交替。

第四节 研究的难点与创新点

一 研究的难点

本书的难点一是马来西亚的族群政党在有关事项中开展的合作。即分析该国的族群政党在联合邦立法会选举、非马来人的公民权、马来人的特权、联合邦的宪法制定、华文中学改制、抵制独立大学、华小的"3M 计划"、华小高职事件、《1996 年教育法令》制定、华小数理英语教学事件、世俗伊斯兰教国的建立、反对宗教政权、议会的竞选区域、竞选议席数、竞选宣言、内阁职务分配等方面为什么能开展合作，怎样开展合作，开展合作的效果怎样；它们开展的合作对该国的政治发展产生了什么影响。

本书的难点二是国阵从 20 世纪 70 年代至 21 世纪初期实施的各项政策。

即分析国阵为推动该国的经济社会发展，在执政期间实施的新经济政策、国家发展政策、国家宏愿政策的目标和内容，国阵实施的这些政策怎样保证了该国政策的连续。

二 研究的创新点

本书的创新点一是政治发展的概念。本书的政治发展不同于目前学术界有的学者倡导的西式民主政治制度的建构、政府能力的提高，而是马来西亚的族群政党在国家建构过程中承担的主要政治任务。即促进国家脱离被殖民统治的地位，维护不同时期的族群社会稳定，维护政体的实质，确保国家政策的连续，推动该国政治、经济、社会领域的公正发展。

本书的创新点二是族群政党合作理论。即分析协商合作的公共利益，特殊利益的范围、政党利益与族群利益的关系，族群政党开展合作的基础、内部和外部条件、方式、参与者的地位、过程、结果、利益分配原则和策略调整，以及族群政党在合作过程中对国家的公共利益与政党利益、族群利益的协调。分析族群政党合作与政治发展的关系，即探讨族群政党在国家独立前开展的有关事项合作，促进了国家的独立；族群政党在国家独立后的不同时期，共同保障相应族群的教育利益，维护了该族群社会的稳定；族群政党协同降低宗教运动对政体的影响，反对有的族群政党倡导的宗教政权理念，有效维护了国家的世俗政体；族群政党在大选中开展的合作，使它们获得了国家的长期执政权力，它们在执政期间实施的政策，也保证了国家政策的连续；作为执政党联盟的反对势力的族群政党举行维护公平、公正的社会活动，在大选中协同开展有关事项的合作，并且获得国会众议院、州议会的较多议席，也迫使执政党联盟实施更公正的经济、社会发展政策。

本书的创新点三是从马哈蒂尔在议会选举中发挥了政治威望作用，国阵领导人的行为私利化、国阵人员容忍损害政体的行为、国阵难以妥善解决社会民生问题，国阵干预议会选举过程，国阵获得的马来人选票数减少等角度分析希盟首次获得马来西亚执政权的原因；从推动公正廉洁政治、公民政治的发展，增强执政权力的制约机制的角度分析希盟的议会选举合作对该国政治发展的影响。

第五节 研究的基本框架

一 研究的目标

本书致力于分析马来西亚的族群政党在议会选举、族群教育、宗教理念等领域开展的合作对该国政治发展产生的影响。即分析巫统、马华公会、印度人国大党共同协商非马来人的公民权,商讨族群教育政策和马来亚宪法,使该国的族群代表能有序地参与政治事务,族群矛盾得到有效缓解,也实现了国家独立的目标。分析巫统与马华公会共同推动华文中学改制、抵制独立大学的创办,维护了马来人社会的稳定;华人政党联合阻止不利于华小的"3M计划"、共同解决华小高职事件,马华公会与民政党促进《1996年教育法令》的实施、协同解决华小数理英语教学事件,维护了华人社会的稳定,保障了华人的华文初等教育权利,也提高了华小教育政策的合理程度。分析马华公会、民政党支持巫统的世俗伊斯兰教国理念,使该国能继续发展有伊斯兰教特点的经济社会体制,该国的世俗政体也得到了保留;华人政党联合反对伊斯兰党的宗教政权理念,有效地维护了该国的世俗政体,遏制了伊斯兰党的右派激进主义理念。

分析国阵的成员党共同分配竞选区域和议席数、制定竞选宣言,使该联盟持续获得了马来西亚的执政地位,获取了较多州的执政权,也促进了该国政策的持续改进。分析该国反对党联盟的首次议会选举合作,促进了反对党的族群政党联盟意识的觉醒,也为该国以后的族群政党联盟发展提供了借鉴;替阵开展的议会选举合作,使该国反对党的族群政党联盟得到了重建,该国的民主公正的政治理念逐渐兴起;民联开展的议会竞选宣言、竞选区域的合作,使该国出现了两线制的政治格局,反对党及民众要求议会公正选举的诉求增强,国阵面临的议会选举压力加大,反对党的地方政府对国阵政府的制约增强;分析希盟开展的议会选举合作,促进了该国公正廉洁政治的发展,公民政治得到了有效发展,执政权力的制约机制也得到了增强。

二 研究的内容

本书第一章首先提出研究的理论与现实意义,国内外学者的研究现状,以及他们的研究价值与不足;然后分析族群政党、政党合作、政治发展、公共利益、伊斯兰复兴运动、精英、马来亚联合邦与马来西亚联邦的概念,主要的研究方法,研究的难点与创新点;最后说明研究的目的和内容。第二章分析协商合作的公共利益、族群政党的特殊利益、族群政党合作与利益协调、族群政党合作与政治发展的关系。第三章首先分析巫华印联盟的成员党在地方议会、联合邦立法会选举中开展的合作,并且从获取经济支持、改善政党形象、获取选票支持的角度分析巫华印联盟开展合作的原因;其次分析巫华印联盟在公民权、宪法、族群教育事务开展的合作,并且分析巫华印联盟的协作对该国政治发展的影响。第四章首先分析巫统与马华公会协同解决教育事务,它们开展教育事务协作的原因;其次分析华人政党共同制止华小马来化,然后分析马华公会与民政党共同解决华文教育事务,最后分析族群政党的教育协作对该国政治发展的影响。

第五章首先分析伊斯兰复兴运动在马来西亚的兴起、该国实施的伊斯兰政策,马华公会、民政党支持巫统的世俗伊斯兰教国理念的过程,以及它们开展的世俗伊斯兰教国理念合作对该国政治发展的影响;然后分析华人政党如何联合制止伊斯兰党的宗教政权理念,并且分析华人政党联合抵制伊斯兰宗教政权对该国政治发展产生的影响。第六章首先从执政联盟1969年的国会众议院的竞选结果、族群冲突后的统治基础的角度分析国阵成立的原因;其次从族群利益的表达途径、国阵的实力、巫统的联盟地位的角度分析国阵成员党的协作对族群政治的影响;再次分析联盟的高层、秘密,非对称的协商原则,对议会选举的合作以及国阵的议会竞选合作的特点;然后分析国阵的成员党对内阁职务分配的合作;最后分析国阵的议会选举协作对该国政治发展的影响。

第七章首先分析反对党如何建立初步的政党联盟,伊团阵、人阵开展议会竞选互助的过程及结果,这两个阵线的议会选举协作对该国政治发展的影响;替阵建立的原因,替阵开展的议会竞选协作,以及该阵线的议会选举协作对该国政治发展的影响;其次分析民联建立的原因,民联对议会选举的有关事项的合作,该联盟的议会竞选结果,并且分析民联的议会选举协作对该国政治发展的影响;再次分析希盟建立的原因,该联盟开展的议会竞选配合,并且从政治威望、国阵的执政能力、国阵对议会选举的干预、国阵获得的马来人选票数的角度分析希盟获得执政权的原因;最后分析希盟的议会选举协作对该国政治发展的影响。第八章首先从合作事项的重要程度、族群政党的完成能力、获取的利益类别、获得利益的方式的角度分析族群政党开展合作的条件，从族群政党的优势、维护公共利益和族群人员利益、获得议会议席的角度分析族群政党开展合作的原因，并且分析族群政党合作的方式和效果；其次从联盟的主导政党、执政党联盟和反对党联盟的成员党关系、政党合作的范围、利益协调的角度分析马来西亚族群政党合作的特点；最后从国家的公共利益、政党之间的特殊利益、发展主义的价值取向、政党合作的效果、族群政党的利益协调的角度分析马来西亚族群政党合作对其他多族群国家政党合作的启示。

第二章

族群政党合作理论

在有不同族群政党的国家,具有相同政治目标的族群政党既要致力于实现国家的公共利益,也要适当地照顾本族群政党的利益及代表的族群人员的利益,才能促进它们有效地开展合作。因此,可以从协商合作的公共利益、族群政党的特殊利益、族群政党合作与利益协调、族群政党合作与政治发展的关系角度探讨多族群国家的族群政党合作理论。

第一节 协商合作的公共利益

国内学者王洪树分析了协商合作的概念,他指出协商合作是指"民主政治共同体中自由平等的公民或公民团体为了政治上的团结与合作,在公共理性指导和公正程序约束下就公共事务在各种协商体制中所进行的理性对话,从而培育积极公民,赋予决策以公共正当性,推动持续性政治合作与自治的民主政治运作方式"①。他的政治合作以参与者的地位平等、参与者遵守公共理性为前提,参与者通过合理地表达诉求,致力于达成协商共识,提高决策的科学程度,建立长期合作的关系。协商合作理论注重公共善的价值。例如,王洪树指出协商合作规定了公共决策参与者的协商原则,其中的主要协商原则之一是"所有的协商决策行为必须遵循'公共善'的导引"②。王洪树、张玉芳也指出协商合作主张利益相关的人员对公

---

① 王洪树:《协商合作:公共决策的新机制》,《领导科学》2009年第29期。
② 同上。

共事务进行理性协商,"该理性协商以公共善为利益导向"①,所以他们认为协商参与者开展的合作应当以实现公共善为目标。

王洪树分析了公共善的具体内容,他认为"公共善,在协商决策中代表着社会的公共利益或核心价值。它既是一个社会整体福利获得推进的利益保障,也是一个社会具有内在凝聚性或团结力的价值保障"②,所以公共利益是公共善的主要内容,公共利益既包括协商参与者的共同利益,也包括社会其他人员的正当利益;所以公共利益也是社会人员致力于实现的利益。公共利益的实现既能增加社会成员的利益,也能增强社会成员的凝聚力。郭慧敏、姚曼指出"协商合作中协商是手段,合作是目的,协商之上的合作是基于公共利益的价值取向展开的,最终实现互惠共赢"③,所以协商合作的参与方应当以公共利益为基础,为实现彼此的利益、促进参与方的合作持续进行创造良好的条件。王洪树也分析了掌握公共权力的人员在协商过程中必须遵循的原则。他认为"公共权力机构的代表作为社会整体利益的代表者,在协商决策中基于公共善的价值,既表达对公共利益和社会核心价值的关切与诉求,也调节着各个体利益与个体利益和公共利益之间的矛盾,使最终产生的协商决策共识也能反映和维护公共善"④,所以执权者要妥善地协调参与协商的人员的利益,在实现参与者的个体利益的过程中,不能损害社会的公共利益,协商共识也必须体现公共利益。陈朋也认为在协商合作中必须开展理性协商,"实现个人利益与公共利益的相对均衡,筑牢协商合作型信任的根基"⑤,所以协商参与者在实现个人利益的基础上,也要致力于维护公共利益,增强协商的正当与合理程度,促进参与者继续开展协商。因此,族群政党在开展合作时也要注重实现和维护国家的公共利益。

---

① 王洪树、张玉芳:《协商合作:一种重要的民主政治运作形式》,《中国政协理论研究》2010 年第 2 期。
② 王洪树:《协商合作:公共决策的新机制》,《领导科学》2009 年第 29 期。
③ 郭慧敏、姚曼:《政治协商与社会利益的表达——基于协商合作的视角》,《生产力研究》2014 年第 1 期。
④ 王洪树:《公共政策执行路径的协商合作视角》,《领导科学》2011 年第 29 期。
⑤ 陈朋:《协商合作型信任:一种契合现代社会需求的信任图景》,《理论与改革》2014 年第 4 期。

第二节 族群政党的特殊利益

一 特殊利益的范围

如果族群政党只是维护国家的公共利益,不利于该党的持续稳定发展,有关的族群人员对该党的议会选举支持率也会降低,所以族群政党也必须妥善地维护它的特殊利益。族群政党的特殊利益包括政党利益和族群利益。"政党主要的作用在于争取并运用政治权力,以维护成员的政治理想和增进成员的共同利益。"[1] 因此,族群政党的政党利益包括提高社会民众的政党认同,即社会民众"在心理上对某一政党的归属感或忠诚感"[2];也包括政党在国会众议院、州议会选举中获得的议席数增加,在大选中获得的州政权数量增加;政党能获得该国的执政地位,持续掌握该国的执政权力;政党满足成员的政治诉求,赋予成员公共职务;增强政党的经济实力,扩大该党的社会影响力。政党的族群利益包括为族群人员争取政治权利,增加族群人员的经济利益,在国家的教育政策制定与修改过程中尽量地维护族群人员的利益,保障族群人员原有的生活方式,族群的不同利益群体能在体制内表达合理的诉求,有序地参与政治事务。大众型政党"宣称代表社会某一阶级或群体的利益并将其作为自己的社会基础"[3]。因此,族群政党具有大众型政党的特点;族群政党涉及的特殊利益事项也很多,该党必须采用多种方式,才能有效地维护该党的特殊利益。

二 政党利益与族群利益的关系

族群政党维护特殊利益的理想状态是均等地维护政党利益和族群利益。但是由于受族群政党的意愿、族群人员诉求等因素的影响,族群政党通常不能等量地维护政党利益和族群利益。如果族群政党希望增加本党的利益,族群人员的利益诉求也较弱,该党维护的政党利益就多,维护的族

---

[1] 陈振明:《政治学——概念、理论和方法》,中国社会科学出版社2004年版,第206页。
[2] Angus Campbell, *The American Voter*, New York: John Willey & Sons, 1960, p.121.
[3] 柴宝勇:《政党政治的概念、框架与实践:构建有中国特色的政党政治学》,中国社会科学出版社2016年版,第132页。

群利益就少;如果族群政党维护本党利益的意图较弱,但是族群人员的利益诉求强烈,该党维护的政党利益就少,维护的族群利益就多。族群政党维护某方面的特殊利益,有可能以损害政党利益或族群利益为代价。例如,某个族群政党为了继续获得执政地位,宁愿损害本族群的部分教育权益,也要加强与其他族群政党的合作;某个族群政党为了不损害族群人员的生活方式,自愿退出原有的族群政党联盟,减少在大选中获得的议席数。由此可知,在多数情况下,族群政党的政党利益与族群利益呈现对立的关系。但是为维护政党属性,族群政党不能过多地忽视政党利益或族群利益。如果族群政党过度地不理会政党利益,很有可能弱化该党的实力,降低该党的社会影响力,损害该党成员的利益;如果族群政党过度地忽视族群利益,该族群人员对族群政党的支持率就会下降,族群政党的族群代表性也会降低。

第三节 族群政党合作与利益协调

一 族群政党合作的范畴

(一) 族群政党合作的基础

族群政党既代表着政党成员的利益,也代表着族群人员的利益,所以族群政党之间的政党理念存在差异。族群政党的政党理念能深刻影响该党与其他族群政党之间的合作。如果某族群政党的政党理念与另一个族群政党的政党理念存在很大差异,它们也难以协调政党理念分歧,它们就不能建立合作关系;如果族群政党之间的政党理念相差不大,它们也能有效地协调政党理念分歧,它们就有可能建立合作关系。政党目标也能影响族群政党之间的合作。如果某族群政党与其他族群政党没有相同的政党目标,它们就很难开展有关事务的合作;只有族群政党之间具有相同的政党目标,它们才有可能开展合作。例如,族群政党在处理议会的有关事务时,为了"通过某项法律或人事任免,利益相关的政党往往协调立场、采取一致性投票或一致行动"[①]。族群政党的合作意愿也能影响该党与其他族群政党之间的合作。如果某族群政党不愿意与其他族群政党合作,它们就不可

---

① 刘红凛:《政党政治与政党规范》,上海人民出版社2010年版,第245页。

能互相合作。只有族群政党之间愿意开展合作，它们才有可能开展有关事务的合作。因此，族群政党之间不存在难以协调的政党理念分歧，并且只有具有相同的政党目标以及开展合作的意愿，它们才能建立合作关系。

（二）族群政党合作的条件、方式和地位

只有当有关事项的重要程度较大，某个族群政党难以单独解决该重要事项；共同解决该事项能获得相应利益，也不能使用暴力的解决方式时，有关的族群政党才通过开展务实合作，解决该重要事项。"政党必须提出政见供人民选择，政纲就是政党向人民宣示的政治目标与承诺，以及表明的政治主张和立场"[①]。因此，政党通过政纲反映本党的属性。族群政党开展合作的方式通常是建立政党联盟，管控彼此的利益分歧，尽量形成互相认同的联盟政治纲领，并且在纲领的指导下"汇集彼此资源，彼此进行协商、沟通，进而努力追求目标的达成"[②]。联盟的任何成员党不能违背该纲领。族群政党开展合作的渠道是开放的，只要其他的族群政党赞同联盟的政治纲领，愿意接受联盟的指挥，其他的族群政党就能加入联盟，共同分享联盟获得的利益。族群政党合作的方式也包括族群政党对某事项形成相同的观点，并且对该事项采取互相支持的行动。参与合作的族群政党的地位是由族群政党的实力决定的，通常实力强的族群政党在合作中居于领导地位，其他的族群政党处于从属地位。如果族群政党的实力相差不大，那么它们在合作过程中拥有平等的地位。

（三）族群政党合作的过程和结果

族群政党通过坦诚交流、理性表达的方式获取彼此有价值的信息，还可以向参与合作的其他族群政党展示自己的需求和意愿，也能纠正自己的不合理观点，获得其他族群政党的信任与支持。族群政党通过理性辩论的方式能形成更合理的决策，并且能将有关公共事务的决策建立在公共利益的基础上。族群政党的利益冲突化解方式主要包括族群政党对各自的利益进行妥协，寻求彼此的利益共识；构建能容纳利益冲突的新协商框架，各族群政党在该框架中能有效地表达诉求。这些利益冲突的解决方式都包含着宽容互惠的理念。在宽容互惠理念的指导下，族群政党通过理性协商、转移偏好的方式改变对原有利益的认识，拓展彼此的共识范围，增强利益

---

① 金东梅：《当代西方政党执政理论景观研究》，博士学位论文，吉林大学，2012年。
② 胡祖庆：《政党合作与结盟》，书泉出版社2006年版，第2页。

正当性的程度。族群政党通过合作的方式将族群的利益冲突纳入联盟的理性协商过程中，将族群利益冲突控制在族群政党联盟的话语冲突范围之内，能有效避免地族群利益冲突转化为族群行为冲突，使族群利益冲突在联盟的政治纲领和公共利益的约束下得到有效化解。

（四）族群政党合作的原则和策略

在族群政党合作的利益分配过程中，通常是实力强的族群政党主导着利益分配，实力强的族群政党获得的利益也更多。但是实力强的族群政党不能过度地排斥实力弱的族群政党的利益，必须坚持利益互惠、合作共赢的原则，适当地照顾实力弱的族群政党以及代表的族群人员的利益，才能使实力弱的族群政党愿意与之继续开展合作，增强它们之间的合作关系。开展合作的族群政党在不同时期建立的关于族群地位、族群语言、族群教育的政策以及议会竞选策略是族群政党在该时期对这些事务达到的认知高度，但是这些认知不是持久不变的。参与合作的族群政党会根据成员党的实力变化、族群利益诉求的变化，其他政党的竞选实力和竞选策略的变化，调整不同时期的族群政策主张和议会竞选方案，使参与合作的族群政党的策略能适应该国不同时期的发展形势，解决有关的合作事项，实现开展合作的族群政党的利益。

二 公共利益与政党利益、族群利益的协调

族群政党面对能深刻影响国家建构与发展的重要事项时，通常能全面地开展合作，即绝大多数的政党通力合作，主动地生产国家的公共利益；族群政党面对影响国家发展程度不高的事项时，通常是局部地开展合作，即一些政党互相合作，被动地生产国家的公共利益。族群政党开展全面合作时，经常是以国家的公共利益为主导，甚至为了实现公共利益，族群政党之间对各自的政党利益、族群利益进行妥协，甚至导致它们的部分政党利益、族群利益受到损害，所以在全面的政党合作情况下，国家的公共利益得到了增加，但是族群政党的政党利益及代表的族群人员的利益就减少了。族群政党开展局部合作时，经常是以政党利益或族群利益为主导，甚至为了实现政党利益或族群利益，它们会不太重视国家的公共利益，所以在局部的政党合作情况下，族群政党的政党利益或族群利益得到了增加，但是国家的一些公共利益受到了损害。无论是全面的政党合作，还是局部的政党合作，族群政党都必须妥善地协调国家的公共利益与政党利益、族

群利益的关系，即族群政党不能只维护某方面或者某两方面的利益，必须兼顾这三方面的利益；但是为了更好地完成不同时期的历史任务，族群政党可以适当地调整这三方面的利益比例。

第四节　族群政党合作与政治发展的关系

族群政党通过开展务实的合作，增强各自的政党实力，提高政党的社会影响力，能够有效地推动国家的政治发展。在国家独立之前，族群政党致力于协调族群之间的政治权利、经济事务、教育政策、宗教信仰等方面的利益冲突，保持族群关系的总体稳定；积极地领导与开展国家的独立运动，并且协商制定国家的宪法内容，能在较大程度上促进国家独立。族群的教育事务关系着族群文化的传承、族群人员的价值观念的塑造，所以族群的教育事务是族群人员的重要事项。族群政党以合作的方式，在国家独立之后的不同时期重点维护相应族群的教育利益，能较好地满足该族群人员的教育诉求，有利于缓解该族群人员与国家的教育机构之间的利益矛盾，促进该族群社会的稳定。族群政党在重点维护某族群的教育利益的前提下，也要适当地照顾其他族群的教育利益，防止其他族群与国家的教育机构的矛盾激化。宗教理念能在较大程度上损害世俗政体的性质，所以必须抵制宗教理念对世俗政体的侵蚀。多数族群政党通过合作的方式降低宗教运动对国家政治体制的影响，反对其他族群政党提出的宗教政权观念，能有效地维护国家的世俗政体。族群政党在大选中开展竞选宣言、竞选区域和竞选议席数的合作，并且长期获得国家的执政权力；它们在执政过程中按照推动经济社会发展的原则，制定多个有效的政策，能够增强国家的经济社会政策的连贯程度。族群政党为解决国家各领域的不公正问题，在大选中倡导更公正的经济政策，并且开展竞选事项的合作，能使族群政党获得的国会众议院、州议会议席数增加，促进执政者实施更公正的经济社会发展政策，推动该国政治、经济、社会领域的公正发展。

第五节 本章小结

　　协商合作理论强调实现公共利益，所以族群政党在开展合作的过程中也要注重实现国家的公共利益，才能增强它们合作的正当程度。族群政党的最直接、最现实的利益是政党利益和族群利益，这两方面的利益也经常出现此多彼少的现象，但是族群政党为了不损害本党的实力，争取族群人员的支持，不能过度地忽视这两方面利益中的任何一方利益。族群政党合作的基础是族群政党之间不存在难以协调的政党理念内容，它们具有相同的政党目标以及开展合作的意愿。某个族群政党不能通过暴力方式单独解决某重要事项，该事项也存在能共享的利益时，有关的族群政党就会通过合作的方式解决该事项。族群政党合作的方式包括建立政党联盟，在联盟内部互相协作，也包括形成利益共识，采取互相支持的行动。族群政党的实力能影响该党在合作中的地位，通常是实力强的族群政党在合作中居于领导地位，实力弱的族群政党在合作中居于被领导地位。族群政党在合作中互相表达利益诉求，能有效地纠正它们的利益偏见，使有关公共事务的决策建立在公共利益的基础上。

　　族群政党通过利益妥协，建立新的协商机制的方式能化解它们的利益冲突，使它们的利益冲突转变成话语冲突，避免出现族群行为冲突的现象。实力强的族群政党应当适度地照顾实力弱的族群政党及族群人员的利益，使实力弱的族群政党愿意与实力强的族群政党继续开展合作。开展合作的族群政党通常根据成员党的实力变化，其他族群政党的竞选实力变化，该国经济社会的发展状况，调整它们的族群事务、议会竞选事务等方面的策略，促进有关事项的解决。族群政党主动生产公共利益时，它们开展的是全面性的政党合作，它们对国家公共利益的维护要多于族群政党利益、族群人员利益。族群政党被动地生产公共利益时，它们开展的是局部性的政党合作，它们对族群政党利益或族群人员利益的维护要多于国家的公共利益。无论族群政党开展全面性或者局部性的政党合作，它们都应当兼顾国家的公共利益、族群政党利益和族群人员利益。族群政党通过开展务实的合作，能推动国家的独立进程，满足相应族群的教育利益，确保世俗政体不受到损害，保证国家经济社会政策的连续，促进国家的政治、经济、社会领域的公正发展。

第三章

实现国家独立：马来亚独立前的族群政党合作

在殖民地国家的殖民统治者的实力仍然强大的背景下，该国的政治团体必须创造必要的政治条件，与殖民统治者开展独立事项的协商，才能迫使殖民统治者逐渐放弃殖民统治，实现国家的独立。马来西亚的前身是马来亚，马来亚的巫统、马华公会、印度人国大党在独立前组建巫华印联盟，并且在议会选举中获得多数议席，成为该国的多数选民支持的政党联盟。巫华印联盟还在公民权、教育事务，尤其是马来亚宪法方面开展合作，也与英国殖民者积极地商讨独立事项，最终英国殖民者允许马来亚享有独立的地位，所以巫华印联盟的政党合作推动了该国的政治发展。

第一节 争取联盟的利益：巫华印参与独立前的议会选举

在马来亚独立前，巫统与马华公会、印度人国大党在市议会、马来亚立法会开展了务实的合作，它们的议会选举合作使联盟党获得的议席数超过了其他政党，成为该国最有政治影响力的政党联盟，为联盟党充当马来亚的政治领导角色，维护联盟的共同利益发挥了重要作用。

一 巫统与马华公会的地方议会选举

（一）巫统与马华公会的创建

1. 巫统的建立

英国殖民者对马来亚的统治政策影响了巫统的创立。在第二次世界大战之前，英国殖民者与马来亚各州的苏丹达成了协议，殖民者承认苏丹的政治经济特权，殖民者派遣有一定权力的官员驻扎在各邦苏丹的管辖区域，控制辖区内的土地和劳动力。随后"殖民政府在各土邦苏丹的压力下，实行分权制，下放多种权力给马来属邦，甚至马来联邦的各个苏丹"①。但是各州的苏丹还要求任用更多的马来人参与公共服务体系，以协助处理各项公务，增强自己的政治地位。面对苏丹变本加厉地索取政治利益的行为，殖民政府开始计划在马来亚推行宪政改革，弱化苏丹在该国的政治影响力。在第二次世界大战期间，日本殖民者取代英国殖民者充当了马来亚的实际统治者，各邦的苏丹被迫担任日本殖民者的顾问职务，所以第二次世界大战结束后，英国殖民者再次回到马来亚推行殖民统治时，以该国的苏丹曾经在第二次世界大战期间与日本开展合作为理由，宣布废除以前与苏丹签订的协议。

1945年10月至12月，英国殖民政府采用威胁、诱骗的方式与各州的苏丹签订了一份新的协议。尽管苏丹们的内心极不情愿，但是也害怕英国殖民者追究他们在第二次世界大战期间的通敌行为，只好服从英国殖民者的做法。签约后的苏丹将辖区内的统治权转让给英国总督，只保留苏丹的地位，但是没有其他的实权。这种统治权力的转让，实际上是将英国殖民者对马来亚的间接统治变为直接统治。随后英国殖民者制定了马来亚联邦计划，该计划的内容包括将新加坡分离出马来亚，成为英国单独的殖民地。"如果把新加坡与马来半岛合成一个统一的联邦，华人将成为联邦的第一大族群，这必然令马来人十分不安，增加马来亚联邦计划实施的难度。"② 马来亚的11个地区组建成中央集权的、以英国总督为首的马来亚联邦；在马来亚出生的非马来人，以及在1942年2月之前的十五年期间，在马来亚居住超过十年的非马来人都能获得该国的公民权；所有的马来亚公民享有平等的政治地位。

马来亚联邦计划的制订引起了马来人的强烈不满，他们认为如果非马来人被广泛地赋予公民权，并且与马来人享有同样的政治、经济权利，他们将无法与非马来人开展竞争。马来人社会的《马来先锋报》也指出：

---

① Barbara Watson Andaya, Leonard Y. Andaya, *A History of Malaysia*, London: The Macmillan Press LTD, 1982, pp. 242 – 245.

② Albert Lau, *The Malayan Union Controversy 1942 – 1948*, Singapore: Oxford University Press, 1991, pp. 282 – 284.

"这一计划将使马来人处于危险之中,马来社会必须行动起来。"① 由于苏丹自古以来掌握着马来亚的统治权,英国殖民者取消苏丹的统治权损害了马来人的感情,所以多数马来人也强烈反对剥夺苏丹的统治权。1946年3月,"柔佛的半岛马来人运动与雪兰莪的马来人协会等41个马来民族主义组织代表在吉隆坡集会"②,并且宣布该国的苏丹被迫签订的新协议无效;他们也在当年的5月建立了马来民族统一机构(简称"巫统")。该党的建立将马来亚的马来人团结到了一个政治组织,该党也获得了在马来亚殖民政府任职的马来人、伊斯兰教的领导人的支持。随后巫统领导马来人开展了拒绝履行马来亚联邦计划,抵制英国殖民统治的运动。其中包括号召马来人拒绝缴纳地税、马来人警察辞职、通过暴力方式袭击英国人等。该国也成了"没有一个欧洲人在没有武装保护的情况下能够旅行和睡觉,没有一个工厂的机器能够避免被破坏"③ 的地区。

面对马来人开展的民族运动,英国殖民者为继续维护对马来亚的统治,与各州的苏丹、巫统领导人开展了多次协商,最终英国殖民者在1948年2月取消了先前的马来亚联邦,并且建立了马来亚联合邦,同时也规定马来亚与新加坡继续分离。高级专员取代总督担任政府首脑,高级专员掌握内政、外交、防务的权力,领导州政府的工作,致力于维护马来人的特权和其他族群的合法利益;高级专员兼任行政会议主席、立法议会主席的职务。因此,高级专员掌握着马来亚联合邦广泛的职权。马来人继续享有特权;各州的苏丹仍然享有统治权,苏丹拥有审核移民与公民权政策的权力,苏丹会议拥有讨论高级专员在立法会上提出的法案的权力。在马来亚出生的马来人自动获得公民权;但是在马来亚出生的非马来人在申请前的十五年中至少有十年居住在马来亚,非马来亚出生的人员在申请前的二十年中至少有十五年居住在马来亚,并且他们要具有良好的品行、足够的英文或马来文知识、愿意永久居住和效忠马来亚,才能获得该国的公民权。该国各州苏丹的统治权力得到恢复,使英国殖民者对马来亚的统治再次转为间接统治;非马来人获得公民权的条件由宽松变为苛刻,使"马来人与

---

① James Peter. Ongkili, *Nation–building in Malaysia (1946–1974)*, Singapore: Oxford University Press, 1985, p. 47.

② 庞卫东:《新加坡与马来(西)亚的合作与分离研究:1945—1965》,社会科学文献出版社2017年版,第75页。

③ Ishak Bin Tadin, "Datu Onn and Malay Nationalism *1946–1951*", *JSEAH*, Vol. 1, 1960.

非马来人之间的政治不平等——类似于某种意义上的主客关系被保留下来"①。因此，巫统产生于马来亚独立前，英国殖民者对马来人实施不利政策的时期，该党也致力于维护马来人的特权，为马来人谋利益，巫统的这种政治理念也延续至今。

2. 马华公会的建立

英国殖民者的马来亚联合邦政策规定马来人继续享有特权，华人获得该国公民权的难度加大，所以多数华人强烈反对该联合邦政策。马来亚共产党（以下简称"马共"）组织的联合行动委员会与华人的其他左翼团体开展了罢市、罢工等抗议活动，"仅1947年一年之中，马来亚就爆发了219次大罢工"②。但是英国殖民派遣警察部队逮捕了马共和其他左翼团体的成员，执意推行马来亚联合邦政策。1948年6月，马共的总书记陈平决定通过武装斗争的形式夺取该国的政权；随后英国殖民政府在当年的7月宣布马来亚进入"紧急状态"，马共及其他反对马来亚联合邦政策的团体被列为非法组织，殖民政府还调集英国的装甲部队、炮兵团，驻澳洲、新西兰的部队以及马来亚军警围剿马共人员。由于马共的多数成员是华人，所以英国殖民政府在该时期对华人秉持猜忌和防范的态度，"华人在马来社会的教育、住房以及就业都受到歧视，由于在政治上公民权和公民身份的限制，华人随时都有受到人身伤害的现象存在"③。很多无辜的华人在证据不足的情况下被逮捕、杀害，也有大量的华人被逐出马来亚。英国殖民政府还认为居住在森林边缘和较远农村的华人为马共人员提供了人力、物力和情报，所以为隔绝居住在这些地区的华人与马共人员的联系，殖民政府从1950年起将这些华人迁移到了远离马共人员活动范围的新村安置；被迁移的华人"多达50万—60万人，占当时180万华人的约三分之一"④。殖民政府还在新村的四周安装铁丝网，所以居住在新村的华人几乎与外界隔绝，他们的生活过得很艰难，也经常与监视他们的马来人军警产生各种矛盾和冲突。

面对华人在马来亚的严重生存危机，华裔的商界人士意识到必须组建

---

① Timothy Norman Harper, *The End of Empire and the Making of Malaya*, Cambridge: Cambridge University Press, 1999.

② ［马］郭仁德：《敦陈祯禄传》，马来西亚华人文化协会，1996年，第54页。

③ Stanley S. Bedlington, *Malayia and Singapore: The Building of New States*, Ithaca: Cornell University Press, 1978, p.77.

④ ［英］D.G.E.霍尔：《东南亚史》（下册），中山大学东南亚历史研究所译，商务印书馆1982年版，第990页。

一个新的政治团体解决华人的民生问题,增强华人效忠马来亚的意识,尽快结束"紧急状态",恢复国家的安全秩序,所以马来亚立法会的16名华裔议员在1948年12月设宴招待英国的最高专员葛尼,李孝式在宴席上向葛尼表达了要建立一个巫统式的华人政治团体的意愿,并且得到葛尼的赞同。1949年2月27日,马来亚的中华总商会召集其他的商会、会馆、公会、公所的代表人员在雪兰莪的中华大会堂举行会议,总计"超过50个华团的近200名代表出席"[①]。会议决定成立马华公会,陈祯禄担任首任会长,公会领导层的其他人员多数是有较高社会地位的专业人士或商人,他们也受过良好的英文教育,有的人还是立法会的议员。马华公会当时制定的宗旨是加强华人社会的团结,促进马来亚各族群的相互了解与信任;支持政府消灭马共,恢复和平的社会秩序;"通过宪法途径,为华人争取政治、经济、社会等合法权益"[②]。由此可知,马华公会根据该国存在的主要问题,制定了较合理的宗旨。

由于英国殖民者"迫切需要建立一个新的政治组织以便切断华人对共产党的支持"[③],并且通过该组织领导马来亚的华人,消除马共对华人的政治影响力,恢复华人社会与殖民政府的联系,所以殖民者支持华商的代表建立有利于维护自己统治的政治组织。马华公会的建立标志着华人正在转变自己在马来亚的政治观念,对马来亚的国家认同进一步增强,也希望融入当地的社会环境;也适应了马来亚当时不断出现的族群人员谋求自己利益的族群政治趋势。马华公会建立后,该党的成员积极地了解新村华人的诉求,并且向殖民政府反映新村华人的合理诉求;还出资在新村建立了学校、图书馆、会堂等基础设施,改善新村华人的居住条件。该党还发行了多期的福利彩票,彩票发行获得的盈利被用于慈善事业,使该国的华人特别是居住在新村的华人受益。因此,马华公会在成立初期从事的工作,团结了该国的华人,缓和了华人与殖民政府的政治冲突,也在一定程度上保障了华人的经济、文化利益。

(二)巫统的分裂与马来亚独立党的建立

英国殖民政府在1949年至1950年,曾经召集各族群的首领讨论马来

---

① 原晶晶:《20世纪80年代以来马来西亚华人公会研究》,博士学位论文,厦门大学,2012年。
② 石沧金:《马来西亚华人社团研究》,暨南大学出版社2013年版,第242页。
③ R. K. Vasil, *Ethnic Politics in Malaysia*, New Delhi: Radiant Publishers, 1980, pp. 76–77.

亚的地方选举、教育等方面的事务；殖民政府的高级专员还几次要求时任巫统主席的拿督翁改变巫统的单一族群性质，促进马来亚的族群关系和谐，并且表示如果马来亚的族群关系不协调，英国就不允许马来亚独立或自治。在殖民政府要求改善族群关系的压力下，拿督翁为加强族群之间的团结与信任，实现马来亚的独立，以及争夺马华公会的华人群众支持，使巫统成为多族群的政党，曾经主张将巫统改名为"马来亚人全国统一机构"，也提议巫统放宽加入该党的条件，吸收非马来人成为该党的成员，但是巫统大会否决了他的提议；随后他又提议放宽马来亚的居民获取公民权的条件，但是巫统大会再次否决了他的提议。由于拿督翁的两项提议都被否决，巫统内部的有的成员也强烈不满他的损害马来人特权的政治主张，所以他向巫统大会提出辞职申请，但是巫统大会没有批准他的申请。面对马来人社会对他的政治支持程度下降的局势，拿督翁在1951年8月再次向巫统提出辞职申请，巫统大会这次同意了他的申请，并且由拉赫曼接任巫统的主席职务。1951年9月，拿督翁与从巫统退出的一些人组建了马来亚独立党。该党致力于建立多族群的政党，在该国推行多元族群政治，以实现马来亚族群关系的平等与和谐。因此，在英国殖民政府的政治压力和拿督翁的政党理念转变的情况下，巫统首次出现了较大的内部分裂，该党流失了较多的人员，该党的实力受到损害，也产生了一个与它的政党理念相对立的党派，这都对巫统的发展产生了负面作用。

（三）马来亚的地方议会选举及影响

不同族群的政党开展合作的途径通常是它们互相结成联盟，制定彼此认同的联盟纲领，并且按照纲领开展有关活动。马来亚的巫统与马华公会在该国的地方议会选举中采用了结盟的方式，也取得了较好的选举效果。20世纪50年代初期，马来亚人民的民族独立运动逐渐兴起，巫统与马华公会等政党也提出马来亚自治，举行议会选举的政治要求。英国殖民者意识到马来亚的独立趋势不可阻挡，于是决定从"1951年12月至1952年在3个市和19个大镇举行地方一级立法会议的选举"[①]。在1952年2月的吉隆坡市议会选举中，面对拿督翁组建的马来亚独立党的竞选压力，巫统与马华公会的李孝式领导的雪兰莪州支部组成了暂时的联盟，它们以获得选

---

① 廖小健：《战后马来西亚族群关系：华人与马来人关系研究》，暨南大学出版社2012年版，第45页。

第三章 实现国家独立：马来亚独立前的族群政党合作 49

区的多数选票支持为目的，根据各选区的族群人数比例安排相应的竞选人；它们的竞选纲领也没有涉及族群政治事项。巫统与马华公会基于对该次选举的理性认识制定的竞选策略，在该次选举中获得积极的成效。马来亚独立党在竞选中无法抨击它们的族群主义政策，所以"马华政党联盟获得 12 席中的 9 席，马来亚独立党获得 2 席，无党派人士获得了 1 席"①。随后巫统与马华公会以相同的竞选策略，在其他的地方议会选举中开展了合作，最终它们"赢得 74.4% 的市政议席和 70% 的地方议席"②。

巫统与马华公会在此期间获得地方议会 2/3 以上的议席数；拿督翁要求政府不允许政党继续发行福利彩票，马华公会开展的彩票发行活动被迫终止；拿督翁还指责马华公会与中国国民党存在联系，企图将马来亚变为中国的一部分。这一系列事情都彻底转变了马华公会的会长陈祯禄对马来亚独立党的支持态度。拿督翁还指责巫统将国家利益出卖给华人，谋取不正当的利益，这也增强了巫统与马华公会继续开展合作的信念，它们经过反复的协商，最终在 1953 年 8 月，正式建立了巫华联盟，并且于 1954 年选出 30 名代表组成联盟的最高执行理事会。由于马来亚独立党不能获得多数马来亚民众的支持，该党被迫在 1953 年解散。因此，在马来亚独立前，在马来人与华人的族群隔阂仍然存在的情况下，企图模糊族群的边界、淡化族群的意识形态偏见的跨族群性质的政党还是难以获得多数马来人或华人的政治支持；然而由保持适当的组织独立性的单一族群政党组成政党联盟却能在一定程度上加强族群之间的团结，实现各族群的共同利益。巫华联盟的建立开创了马来亚的族群政党合作的先例，为该国以后更大规模的族群政党联盟的建立与发展提供了借鉴。巫华联盟的选举合作，使拥有 20 万—30 万成员的马华公会正式进入了该国政坛，"在这之前它只为华人的新村福利和公民权问题斗争，甚至不愿意参加槟榔屿的选举"③，所以马华公会开始从服务社会的政党向专门从事政治事务的政党转变。此后，巫统的政党实力也得到增强，"其党员人数到 1953 年初再度增至 10 万多人"④。

---

① Khong Kim Hoong, *British Rule and the Struggle for Independence in Malaya*, 1945 – 1957, Pittsburgh: University of Pittsburgh, 1975, pp. 357 – 359.
② [马] 林水檺、骆静山：《马来西亚华人史》，马来西亚留台校友会联合总会，1984 年，第 110 页。
③ Soh Eng Lim, "Tan Cheng Lock", *JSEAH*, Vol. 1, 1960, p. 46.
④ Victor Purcell, *Malaya: Communist, or Free?* Stanford: Stanford University Press, 1954, p. 6.

巫华联盟的选举协作也使马来亚独立党迅速地衰落和瓦解，巫统失去了一个政治竞争对手，为该党获得多数马来人的政治支持提供了良好的外部条件。

二 巫华印联盟的马来亚立法会选举

（一）印度人国大党的建立

在西方殖民者侵入马来半岛之前，少量的印度人就定居在马来半岛，并且对当地马来人的法律、历法、王权观念产生了影响。英国在马来亚建立殖民地以后，由于马来亚殖民地的橡胶种植园和市政工程需要劳工，所以英国殖民政府从19世纪后期开始，在印度招募了大量的劳工。英国殖民政府为促进与监督印度劳工的招募工作，于1907年建立了印度移民委员会。该殖民政府在1908年也通过了《泰米尔移民基金法》，该法在1910年也更名为《印度移民基金法》。该基金法规定印度移民委员会管理该基金，该基金也作为输入印度劳工的费用。印度移民基金由英国殖民政府的资金与印度劳工雇主的捐献资金组成，但是英国殖民政府是该基金的主要承担者。随着马来亚印度人数量的快速增加，该国的印度人在20世纪20年代建立了种植园亚洲人协会，该协会具有民族主义的特点，"其成员主要是书记员、政府工作人员和技术人员"[①]。随后马来亚中央印度人协会于1936年成立，它主要由商人和专业人员组成，并且宣称是"代表所有印度人的首个政治团体"[②]。这两个协会建立的目的是维护马来亚的印度人的利益，它们的建立也在较大程度上加强了该国印度人之间的联系，增强了他们的族群凝聚力。

由于马来亚的印度人强烈不满英国对印度实行殖民统治，他们也曾经幻想通过日本与英国的战争，促进印度的独立，所以他们在日本侵占马来亚期间建立了支持印度独立的组织——印度人独立同盟，该同盟后来逐渐发展为领导东南亚的印度人支持印度独立运动的主导力量。在印度人独立同盟开展活动的影响下，马来亚的印度人于1946年8月在吉隆坡建立了马来亚印度人国大党（以下简称"印度人国大党"）。然而该党的政策相对较

[①] 石沧金：《马来西亚印度人的政治参与简析》，《世界民族》2009年第2期。

[②] Meredith L. Weiss, Saliha Hassan, *Social Movements in Malaysia: From Moral Communities to NGOs*, London: Routledge Curzon, 2003, p. 23.

温和，该党建立的目的是"保护和促进印度人社群的各种利益；防止印度人在马来亚走向独立的进程中出现族群内部的不和谐和误解"[①]。因此，马来亚印度人先前建立的协会致力于维护印度人利益的思想，在印度人国大党的政党理念中得到了继承；然而印度人国大党没有传承印度人独立同盟的政党理念，而是更多地关注马来亚的独立事项，说明该党更具有务实精神，也开始向马来亚的本土化转变。印度人国大党的建立也为居住在马来亚的印度人提供了一个正式的政党组织，为维护和增加印度人在马来亚的利益创造了较好的途径。

（二）巫华印联盟的建立

族群政党联盟的成员党数量通常不是固定的，如果其他的族群政党愿意遵守联盟的纲领，履行联盟规定的义务，那么该党也能加入联盟，成为联盟的成员党之一。马来亚的印度人国大党也是在认同巫统、马华公会的基础上，才加入两者先前组建的巫华联盟。事实上，印度人国大党对马来人政党的支持与合作经历了从马来亚独立党向巫统转变的过程。由于马来亚独立党宣称代表该国的马来人、华人、印度人的利益，并且主张各族群拥有平等的政治地位，所以印度人国大党起初是支持马来亚独立党。但是随着马来亚独立党在地方议会选举的失利，并且最终解散，印度人国大党意识到马来亚独立党难以获得该国的多数选民，尤其是马来人选民的政治支持，所以印度人国大党为了本党有较好的发展前途，转为支持多数马来人选民拥护的巫统。尽管马来亚的印度人与华人仍然存在历史的隔阂，但是代表华人利益的马华公会与巫统已结成政党联盟，所以印度人国大党也愿意与马华公会结成联盟，最终印度人国大党于1955年2月加入了巫华联盟，这三个政党也组成了新的族群政党联盟——巫华印联盟。马来亚巫华印联盟的建立扩大了先前的巫华联盟的范围，该国的族群政党联盟结构得到改善，该国的三大族群政党也能在联盟内部共同协商族群的事务以及联盟的事务；加强了该国的三个主要族群的政治团结，在较大程度上缓和了它们的族群利益冲突，为促进马来亚的独立创造了良好的国内环境。巫华印联盟的建立也增强了先前的巫华联盟的实力，有助于吸收该国的印度人选民的选票支持，提高联盟在选举中的得票率。

---

① R. K. Vasil, *Ethnic Politics in Malaysia*, New Delhi: Radiant Publishers, 1980, p. 81.

(三) 马来亚的立法会选举及影响

英国殖民者统治下的马来亚立法会选举是在该国的族群政党联盟和其他政治团体的持续政治施压下举行的。在1953年的初期，巫华联盟就提出马来亚立法会中的60名议员在1954年进行直接选举；如果殖民政府不采用该提议，联盟的成员就不再担任殖民政府的职务。英国殖民政府起初拒绝了联盟的提议，联盟的人员就退出了联合邦的立法会、各级政府机构，联盟还发动群众在各地举行了游行示威活动；随后该国的其他政治组织也陆续地向殖民政府提出了马来亚自治的要求。面对马来亚持续高涨的民族独立运动，英国殖民统治机构决定在1955年的立法会选举时，选举立法会99个议席中的52个议席。该国的高级专员任意指定7人担任联邦立法会的议员，高级专员按行业分配立法会的其余40个议席。巫华联盟对殖民当局的马来亚立法会的议席选举数量、选举时间以及高级专员指定人员担任议员的方案表示强烈不满，联盟的成员多次向马来亚的苏丹、殖民统治机构甚至英国伦敦当局请愿，要求改变原有的立法会议员选举与分配方案；该联盟在1954年6月还撤走了在马来亚殖民政府担任职务的巫统和马华公会的人员。在巫华联盟的政治压力下，英国殖民当局同意高级专员必须跟获得立法会多数议席的政党协商指定议席中的五个议席，巫华联盟也最终同意在1955年开展马来亚的立法会选举。

由于马来亚议会议席和政府的职位具有共享性，巫华印联盟的成员党才愿意开展马来亚议会选举的合作。在1955年7月举行的马来亚立法会选举中，巫华印联盟参与了52个选区的竞选，"其中巫统34席，马华15席，国大党3席"[①]。最终巫华印联盟获得立法会52个议席中的51个议席，并且获得81%的选民的支持；泛马来亚伊斯兰党也获得1个议席。拿督翁解散马来亚独立党后，重新组建的跨族群政党——国家党在该次大选没有获得议席，最终导致拿督翁退出了该国政坛。巫华印联盟还与马来亚的高级专员协商确定了立法会的5个议席，并且安排来自联盟的行业人员担任立法会议员，所以巫华印联盟在马来亚立法会占多数议席，该联盟也掌握了马来亚宪法制定的权力，并且以多数党的身份组建了马来亚新政府，巫统主席拉赫曼还担任了新政府的首席部长兼内政部部长；该政府还制定了取

---

① 费昭珣：《马华公会：对马来西亚华人政党的个案分析》，硕士学位论文，暨南大学，2000年。

消英国最高专员的否决权、修改公民权的获得条件、四年内实现独立的目标。马来亚立法会选举的顺利举办意味着该国的政治得到进一步的发展，马来亚的选民拥有了选举国家重要事务代言人的权利，有助于增强选民对马来亚的认同感。巫华印联盟的马来亚立法会选举协作使联盟获得了立法会的多数议席，联盟也掌握了该国法令制定的权力，联盟内部的族群政党也能在立法会尽量地争取本党及本族群的利益，更好地实现联盟成员党的特殊利益。

三 巫华印联盟开展议会选举的原因

族群政党的特殊利益是它们的基本利益，所以致力于实现它们的特殊利益是族群政党开展合作的原因之一。马来亚的巫统、马华公会、印度人国大党主要是为实现各自的特殊利益，才结成联盟开展议会选举合作。例如巫统希望增强自己的经济实力，争取居住在城市的华人的选票支持；马华公会希望树立温和的政党形象，争取马来人的选票支持；印度人国大党希望获得马来人和华人选民的选票支持。

（一）巫统希望获得马华公会的经济支持

在政治活动领域，尤其是政党选举活动的制作宣传手册、条幅、图像、视频，组织党的成员联系基层选民、向选民宣传党的政策主张，在竞选活动中介绍党的候选人等方面的环节都涉及费用支出。如果政党在选举活动中没有足够的资金，必然会对该党开展选举活动的有关事项产生负面影响，也不利于该党取得较好的选举成绩，所以政党必须拥有足够的选举资金，才能为该党的选举活动的顺利开展建立良好的物质基础。在马来亚独立之前，巫统的成员主要是致力于维护马来人的公民权、语言、宗教权利的协会人员，支持巫统的多数马来人居住在农村地区，他们主要从事农业种植、捕鱼的工作，所以从巫统的成员来源及选举支持者从事的行业分析，该党的经济基础不雄厚。巫统的前主席拿督翁带领较多退党的人员组建新的政党，也使该党的资金受到了较大的损失。由于马华公会的成员主要来自马来亚的华人商会、行业的公会，支持马华公会的多数华人主要从事商品批发与零售业、采矿、建筑业等赚钱的职业，所以马华公会的资金来源较广泛，该党的经济基础也比巫统雄厚。巫统面对资金运转困难的局面，于是寻求与马华公会开展合作，争取获得该党的经济支持。巫统通过与马华公会合作获得的资金，使巫统顺利地开展了地方议会和马来亚立法会的选举活动,并且取得了较好的选举效果;巫统也迅速地摆脱了资金困难的局面,该党的经济实力也逐渐增强。

(二) 马华公会希望改善华人政治组织的形象

政党形象是指政党的性质、政治纲领、工作作风、党员素质等方面的事项,在社会民众中产生的总体印象。它是"政党在其全部活动中所展现的各种特征和品质的外在彰显"①。政党形象关系着政党的发展前途,如果政党的形象不佳,必然对政党的社会号召力产生不利影响,也难以吸收社会人员加入该组织,严重阻碍政党的可持续发展;如果政党的形象较好,政党就能在社会上树立较高的威望,社会的多数民众也会拥护政党的政治理念,积极地参与该党组织的社会活动,所以政党要增强社会的适应能力,必须向社会民众树立良好的形象。英国殖民者宣布建立马来亚联合邦以后,主要由华人组成的马共倾向于使用武装斗争的方式推翻英国的殖民统治,其他的华人左翼政治团体也采取扰乱马来亚的正常工作秩序与生活秩序的方式,抗议英国殖民者的马来亚联合邦,所以华人政治组织长期以来被英国殖民者和马来人视为激进主义组织,它们经常受到殖民者的压制,马来人也不支持华人的政治组织。大量的华人被迫迁移到新村以后过着窘迫的生活,但是他们还时常受到马共的侵扰,所以马共逐渐丧失了马来亚华人的支持,马共在该国的政治影响力持续下降。马华公会认识到在英国殖民政府加强对马来亚社会管控、马来亚的多数民众渴望安定生活的背景下,如果再采用暴力方式获取政治利益,已经不合时宜,所以该党采用政党结盟的方式,与巫统在马来亚的议会选举中开展合作,它向马来亚的民众展现了理性与温和的政党形象,也在较大程度上转变了该国的民众,尤其是马来人对华人政治组织的敌对态度,马来亚民众对马华公会的认同程度也持续提高。

(三) 争取马来人、华人的选票支持

在拥有议会选举的国家,政党开展活动的目的之一是获得议会的多数议席,制定有利于维护本党利益的法律法规。然而如果政党的竞选实力较弱,支持该党的选民数量也不多,该党必须与竞选实力较强的、选民基础较好的政党开展合作,才有可能提高该党的选举得票率,实现该党的选举目标。在马来亚独立之前,巫统的议会竞选实力最强,也拥有数量占绝对

---

① 吴阳松:《新媒体环境下政党形象建构的适应性分析》,《理论探讨》2018 年第 4 期。

优势的马来人选民,但是马华公会、印度人国大党的竞选实力较弱,两党的族群选民数量也较少。例如,在 1955 年的马来亚议会选举中,"马来人选民占选民总数的 84.2%,华人选民占选民总数的 11.2%,印度人选民占选民总数的 3.9%,其他选民占选民总数的 0.7%"①。由此可知,在该届马来亚立法会选举中,华人选民和印度人选民的数量明显低于马来人选民的数量,原因是大量的华人和印度人还没有获得马来亚的公民权,所以他们也没有选举权。如果马华公会和印度人国大党不与巫统开展议会选举合作,这两党在竞选区就很难获得马来人选民的选票支持,马来人选民很可能支持以维护马来人利益为目标的泛马来亚伊斯兰党,或者是支持有较高政治威望的拿督翁领导的国家党,所以马华公会与印度人国大党理智地与巫统结成了联盟,希望在议会选举中获得马来人的选票支持。尽管华人选民的数量较少,但是他们能影响城市竞选区的议席归属,所以巫统也愿意与马华公会开展议会选举合作。联盟的成员党还呼吁本族群的选民支持联盟的其他成员党的竞选人,尤其是巫统积极地号召马来人支持马华公会、印度人国大党在竞选区域的候选人,所以联盟的成员党能在多数竞选区获得多数选票,并且获得该选区的议席。例如,巫统在市议会选举中获得了较多华人的选票支持,才获得竞选区的议席;在马来亚议会选举中,马华公会的 15 个竞选人中的 13 人,依靠巫统号召马来人选民支持马华公会的竞选人,才获得该选区的议席。

第二节 争取马来亚的利益:巫华印联盟共同推动国家独立

巫华印联盟的成员党在开展议会选举合作的基础上,还对马来亚的华人、印度人的公民权、宪法内容的制定、族群教育事务开展了务实的合作,它们在这些领域的合作对推动马来亚的政治独立发挥了积极的作用,使该国的政治得到了实质性的发展。

---

① K. J. Ratnan, *Communalism and the Political Process in Malaya*, Kuala Lumpur: University of Malaya Press, 1965, p. 178.

一　协商非马来人的公民权

公民权是指公民按照该国的法律在政治、经济、文化、人身等领域能够享有的权利。公民权是保障公民生存与发展的必要前提，所以居住在该国的公民都应当充分地享有公民权。马来亚的非马来人曾经对该国的经济、社会发展做出重要贡献，但是在20世纪50年代初期，该国的大量非马来人没有公民权，尤其是作为第二大族群的华人的多数人不享有公民权。马华公会为提高该党在马来亚华人社会的影响力，增强华人对该党的支持程度，所以开展了使更多华人获得马来亚公民权的运动。马华公会与巫统在联盟内部对非马来人的公民权事项进行了协商，巫统为顺应非马来人日益高涨的政治参与趋势，降低了非马来人获得公民权的门槛。双方商定除了已经获得公民权的非马来人继续享有公民权之外，马来亚独立后出生于该国的非马来人也享有公民权；从国外迁移至马来亚的非马来人，只要是超过21岁，拥有较好的品行，能使用马来语，也愿意永久居住在马来亚，并且在申请公民权日期前的12年内，至少有10年居住在马来亚，也可以获得该国的公民权。由于在1957年的马来亚华人中，多数华人在马来亚已经居住10年以上，所以"当年马来亚申请到公民权者共有1003831人，其中华人有803064人，约占总数的80%"①。由此可知，除了华人之外，有较大数量的其他族群的人员也申请到了该国的公民权。因此，巫华印联盟的成员党通过互相协商的方式，使更多的非马来人获得了该国的公民权，既实现了联盟的非马来人政党的族群利益，增强了联盟的政治团结，也提高了非马来人对马来亚的政治认同感，使更多的非马来人愿意关注和参与马来亚各领域的建设。

二　探讨族群教育政策

（一）殖民政府颁布教育法令

族群教育事务是指关于族群不同年龄的人员的学习与培训的事项。族群教育事务关系着族群人员的科学文化水平，也关系着族群的可持续发展问题，所以任何族群，尤其是少数族群要重视本族群的教育事务的发展，

---

① ［马］林水檺、何启良：《马来西亚华人史新编》（第2册），马来西亚中华大会堂总会，1999年，第61页。

才能为族群的兴旺发达提供后备人员。当族群之间的教育事务理念产生分歧时,有关的族群要通过合作解决相应的矛盾,占优势地位的族群也要适当地照顾实力较弱的族群的教育事务利益,才能维护族群合作的基础,增强族群之间的团结关系。马来亚的族群政党对族群教育事务的合作起源于英国殖民政府颁布的不利于族群教育发展的政策。殖民政府组织的调查团考察马来文学校的教育状况后,在1951年6月提出了《巴恩报告书》,该报告书指出在马来亚的小学将英语或马来语作为教学用语,尽快取消其他语种的教学;中学推行全英文教学,政府给予必要的资助。该报告书意味着要取消华文教育,然而华文是先前定居在马来亚的华人首先使用的语言文字,也是该国华人日常交际的媒介;华文承载着华人对中华文化的记忆,对他们的人格塑造、价值观培养产生了重要作用,他们对华文拥有浓厚的感情,他们也是通过华文教育才较全面地掌握华文,所以他们强烈反对取消华文教育。

英国殖民政府组织的调查团考察华文学校的教育状况之后也提出了《方吴报告书》,该报告书"主张政府承认华文教育的地位并协助其发展"①。这两份报告书发布之后,马来人与华人的文教界开展了广泛的讨论,多数马来人及接受过英文教育的人员支持《巴恩报告书》,多数华人或接受过华文教育的人员支持《方吴报告书》。该国的殖民政府也探讨了这两份报告书,但是殖民政府发布的《1952年教育法令》和《1954年教育白皮书》还是主要采用了《巴恩报告书》的建议。殖民政府的教育政策颁布之后,华人社团在报刊上激烈地抨击该政策,并且向殖民政府提交表示抗议的备忘录;华人社团也组织了多次州级代表大会和地方会议,反对实施该政策。面对华文教育的严重生存危机,马来亚华文学校的教师代表在1951年12月组建了马来亚联合邦华校教师会总会(以下简称"教总"),该国的华文学校董事会在1954年8月组建了马来亚华校董事联合会总会(以下简称"董总"),它们也合称为"董教总";随后董教总也发展为捍卫该国华文教育权利的重要组织,并且先后成立了华文独立中学工作委员会、华文小学(以下简称"华小")工作委员会、教育中心有限公司、新纪元学院,致力于完善该国的华文教育体系。由于《1952年教育法

---

① 郑良树:《马来西亚华文教育发展史》(第三分册),马来西亚华校教师会总会,2003年,第151页。

令》不能保证马来人的后代能到以马来语作为教学媒介语的中学就读,所以有的马来人也反对该法令的实施。

(二) 巫统、马华公会协商制定教育政策

族群政党通过互相交流的方式能加强对有关事项的了解,也能向其他的族群政党表达本党的利益诉求,摒除各自的不合理意愿,最终形成有关事项的理性决策。巫统、马华公会与董教总为抵制英国殖民政府的教育政策,于1955年1月在陈祯禄的马六甲住所举行了会谈,最终它们达成以下协议:如果联盟获得执政权,将修改教育法令与白皮书中不利于华文教育的条文;在联盟的竞选纲领中列明"决不消灭任何民族学校、语言及文化政策"[1];华文学校在该年还将获得200万元的拨款,用于华校的津贴与发展;华文教师不提出将华文列为官方语言的要求。巫华印联盟获得1955年的马来亚议会选举胜利之后,联盟政府就组织"15人教育政策委员会"审查殖民政府先前制定的教育法令与教育白皮书;马华公会与董教总也迅速地派遣代表组成"9人工作小组委员会"与教育政策委员会商讨华文教育事宜。最终马来亚议会于1956年5月通过了《拉扎克报告书》,该报告书的内容包括:允许三种语文源流的学校继续存在,并以各自的母语作为教学语;"提供一种能为本邦全体人民接受的教育政策"[2];马来亚的国语是马来语,但是也扶持非马来语及文化的发展。1957年,马来亚的执政当局制定了《1957年教育法令》,该法令指出要建立一个满足马来亚的政治、经济、文化、社会发展的教育体系;马来文小学列为标准小学,华小、淡米尔文小学、英文小学列为标准型小学,它们都能获得政府的全额津贴;马来文中学列为国民中学,英文中学列为国民型中学,马来文中学与英文中学都能获得全额津贴;华文中学也能获得一些津贴,只有当华文中学改为以英文为主要教学语的中学才能获得全额津贴。因此,巫华印联盟的成员党通过密切合作,使英国殖民政府在马来亚制定的教育政策失去了效力,并且重新制定了各族群人员较满意的教育政策,这对马来文、非马来文在马来亚的继续存在与发展产生了积极的作用,也有助于马来亚建立多元的文化社会。

---

[1] [马] 郑良树:《马来西亚华文教育发展史》(第三册),马来西亚华校教师会总会,2003年,第288页。

[2] 胡春艳:《抗争与妥协:马来西亚华社对华族母语教育政策制定的影响》,博士学位论文,暨南大学,2010年。

三 共同制定马来亚宪法

（一）马华公会同意马来人享有特权

宪法是国家的总章程，规定着国家的主要领域的运作方式，所以它对国家事务的运行发挥着统领作用。宪法是社会的主要阶层相互协商的结果，它既体现着占优势地位的阶层的利益，也体现着其他阶层的必要利益。社会的各阶层应当尽量地争取本阶层的利益，并且通过宪法文本明确该利益，才能使本阶层的利益法制化，社会的其他阶层也承认该阶层的利益。如果社会阶层的宪法利益发生冲突，有关的阶层要坚持合作的原则，尽量以非暴力的方式达成协议，使宪法能体现有关阶层的合理利益。马来亚的族群政党化解宪法利益冲突、继续开展有效合作的途径之一是进行适当的利益妥协。由于在马来亚独立之前，华人与马来人的人口数量相差不大，华人的总体经济实力比马来人要强，所以多数马来人认为如果他们与华人享有平等的地位，马来人将很难与华人开展竞争，马来人也难以摆脱经济的困境；马来人也认为他们是马来亚土地的继承者，非马来人作为外来的移民，应该恪守马来人制定的规则。因此，代表所有马来人利益的巫统明确表示马来人必须享有特权。然而华人社会普遍认为马来亚的各族群应当拥有平等的地位，不能推行族群歧视的政策。马华公会起初也是坚持族群平等的理念，但是由于该党的人员主要是由商界、行业的代表组成，他们更多的是考虑党内成员及从事行业领域人员的经济利益，该党也将华人利益放在政党利益之后；英国殖民者也倾向于马来人继续享有特权，以防止华人政治团体在马来亚独立后掌控该国的政府，损害英国在马来亚的经济利益，所以由于马华公会的利益代表范围的有限性以及在殖民者的政治压力下，该党对宪法的族群地位事项进行了妥协，并且"承认马来人在政治上和文化上的特殊地位，作为交换条件，马来人群统一机构则对华人经济优势给予承认与保护"[1]。

（二）马来亚宪法的主要内容

巫华印联盟的成员党还探讨了最高元首、语言、宗教等方面的事项，并且达成关于马来亚宪法内容的协议。该宪法的主要内容包括马来亚的最

---

[1] James V. Jesudason, *Ethnicity and the Economy: The State, Chinese Business and Multinational in Malaysia*, New York: Oxford University Press, 1989.

高元首由九个苏丹州的苏丹轮流担任;马来人在政府部门的职位、某些特殊行业执照、奖学金、保留地等领域享有特权;马来亚的马来人、土著人自动成为该国的公民,其他人要想成为该国的公民必须满足必要的申请条件,但是申请成为该国公民的人员不能担任马来亚的总理;"马来语为国语,马来人信仰的宗教伊斯兰教为国教"①。由此可知,马来亚的宪法尽量维护了马来人的利益,马来人特权也得到了法理上的确认。马来亚的宪法也确认了巫统与联盟的其他成员党关于非马来人成为该国公民的条件,使非马来人成为该国公民的程序有了明确的依据,所以在一定程度上保障了非马来人的利益。正是由于巫统与联盟的其他成员党在汇集族群利益诉求、认清自己实力的基础上,通过适当的妥协与有效的协商,才制定出联盟成员党都较满意的宪法文本。马来亚宪法制定的顺利实施,也向英国殖民者展现了马来亚族群政党之间的良好关系,为英国殖民者同意马来亚的国家独立创造了良好的条件。

四 巫华印联盟的协作对马来亚政治发展的影响

巫华印联盟的成员党开展的关于非马来人的公民权、族群教育政策及马来亚宪法内容的合作,对实现成员党及代表的族群人员的利益,增强联盟的凝聚力发挥了积极的作用。联盟成员党之间的合作也在较大程度上推动了马来亚的政治发展,使该国的政治事务运作进入了有序、自主的阶段。

(一)族群代表有序地参与政治事务

在多族群的国家,各族群要有适当数量的代表向执政当局反映族群的现实状况及迫切诉求,才能畅通族群与执政当局的联系,并且在体制范围内化解族群与执政当局之间的利益冲突,维护族群社会的总体稳定。马来亚的马来人协会的代表、华人商会及其他行业的代表、印度人的代表在巫华印联盟内部商讨马来亚议会选举的纲领、口号、竞选人、竞选区域等方面的事项,使族群的代表能履行选举权与被选举权的权利。巫华印联盟赢得大选之后,联盟的族群代表也协商议会议席数量分配的事项,如马来亚1955年大选之后,联盟没有按照选票比例分配马来亚议会的议席,印度人

---

① 北京大学法律系宪法教研室编译:《马来西亚联邦宪法》,商务印书馆1979年版,第135页。

国大党与马华公会获得的议席数比例都超过了它们在大选中的选票比率，这两个族群政党中有的代表还担任了自治政府的重要职务，所以联盟的族群代表能参与马来亚议会及政府的事务。联盟的族群代表还共同审阅英国殖民者关于马来亚的法律和政策，并且尽可能地废除不利于族群发展的条例，制定有助于维护各族群的合理诉求的条文，所以联盟的族群代表也能影响马来亚的发展趋向。因此，联盟成员党的族群代表通过开展多领域的合作，有效地维护了代表的族群人员的利益，联盟的族群代表在该国的政治事务中也发挥着日益显著的作用。

（二）族群之间的矛盾得到有效缓解

族群国家的各族群由于语言、宗教、风俗、谋生方式的不同，所以各族群的人员难免会产生隔阂。如果族群之间曾经发生矛盾，这种矛盾也长期得不到解决，会进一步加深族群之间的不信任心理。马来亚的三大族群都有各自的语言、文字和风俗习惯；马来人主要信仰伊斯兰教，华人主要信仰佛教，印度人主要信仰印度教。英国殖民者曾经对马来亚的三大族群实行分而治之的政策，不同的族群人员居住在不同的区域。由于马来人是马来亚的原住民，也是该国土地的天然拥有者，所以多数马来人主要从事农业生产的活动。作为外来移民的华人与印度人只能从事其他的行业，如华人主要从事商品贸易、开采矿物的工作，印度人主要是在橡胶园当雇工、在市政工程领域当建筑工。马来亚三大族群的居住区域和劳动分工的不同，也造成了它们之间的联系不紧密，它们互相排斥的心理较重。马共的武装斗争对马来人生活产生的不利影响，也进一步加深了马来人对华人的猜疑心理；马来人长期享有特权，也加深了华人与印度人对马来人的反感心理。

面对马来亚的三大族群的矛盾与分歧，巫统、马华公会与印度人国大党通过组建族群政党联盟的形式协商该国的公民权、教育、语言、宗教、特权、宪法文本等关系族群重大利益的事项。这三大族群政党的合作也表明该国的族群是可以求同存异的，族群事务也能以协商与妥协的方式得到有效解决。由于巫统的议会竞选实力最强、马来亚的马来人选民最多、英国殖民者也倾向于维护马来人的利益，所以联盟的非马来人政党为获取竞选区内的马来人选民的选票支持，感恩巫统在马来亚议会议席分配与自治政府职务分配中对它们的适当照顾，以及顺应英国殖民者的族群利益分配的态度，对本族群的利益诉求进行了妥协。从巫华印联盟达成的族群利益分配协议分析，马来人在族群利益分配中获利最多，但是华人与印度人普遍关心的公民权、族群教育利益也得到了有效的保障。它们之间的族群利益分配协议也体现的是宽容互惠的原则，这在较大程度上满足了马来人的族群优越心态，也为华人与印度人在马来亚的生存与发展创造了较好的条件；马来人与非马来人的利益分歧首次得到妥善的解决，他们之间的矛盾也得到了有效地缓和。

（三）实现国家独立的目标

外来侵略势力的殖民统治能严重地损害被侵犯国家原有的政治制度、经济体系、文化体制和社会结构，也能肆意地掠夺该国的自然资源，所以长期受殖民统治的国家的首要任务是摆脱外来侵略势力的管辖，实现国家事务的独立自主。被殖民国家的政党作为有政治纲领、组织纪律和民众支持的政治团体，理应肩负实现国家独立、民族解放的重任。巫华印联盟作为马来亚独立前最有影响力的政治团体，在达成马来亚的宪法文本协议之后，就致力于马来亚的独立事项。以巫统主席拉赫曼为首的联盟代表团与英国政府开展了关于马来亚独立的艰难谈判，并于1956年2月达成了协议。英国政府同意联盟代表团的马来亚独立请求，但是要求马来亚必须保障英国的经济利益及战略防务利益。马来亚也于1957年8月31日宣告正式独立，"从而结束了自1511年以来长达四百多年的殖民历史"[①]，这在马来亚历史上是具有里程碑意义的重大事件。正是由于马来亚的族群政党开展的关于该国宪法文本的合作，使英国殖民者认识到该国的主要族群的代言人已经建立起良好的关系，马来亚的独立已经成为不可避免的事，所以才允许马来亚脱离英国的殖民统治。马来亚的独立使该国的外来侵略势力不复存在，该国进入了自主发展的时代，该国的社会民众及族群政党成为国家发展的主要影响因素，他们在马来亚的主人翁角色显著增强。

第三节　本章小结

马来亚的巫统、马华公会、印度人国大党的建立主要源于该国局势的

[①] 李博：《马来西亚政治现代化进程中的华人作用研究》，硕士学位论文，云南民族大学，2016年。

发展变化。它们的建立在一定程度上维护了相应族群的利益，使该国的三大族群在政坛有了正式的利益代言人，也标志着该国族群政党政治的开端。在马来亚独立之前，由于单个的族群难以获得议会选举的多数议席，所以巫统、马华公会、印度人国大党共同组成政党联盟，并且取得了较好的议会选举效果。巫华联盟的建立是该国族群政党联盟运作的初步尝试，也形成了有马来亚特点的族群政党合作方式，标志着该国进入了族群政党联盟的时代。巫华印联盟是巫华联盟的扩大化，使该国的马来人、华人、印度人的代表能共同协商联盟的事务以及关系族群重大利益的事项，所以该国的政党联盟的族群代表性得到增强。

由于巫统、马华公会、印度人国大党存在利益的互补性，所以它们才结成政党联盟开展合作；它们通过合作获得了议会的多数议席，成为马来亚最有影响力的政党联盟。由于巫华印联盟在20世纪50年代中期的最重要目标是实现马来亚的独立，但是该国独立的前提是各族群关系的和谐，所以联盟的巫统对非马来人的公民权申请条件、接受族群语言教育的权利进行了妥协，马华公会与印度人国大党对马来人的特权、马来亚的官方语言进行了妥协。它们希望实现国家的自主发展，也适当地对本族群人员的利益进行了妥协；它们对族群利益的互相让步促进了马来亚宪法文本的制定，该国族群关系的总体稳定，最终该国摆脱了英国殖民者长达一百多年的殖民统治。而巫华印联盟的成员党在争取国家独立的过程中，也实现了各自的特殊利益。例如，它们在马来亚的政治影响力得到大幅度提升，它们也共同成为该国的执政党联盟。它们对族群利益的相互妥协，使马来人在该国继续拥有多种特权，多数华人、印度人既保留了族群教育的权利，也获得了马来亚的公民权。因此，巫华印联盟为实现马来亚的独立，开展了全面的政党合作。它们的合作也协调了马来亚的自主发展、联盟获得执政地位、族群人员获得相应利益之间的关系；巫华印联盟成员党之间的合作增强了联盟的凝聚力，提高了马来亚公民对该联盟的支持程度。

第四章

维护族群稳定:马来亚独立后的族群政党的教育事务合作

政治发展建立在社会稳定的基础之上,然而多族群的国家必须维护各族群人员的稳定,才能为该国的社会稳定建立良好基础,促进该国政治的有序发展。马来亚独立之后,该国的巫统与马华公会对教育事务继续开展了合作;执政联盟的华人政党与其他的华人政党为维护华人的教育权利,也开展了华文教育的务实合作。该国族群政党之间的教育事务合作分别维护了马来人社会、华人社会的总体稳定,为该国的政治发展提供了较稳定的社会环境。

第一节 巫统与马华公会协同解决教育事务

族群政党通过合作制定的有关政策是它们对族群事务的主观认知以及实力相互博弈的结果。如果某个族群政党的族群事务观念发生变化,该党的实力也得到增强,该党与其他的族群政党就可能重新商讨族群的有关事务,重新制定族群政策协议。马来亚独立之后,巫统的马来人优先的理念逐渐增强;马华公会也发生了党内分裂的事件,所以巫统的政党实力比马华公会更强的现象逐渐凸显,以巫统为主导的马来亚政府也要求再次探讨族群教育事务。为保持与巫统的联盟关系,马华公会与巫统在华文的中等教育、高等教育等方面开展了有效的配合,也制定了新的族群教育法令,使得该国的族群人员在教育领域的利益分配准则得到重新建立。

一 推动华文中学改制

(一)《达立报告书》的颁布

1960年2月,由马来亚自治政府的新任教育部部长达立领导的教育政策检讨委员会,重新审查《拉扎克报告书》《1957年教育法令》的内容。在审查工作开展之前,各族群的代表向该委员会提交了备忘录。例如泛马伊斯兰党提出的备忘录指出马来亚的所有学校要以马来语作为主要的教学语;政府要对没有讲授马来语的学校停止发放津贴,取消政府组建的学校的印度语及华语的教育;以适应马来民族主义的新教育政策取代现有的教育政策。由此可见,泛马伊斯兰党竭力消除该国的华语及印度语教育,以建立马来语独尊的教育体系。该党的教育理念实际上也代表着当时多数马来人的诉求。华人社会的教总提出的备忘录指出按照教育规律,教学媒介语应当作为考试媒介语;政府不应以各种理由限制华人自费开办教育机构。然而马来亚在1960年8月出台的《达立报告书》指出"以马来文或英文作为中学公共考试的语言;从1961年起取消华校初中会考,从1963年起废除华校高中会考;政府只对马来文中学及英文中学提供全额津贴,政府从1962年起不再为其他语种的中学提供津贴;不愿以马来语或者英语作为教学媒介语的华文中学改为独立中学;学生在中学入学考试中,马来语成绩必须合格"[1]。由此可知,该国的《达立报告书》既没有采用泛马伊斯兰党过于偏向马来人的教育主张,也没有采用教总的考试媒介语多样化的诉求,但是该报告主要维护马来文中学及英文中学的利益。

(二) 巫统、马华公会支持《达立报告书》

马来亚的多数华人社团人员对《达立报告书》取消华校的初中、高中会考,废除以华文为教学媒介语的中学津贴等内容表示不满,他们认为该报告书违背了《拉扎克报告书》有关族群教育的规定。教总还呼吁华文中学顶住压力,不要申请改制,保持现有的教学方式,并且呼吁马华公会与董教总共同商讨应对措施。然而马华公会拒绝参与商讨会,该党的会长谢敦禄还指出在马华公会的新章程中,已经不承认该党与董教总先前建立的教育委员会;马来亚制定《达立报告书》是为实行统一的教育制度,维护

---

[1] [马]莫顺生:《马来西亚教育史》,马来西亚华校教师会总会(教总)、林连玉基金联合出版,2000年,第66页。

该国的族群团结。为督促华人社会接受华文中学改制的要求,达立通过马来亚广播电台指出华文中学只有改制才能使学校的财政免遭重大损失,减轻学生家长的经济负担。家长应该让自己的孩子在马来语中学获得免费教育,或者付少量学费在英文中学接受优质教育。以巫统为主导的马来亚新闻部也积极宣传华文中学改制后,该校的学生仍然有时间学习华文,所以不必担心华文教育被取消;改制后的华校学生的前途更好,升学的途径更多。此外,马来亚政府还禁止华文报刊报道华教人士关于华文中学改制的言论,否则就要查封华文报刊;以诋毁政府政策、煽动族群之间的仇恨为理由,剥夺教总主席林连玉的公民权,并取消他的教师资格,引起其他华教人士的恐慌;警告反对该报告的人员不要采用极端方式损害马来亚的族群教育政策,否则要将他们驱离马来亚。因此,马来亚执政当局采用了加强华文中学的改制好处宣传和政治压迫的手段,以确保《达立报告书》的顺利实施。

（三）多数华文中学接受改制

马来亚议会也在1961年10月以《达立报告书》的内容为基础制定了《1961年教育法令》,该法令也获得了马华公会的支持。该法令重新规定了马来亚的学校名称类型,如将马来文小学列为国民小学,将华小、英文小学、淡米尔文小学列为国民型小学;将马来文中学列为国民中学;将以英文作为教学用语的政府中学列为国民型中学;将以华文为教学语的中学列为独立中学,该类学校不享受政府的任何津贴。该法令也规定今后只举行以马来文或英文为媒介的公共考试,全部终止"政府为华文中学举办的初中三会考、华文中学升学考试及华文中学离校文凭考试"[①]。因此,马来亚新制定的教育法令更多地照顾了马来人的初等教育和中等教育的利益,华人的中等教育利益受到了很大损害。为推动华文中学改制的进程,马华公会还积极地介入林连玉曾经执教的吉隆坡尊孔中学的改制过程,希望该校的改制能对其他华文学校的改制产生示范效应。在马华公会领导层的要求下,尊孔中学在1962年2月接受改制;该校的改制促进了更多华文中学的改制,最终该国有54所华文中学改制为国民型中学,只有17所未改制的华文中学成立了华文独立中学。因此,巫统与马华公会在马来亚议会通过密切合作,制定了对马来亚公民都具有约束力的新教育法令;它们也通过

---

① 郑良树:《马来西亚华文教育发展简史》,外语教学与研究出版社2007年版,第102页。

第四章　维护族群稳定：马来亚独立后的族群政党的教育事务合作　　67

马来亚政府严厉打击意图违反新教育政策的行为，它们之间的合作使该国多数华文中学接受了改制。尽管马来亚的新教育法令在较大程度上损害了华文中学的华文教育，但是它促使了华文中学向英式教育模式转变，有助于提高华文中学的教学质量以及毕业学生的国际竞争力。多数华文中学通过改制，获得了马来亚的全额津贴，也按照该国的教育原则教导本校的学生，不仅增加了它们的资金来源，降低了它们的办学压力，也有助于提高该校学生对马来亚的政治认同感，培养马来亚需要的中学毕业生，推动该国中等教育事务的有序发展。

二　共同抵制独立大学

（一）巫统、马华公会反对创办独立大学

马来西亚教育部在1967年10月提出，只有考取该国的教育文凭或剑桥文凭的人员才能获得教育部的批准，去国外继续深造。多数华人对此项规定议论纷纷，他们担心在华文中学毕业的学生难以到其他国家或地区继续学习，董教总也由此产生了创建独立大学的想法。1968年4月，董教总联合其他注册社团的代表召开了独立大学发起人会议。该会议发布的《独大宣言》指出要为青年学生谋出路；为国家培养专门的人才；建立多种语言并存，绝非单一族群性质的大学；促进文化的相互交流，弘扬本国文化。因此，他们想建一所使用多族群的语言，可为更多学生提供升学机会的大学。然而在马来西亚政府任职的巫统人员及多数马来人强烈反对华人创办独立大学，例如该国的教育部部长佐哈里指出创建独立大学不符合政府的政策；巫青团指出创办独立大学意味着华人开始了沙文主义行动；巫统的机关报 *Malaya Merdeka* 也指出华人创办独立大学的目的是削弱执政联盟在1969年大选的竞选实力。马华公会在1968年2月举行的中委会上也指出不支持创办独立大学。该党在1969年9月还向政府提交了一份《设立一间高等学府以抗衡独大之计划》的备忘录（该高等学府是后来的拉曼学院），随后该国的教育部部长也批准了这份备忘录。马华公会的会长陈修信还讥讽董教总："他们既不知如何办理大学教育，又不知从何处去找到所需的经费……他们除了政治上为自己多抢几项功劳，不会创办出使我们自豪的大学来"①。

---

① ［马］谢诗坚：《马来西亚华人政治思潮演变》，友达企业有限公司，1984年，第104页。

马来西亚政府随后颁布了《1971年大学及大专学院法令》，该法令指出必须获得国会众议院及最高元首的批准才能成立大学或大专院校。该法令的制定使独立大学的创建变得更加艰难。1978年1月，独立大学有限公司向该国的最高元首、内阁总理、教育部部长及国会众议院的其他议员提交了请愿书。该请愿书指出自从马来西亚实行按照族群人口比例录取大学新生以来，只有少量的非马来人学生能进入大学深造，所以有必要创办独立大学；拟创办的独立大学将按照国家法令进行组织和管理；独立大学除了以华语作为教学用语之外，还将加强英语及马来语的教学；虽然独立大学是为提高华文独立中学的升学率而创办的，但是独立大学也招收其他中学的毕业生，并且以学生的学业成绩作为该校的录取标准。马来西亚的教育部部长慕沙希淡指出，独立大学是由私人机构提倡创办的，这违反了宪法的有关规定；它的教学媒介语是华语，所以国会不会批准该校的申办请求。马华公会的会长李三春指出，"要设立一间以华文为媒介的大学是困难的，独大在这项法令下创办，将不是独大创办人要华人社会所相信的一间以华文为媒介的大学"①。因此，李三春也认为创办以非马来语作为教学用语的大学难以获得成功。

(二) 独立大学创建失败

1979年2月，独立大学理事会收到了马来西亚最高元首发来的"拒绝独大申请"的函件。1980年9月，独立大学理事会向吉隆坡高等法院起诉政府违反宪法规定的"保障各民族有发展母语教育的权利"的条文，但是败诉。1982年2月，独立大学理事会向联邦法院再次起诉政府的违宪行为，但是该法院维持吉隆坡高等法院的判罚，理由是独立大学是公共教育机构，但是华文不是官方语言，所以华文不能在独立大学作为教学用语。联邦法院也不允许独立大学理事会将该案再上诉到英国枢密院。尽管华人社团用了十多年的时间申办独立大学，但是在巫统与马华公会的联合抵制下，该校最终没有获得创办资格。巫统与马华公会对独立大学的不支持态度，实际上延续了它们限制华语教育的理念，保障华文中学改制的成果，使该国更多的华文中学转变为国民型中学。尽管马来西亚的华人学生的高等教育学习机会没有得到增加，但是它在一定程度上安抚了该国1969年"5·13"族群冲突事件后马来人的激进情绪，降低了马来人与华人互相争

---

① [马] 冯东阳：《看七八年大选的马华成败史》，星光出版社1979年版，第44—45页。

斗的风险。独立大学的创建失利，意味着少数族群的语言还难以充当该国大学的教学媒介语，马来语或英语仍然是该国大学的教学用语，有利于维护马来西亚大学教育的标准化程度，促进该国高等教育事务的有序发展。

三 马华公会与巫统开展教育事务协作的原因

族群政党的领导层性质能深刻影响该党对族群事务的态度。如果族群政党的领导层以本族群的利益为重点，他们会竭力维护本族群的利益；如果族群政党的领导层对外具有妥协性，他们可能以牺牲本族群的利益为代价，谋求与其他族群政党的合作。马华公会的领导层从维护华人利益到亲近巫统的转变是该党与巫统在华文中学改制、抵制独立大学等方面开展合作的重要原因。例如，马华公会在1958年3月进行了党内选举，林苍佑、杨邦孝、朱运兴等人掌握了该党的中央领导权。他们希望在族群事务、政治事务方面有所作为，以争取更多华人民众的支持，提高该党的社会影响力。因此，他们联合董教总举行全国华文教育大会，要求政府将华语列为官方语言之一；各族群应当以母语作为教学媒介语，考试媒介语要与教学媒介语相同。马华公会的会长林苍佑在1959年大选之前还向巫统的领导人拉赫曼提出，巫华印联盟的竞选纲领应该包括华人社团对华语教育的要求；马华公会应当获得国会众议院的40个竞选议席，目的是希望巫统以后修改宪法时，必须得到马华公会的支持。

巫统的党内人员对马华公会提出的各项要求强烈不满，并且指责拉赫曼对华人让步太多，损害了马来人的利益。在巫统内部人员的反对情况下，拉赫曼没有同意林苍佑的竞选提议，并且表示准备不跟林苍佑等人参与竞选；后来林苍佑要求马华公会获得国会众议院的35个竞选议席，拉赫曼也没有同意，最后拉赫曼选择了国会众议院的31个议席由马华公会竞选。在巫统的支持下，陈修信、翁毓麟等人在马华公会的党内竞选中击败了林苍佑等人，组成了该党的新领导层。马华公会也开始支持巫统的教育事务理念，并且逐渐疏远了华人社会的董教总。然而，在马华公会内部也逐渐产生了较多人员不满该党的教育事务理念依附于巫统的现象，他们陆续退出了该党，"在吉隆坡曾发生一次300余人集体脱党的事件"[①]。在陈修信等人的排挤下，林苍佑及其支持者也于1960年12月主动退出了马华

---

① 《吉隆坡有300余人集体退出马华公会》，《星岛日报》（香港）1959年7月30日。

公会。因此,马华公会的较多人员退出该党,使该党的实力受到了严重削弱,马华公会也逐渐失去了与巫统进行平等协商的地位;该党为维持与巫统的联盟关系,获取议会选举的利益,不得不在族群教育事务理念方面与巫统保持一致,并且与巫统联合反对华人社团做出有损于马来人的教育优先地位、不利于马来人社会稳定的行为。

第二节 华人政党共同制止华小马来化

族群的小学教育是族群的初等教育,能对族群儿童的语言学习、价值观塑造产生重要作用。如果族群小学的课本用语、教学内容发生转变,学校的领导层职务由其他语种的人员担任,必然不利于本族群的文化教育,学校的发展理念也会受到负面影响,所以族群政党应当维护本族群小学的教育性质。马来西亚的华人政党为使华小的华文教育不变质,它们联合抵制了该国教育部损害华小教育的"3M计划",也阻止了不懂华语的人员担任华小的高层职务。

一 联合阻止不利于华小的"3M计划"

(一)"3M计划"的制定

马来西亚教育部的课程发展中心在1979年6月至1980年4月调查了该国小学生的读写算能力。调查的结果表明各族群小学有45%的学生没有掌握读的能力,超过50%的学生没有掌握写的能力;马来文小学有70%的学生没有掌握算术技能,华小也有51%的学生没有掌握算术技能。该国的教育部部长对较多小学生缺乏读写算能力表示震惊,于是该国的教育部在1981年12月公布了"3M计划"的实施内容。3M是指阅读(Membaca)、书写(Menulis)、算术(Mengira)三种技能。该计划的内容包括"从1983年起小学课程实行全面改革,将当时六年的教育课程分成两个阶段,目的在于提高小学生阅读、书写和计算能力"[①]。该计划的内容也包括华小除了语文和算术课程之外,其他课程的教材由马来语编写;根据马来语版本编写华小的音乐、道德、人文环境的课程,音乐课程教的歌曲一半是马来语

---

① 罗圣荣:《马来西亚的印度人及其历史变迁》,中国社会科学出版社2015年版,第154页。

第四章　维护族群稳定：马来亚独立后的族群政党的教育事务合作　71

歌，另一半是用马来语翻译的华语歌曲。尽管该国教育部提出"3M 计划"的意愿是合理的，但是该计划损害了华小的华人文化教育，马来语也过多地渗透到了华小的课程，华小面临着被马来化的风险，所以马来西亚的多数华人团体坚决反对该计划的实施。

(二) 华人政党协同抵制"3M 计划"

族群政党之间的合作与对立关系不是持续不变的，如果某些族群政党对某事物存在共同的利益，它们可能会由以前的对立关系转为合作关系，并且致力于实现共同利益。马来西亚的马华公会、民政党与其他华人反对党为抵制教育部的"3M 计划"，转变了它们以前在华人教育事务上的对立关系，并且开展了务实的合作。1982 年 1 月，马华公会的中央教育机构、妇女组织、青总团与董教总发表的联合声明指出，教育部的"3M 计划"将使华小逐渐丧失原有的属性，该计划损害了华人接受母语教育的权利，也违反了有关族群教育的宪法条例。在华小的生存危机时刻，华人机构要团结起来，共同商讨应对措施。他们还要求教育部部长暂缓在华小实施该计划。成立于 1968 年的马来西亚民政运动党（以下简称"民政党"）既承认马来语的国语地位，也主张华人拥有发展本族群语言的权利，所以该党与董教总发表的联合声明强烈反对"3M 计划"，并且呼吁总理及教育部部长尊重华人的母语教育权利，采取必要措施消除华小变质的危险，废除不利于非马来人教育发展的政策。由多数华人组成的马来西亚民主行动党与董教总发表的联合声明也指出，该国的教育部意图通过"3M 计划"逐渐改变华小的教学与考试用语，降低中华文化对该国华人学生的影响，所以马来西亚的全体华人，尤其是华人的政党、商会及其他社会团体要共同抵制该计划在华小实施。起初该国的教育部对华人政党及团体的集体抗议没有进行任何的妥协，随后该国的华团联席会议召开，并且成立了捍卫华教工作委员会。马华公会也继续支持华人开展维护华小利益的活动，该党的会长李三春还指出，由于"3M 计划"不符合该国教育报告书的有关规定，所以马华公会不支持该计划。因此，在华小即将被马来语侵犯的危急时刻，华人政党暂时搁置了彼此之间的政治理念矛盾，形成了互相支持与协作的团结局面，也形成了华人社会一致的华小教育诉求，对该国的教育部门造成了很大的工作压力。

(三) "3M 计划"被修改

面对华人社会对"3M 计划"的抗议活动，1982 年 1 月，马来西亚总理马哈蒂尔指出，除非有学校申请改革课程，否则政府不会使用法令改变华小、淡米尔文小学的属性；华人社会对总理的承诺也表示赞许。随后该国的教育部修改了"3M 计划"的内容，修订后的计划内容包括所有的小学使用共同的纲要，但是课程发展中心的不同语文组编写各自族群小学的教材；音乐课程的歌曲全部自由选择。因此，修改后的"3M 计划"确保了华小的课程仍然以华文作为编写用语，使该校的学生能接受足够的华文知识教育；华小的音乐课程歌曲也不再受马来语歌曲的数量限制，拥有了音乐教育的自主权。华人社会的人员对修订后的"3M 计划"较满意，所以他们逐渐平息了对教育部的该计划的反抗情绪。正是由于马来西亚的华人政党共同反对教育部的不利于华小的政策计划，才迫使该国教育部更改原计划中有损于华小性质的政策内容，使华小继续成为华语文化教育与传播的重要场所。马来西亚的教育部及时地纠正"3M 计划"中有损于华小发展的内容，在较大程度上满足了华人政党对华小教育政策的利益诉求，使该国没有出现由于族群教育冲突引发族群武装斗争的现象，维护了该国族群关系的总体稳定。

二　共同解决华小高职事件

（一）委派不谙华语者担任华小高职

族群学校的高层人员是该校的领导者和决策者，他们管理着学校的具体事务，也深刻影响着学校的发展理念的制定与实施。如果族群学校的高层人员由不懂该族群语言的人员担任，他们与学校的中层管理人员、教师、学生的交流就会存在语言障碍，很不利于学校事务的妥善管理；他们也可能制定不符合学校实际的发展规划，使学校丧失原有的属性，所以族群学校的高层人员应当主要由懂该族群语言的人员担任，才能使学校有序地发展。然而马来西亚的教育部为更有效地控制华小，曾经几次委派不懂华语的人员担任华小的高层职务。例如 1972—1973 年，马来西亚的多所华小的高级行政职务由不谙华语的人员担任，当时华人社会对此事表示强烈不满，随后该国政府也表示这种做法不利于华小处理行政事务及学校的其他事务，并且承诺以后不再发生这种事情。但是在 1987 年 9 月，马来西亚的教育部又委派大量不懂华语的人员担任槟城、吉隆坡、马六甲、雪兰莪等地的华小的校长、副校长、校长助理等行政职务。其中槟城的"90 所华小中有 29 所的 67 个高级行政职务由不谙华文者担任"①。与 70 年代的华小高职委派事件相比，这次的华小高职委派事件涉及的地区及学校数量更多，对华小造成的负面影响也更大。

（二）反对不懂华语者担任华小高职

在多数华小的高层人员被替换的背景下，马华公会的中央教育机构指出，如果华人社会对此事妥协，教育部将委派更多不懂华语的人员担任华小的高层职务，所以该党要与华人社团密切合作，捍卫华文教育的权益，直到此事妥善解决。1987 年 10 月，马华公会的会长林良实指出，不谙华语的人员担任华小的高职将使华小变质，也不相符执政联盟宣言的有关内容，所以该党不能接受此事。马华公会的总秘书长黄俊杰也表示，如果政府不能较好地解决华小高职问题，该党将退出执政联盟；该党不会以舍弃华人的教育权益为代价留在联盟内部。马来西亚民主行动党的副主席陈胜尧也指责以巫统为主导的联盟党没有履行 1986 年大选中提出的保证华校不变质的诺言。随后由民主行动党、民政党、马华公会与全国十五华团行动委员会策划的"全国华团政党联合行动委员会"（以下简称"联合行动委员会"）成立。该委员会于 10 月 11 日在吉隆坡天后宫举行了参与者超过四千人的集会活动。会议通过的决议指出解决华小高职问题的原则是必须以华语作为华小的行政与教学用语；如果政府不解决此事，联合行动委员会将支持"部分华小家长提出 10 月 15—17 日三天罢课抗议行动"②。马华公会的副会长云时进也表示，如果华小高职问题不能得到妥善解决，他将辞去教育部的副部长职务。华人的该次集体抗议活动也标志着华人政党与华人社团在华小高职问题上已经建立团结合作的关系。

（三）族群纠纷引发"茅草行动"

为了商讨华小高职问题的解决措施，马来西亚内阁于 10 月 14 日召开了紧急会议，并且成立由教育部部长安瓦尔·易卜拉欣（以下简称"安瓦尔"）、青年体育部部长纳吉布·拉扎克（以下简称"纳吉布"）、工程部部长沙米维鲁、原产业部部长林敬益、劳工部部长李金狮组成的五人委员会，该委员会负责处理华小高职问题。该次会议做出的决议指出，华小的

---

① 胡春艳：《抗争与妥协：马来西亚华社对华族母语教育政策制定的影响》，博士学位论文，暨南大学，2010 年。
② [马] 郑良树：《马来西亚华文教育发展史》（第四分册），马来西亚华校教师会总会，2003 年，第 345 页。

高层行政职务必须由拥有华文资格的教师担任，如果不符合条件，华小的高层行政职务就空缺；政府将于12月31日之前撤回华小的不谙华语的高层行政人员。五人委员会中的华人委员林敬益、李金狮也向十五华团联合行动委员会表示，该国政府有诚意在1987年的年底妥善解决华小高职问题。华人社团对政府的承诺表示赞赏，并且呼吁华小延迟罢课行动日期。但是由于华小的较多家长情绪激昂，在槟城中华大会堂集会的多数华教人士仍然认为应当罢课，以维护受负面影响的华小的利益，所以在10月15日，"总共有57间华小参加全面罢课，受影响的学生估计超过三万名"①。但是该国的持枪镇暴队人员包围了多数罢课的华小，他们竭力阻止学生家长进入校园，拆除校内外的宣传标语，镇暴队人员与罢课的参与者随时有可能出现冲突现象。

马来西亚政府在华小高职问题上的妥协行为及华小的罢课行动引起了多数马来人的不满。10月17日，在巫统青年团的召集下，一万多名马来人冒着大雨在吉隆坡惹兰慕达体育场参加集会。他们谴责马华公会的领导人与民主行动党、董教总签订有关华语教育的协议，他们还高举"取消反马来统治者的人的公民权""五一三开始了""让短剑浸着华人的血"② 等具有族群对抗性质的标语。随后巫统的总秘书拿督斯里沙努西宣布将在11月1日举行包括三十万名党员及二十万名群众支持者的集会。尽管他声称这只是和平集会，但是全国各地尤其是雪兰莪和吉隆坡地区的群众情绪很紧张，他们购买生活用品囤积在家里，晚上不敢出门，甚至还有人请假远离雪兰莪和吉隆坡。因此，自1969年的"五一三"族群冲突事件以来，马来西亚再次出现大规模的族群对立现象，面临社会大动乱的风险。随着11月1日的临近，在国外访问的马来西亚总理马哈蒂尔急忙返回国内，政府于10月27日以阻止国内骚乱为理由，并且引用《内部安全法》开展了"茅草行动"。该次行动"逮捕了106名朝野政党人士以及华教领导人等，其中包括董总主席、教总主席、马华以及民行党人士"③。由于该国的中文报《星洲日报》、英文报《星报》、马来文报《祖国日报》报道了有关的

---

① 廖小健：《战后马来西亚族群关系研究》，博士学位论文，暨南大学，2007年。
② ［马］郑良树：《马来西亚华文教育发展史》（第四册），马来西亚华校教师会总会，2003年，第347—349页。
③ 程嘉辉：《马华公会对华文教育的态度演变研究——政党政治的研究视角》，硕士学位论文，暨南大学，2009年。

政治新闻，煽动族群对立情绪，所以它们的出版准证也被取消。随后马哈蒂尔宣布国家面临危险的境界，巫统 11 月 1 日的集会活动取消，并且禁止全国各地举行集会活动，该国的族群对立氛围也逐渐消散。马来西亚政府通过"茅草行动"逮捕主张华小罢课的人员，关闭不利于族群关系稳定的新闻媒体，惩治了该国公开策划族群纠纷的行为，净化了新闻舆论环境，也较好地安抚了马来人的激进心理，使该国的族群对立活动得到有效的遏制。

（四）华小高职问题得到妥善解决

在马来西亚内阁与华人政党、华人社团的互相协商与妥协下，该国内阁在 1988 年形成了解决华小高职问题的方案。该方案的内容包括拥有华文资格的人员才能担任华小的校长、第一和第二副校长、下午班主任；必须由懂华语的人员担任华小的课外活动主任。该方案明确了只有懂华语的人员才能担任华小的正职或副职校长，领导学生的课外活动工作，确保华小不失去华文教育的属性，确保华小的有关人员与学生能无语言障碍地交流，所以华人社会的多数人员支持该方案。马华公会反对不懂华语的人员担任华小的高层职务，不只是要维护华小不变质，也是要应对全国十五华团行动委员会的崛起，该委员会意图获得华人社会的领导权。马华公会经历多次内部人员争斗之后，政党实力受到较大损害，该党凭借自身实力已难以对抗华人的其他政党和社会团体，所以马华公会选择与它们开展华文教育事务的合作，谋求获得更多华人的政治支持。马来西亚的华人政党对华小高职事件的合作，使巫统主导的政府企图推行的一种语文、一种文化的教育政策没有得到实现，华小也避免了被马来化的风险，满足了该国华人希望保持良好的华文启蒙教育的诉求，维护了该国华人社会的稳定。

第三节　马华公会与民政党共同解决华文教育事务

在国家的立法机构与行政部门任职的族群政党人员与国家政策制定者的工作关系较密切，所以他们在处理本族群事务的有关问题时，要努力形成解决该问题的一致见解，并且在正式场合积极地表达本党及本族群的诉求，或者是向国家政策制定者直接陈述本族群问题的解决措施，才有可能使国家政策的制定者转变政策理念，维护本族群的利益。长期在马来西亚议会和政府任职的马华公会与民政党的人员对该国20世纪90年代的教育法令及数理英语教学问题达成了共识，他们既在公共场合陈述本党的观点，也与政府有关部门开展密切协商，最终使政府有关部门修改了华文教育的政策。

一 促进《1996年教育法令》的制定

族群国家的教育法令规定着该国教育事务的发展方向，所以它对该国教育事业的发展具有统领作用。族群国家的族群人数、实力和地位存在差异，所以该国的教育法令对各族群的教育发展规定也不同。但是族群国家通常赋予人数较多、实力较强、社会地位较高的族群较好的教育政策，所以弱势族群的政党要积极地向政府有关部门争取改善本族群的教育政策，促进本族群的教育事业获得较好的发展。马华公会与民政党共同要求马来西亚政府废除《1961年教育法令》中不利于华文教育的条例，最终该国政府在修改该法令的基础上，制定了新的教育法令，使该国的华文教育获得了较好的法律保护。

（一）要求修改《1961年教育法令》的原因

由于马来西亚的马来人数量最多，马来人也享有特权，所以该国的教育法令总是优先照顾马来人的利益；该国的华人数量少于马来人的数量，华人也是外来族群人员，所以该国的教育法令通常限制华人教育事务的发展，尽量使华人教育向马来化趋势转变。例如，该国的《1961年教育法令》的第21（2）条规定："在任何时候，教育部部长认为一间国民型小学可以适当地改制为一间国民小学时，他可以训令该小学必须改制为一间国民小学"[①]。这项条文对作为国民型小学之一的华小的生存与发展具有潜在的危险，华小随时可能被教育部部长改制。如果华小全部被改制，华文独立中学也就失去了学生来源，华文独立中学也会面临被迫关闭或者改制成以马来语、英语为教学媒介语的中学，马来西亚的华文教育体系也会瓦解，该国华人长期致力于维护华文教育的成果也会付诸东流。因此，面对《1961年教育法令》的第21（2）条对华文教育可能产生的不利后果，华

---

① 胡春艳：《抗争与妥协：马来西亚华社对华族母语教育政策制定的影响》，博士学位论文，暨南大学，2010年。

人教育社团采用了多种方式要求废除该教育法令的第21（2）条，他们的这种要求在20世纪80年代中期至90年代表现得尤为显著。例如，该国的董教总在1986年6月向该国教育部提交的备忘录指出，要求教育部按照《1957年教育法令》重新审查和修改《1961年教育法令》，并且删除《1961年教育法令》的第21（2）条的内容。

（二）联合反对不利于华文教育的法令

1985年，马华公会的会长梁维泮在该党举行的"教育与华教前途研讨会"上指出，为了保证各族群有接受母语教育及建立以本族群语言作为主要教学用语的学校的权利，建议总理采取措施废除或修改《1961年教育法令》的第21（2）条。1986年3月，马华公会的新会长陈群川在该党的37周年党庆会议上指出，该党将正式向执政当局提出废除该法令第21（2）条的倡议。该党的这项提议并不是大选来临之前的权宜之策，而是要求政府重新审查国家的教育政策。随后，陈群川对该党的成员指出，总理已经保证在下次的国会众议院的会议期间修改教育法令；如果我们再受到欺骗，马华公会将退出执政联盟。从马华公会的会长的上述言论可知，该党坚决反对《1961年教育法令》的第21（2）条。1987年8月，马华公会的李金狮、林良实与全国十五华团的"七人行动委员会"举行了会谈，马华公会承诺继续保障华小的利益。该国的民政党也与全国十五华团的代表举行了会谈，该党的主席林敬益指出，民政党支持各族群按照自己的意愿发展包括幼儿园、小学、中学和大学的教育体系。由此可知，民政党希望该国的华文教育不受到外部势力的危害，华文教育能继续存在和发展。马华公会与民政党对华文教育的支持，迫使该国的政府部门必须认真对待《1961年教育法令》的第21（2）条的存废问题。

（三）《1996年教育法令》的制定

在马来西亚的新教育法令公布之前，全国十五华团领导机构提出了该法令制定的要求。其中的内容包括新教育法令提交给国会众议院之前，应当向社会民众公布，并且给予他们足够的时间探讨该法令；在发展马来语教育的基础上，其他族群的母语教育也应当获得平等的地位。"新的教育法令不应该有威胁各民族的母语教育存在和发展的条文，及马来文作为主要媒介语的最后目标条文"[①]。政府应当承认拉曼学院颁发的文凭和证书，

---

① 《1990年教育法案真相》，马来西亚华校教师总会，1990年，第23页。

承认南洋大学的学位证书。由此可知,全国十五华团希望政府有关部门能公平对待各族群的母语教育,社会民众也能参与新教育法令的审议过程。董教总也多次要求该国的教育部部长向社会公布新的教育法令,使人们能对不合理的条文提出修改意见。但是马来西亚的教育部部长拒绝了董教总的提议,并且指出在法令提交给国会众议院之前,不能公布法令的具体内容。随后在社会舆论的压力下,该国政府建立了有关教育法令的咨询理事会。尽管董教总在理事会上几次传达华人社会对教育政策的合理诉求,但是该理事会都没有采用董教总的意见。最终马来西亚政府向社会公布了《1996年教育法令》,该法令废除了《1961年教育法令》第 21(2)条的内容。马来西亚的华小被改制为马来文小学的风险显著降低,该国华人的华文教育诉求得到一定程度的满足,有利于维护华人社会的总体稳定。

二 协同解决华小数理英语教学事件

数学和科学是抽象性较强的课程,如果学习者使用两种或两种以上的语言学习这两门课程,容易使他们出现思维混乱、理解困难的现象,这种现象在年龄较小的学习者中表现得更加显著,所以学习者最好使用一种语言学习数学和科学,使他们在该语言的逻辑表达基础上,建立有关数学和科学的理解方式。然而在 21 世纪初期,马来西亚的华小曾经出现用华语和英语教数学和科学的现象,作为该国执政联盟成员党的马华公会与民政党为确保华小不失去原有的属性,保障华小的数学和科学的教学质量,对该校的数理英语教学事项开展了密切合作,并且取得了较好的合作效果。

(一)华小数理英语教学方案的提出

1. 数理英语教学方案提出的原因

马来西亚政府提出在各族群小学用英语教数学和科学,与该国民众的英语水平较低存在密切联系。1967 年 3 月,马来西亚国会众议院通过《1967 年国语法案》,该法案规定马来语为国家的唯一官方语言,英语的官方语言资格被取消,所以英语在该国语言中的地位急剧下降。在 20 世纪 70 年代,以英语作为教学媒介语的英文小学全部改制为以马来语为教学用语的国民小学;随后该国在 1983 年推行了课程改革,以英语为教学媒介语的中学全部改用马来语进行教学,英语只作为该类学校的必修课程,所以英语在马来西亚的重要程度持续降低。然而根据有关的失业数据,在马来西亚的"4 万名失业大学生中,94% 是马来族大学生,他们失业的主要原因是他们的英文能力弱,缺乏竞争力"①。因此,马来西亚总理马哈蒂尔于2002年5月指出,社会民众尤其是马来学生的英语水平低,将使该国难以应对全球化带来的挑战。英语在科技领域的地位日益重要的时代背景下,只有提高马来西亚青年学生的英语水平,才能增强该国的竞争力。随后,马哈蒂尔提议重新开办英文初等学校,但是巫统的最高理事会不同意他的提议,该理事会的人员认为他的提议违反了该国以马来语为主的教育政策。最后,以巫统为主导的马来西亚政府决定,为提高该国学生的英语水平、增强学生吸收科学知识的能力,于2003年1月在该国的所有小学实行用英语教数学和科学的教育政策。

2. 华小数理英语教学方案的内容

马来西亚政府考虑到华小与马来文、淡米尔文小学的教学方式存在差异,所以在华小实行用英语教数学和科学的"2—4—3"方案。即从华小的一年级开始,教师每周用华语教六节数学和三节科学,增加两节英文课程,然后再用英语教四节数学和三节科学。该方案实际上也减少了华小的华文课程、以华语教数学的课程以及其他科目的课程。例如,在实施"2—4—3"方案之前,"2005年华小一、二年级每周有十五节华文课、七节用华语教数学的课程、五节道德教育课、两节健康教育课,但是实施该方案之后,华小一、二年级每周只有十二节华文课、六节用华语教数学的课程、四节道德教育课、一节健康教育课"②,所以华文课减少三节,用华语教数学的课、道德教育课、健康教育课都分别减少一节,这些课程数量的减少,不利于华小低年级学生的华文课程学习,也对他们的华语数学课程及道德、健康教育课程的学习产生负面影响。除此之外,华小低年级学生还要学英文,以及用英语学数学和科学,既增加了他们的语言学习负担,也增强了他们学习数学和科学的难度,不利于培养他们的学习兴趣。

(二)共同反对华小数理英语教学方案

马来西亚政府提出关于华小数理英语教学的"2—4—3"方案之后,该国的董教总表现出强烈反对的态度。董教总认为该方案只是过渡性的教育方案,其最终目的是要求华小完全用英语教数学和科学,使华小不再以

---

① 梁忠:《马来西亚政府华人政策研究——从东姑·拉赫曼到马哈蒂尔》,博士学位论文,复旦大学,2006年。
② 数据参见胡春艳《抗争与妥协:马来西亚华社对华族母语教育政策制定的影响》,博士学位论文,暨南大学,2010年。

华语作为主要的教学用语,并且丧失华语教育的地位。保持华小不变质的条件是华语作为华小的教学、考试的媒介用语以及主要的行政用语;华小的董事会拥有管理学校的主导权。作为该国执政联盟成员党的马华公会、民政党在董教总的华文教育观念的影响下,也对华小的数理英语教学政策表示反对。例如,马华公会的总秘书陈祖排在该党2002年7月举行的中央代表大会上指出,如果华小用英语教数学和科学,说明华小的教学媒介语发生了变化,华小也开始变质了。马华公会2002年10月召开的中央工作委员会也指出,反对在华小实施数理英语教学的政策。民政党的署理主席郭洙镇也公开表示用英语教数学和科学将改变华小原有的属性。马华公会与民政党对华小数理英语教学的一致意见,表明它们在该问题上已经组成了统一战线,有利于华小数理英语教学事件的解决。

(三) 华小数理英语教学方案的修改

1. 华小"4—2—2"方案的制订

马来西亚政府准备在华小的四至六年级实行用英语教数学和科学的政策时期,马华公会与民政党又达成了有关华小教育的新共识。该共识的内容包括要求政府部门减少华小的数理英语教学课的节数,增加英文课节数,2008年华小六年级的评估考试要有以华文为媒介语的数学和科学试卷。随后马华公会的领导人与该国的教育部部长经过多次的协商,达成了华小数理英语教学的"4—2—2"方案。即"华小每周有四节英文课,两节用英语教数学的课程和两节用英语教科学的课程"[①]。与华小数理英语教学的"2—4—3"方案相比,华小每周的英文课程增加两节,但是用英语教数学的课程减少两节,用英语教科学的课程减少一节。这种课程数量的改变使华小的学生有更多的时间专门学习英语,有助于加强他们对英语的认知,为他们的中学英语学习建立良好的基础;也降低了华小的学生学习数学和科学的难度,有利于增强他们对数学和科学课程的学习兴趣。因此,华小数理英语教学的"4—2—2"方案比"2—4—3"方案更有利于华小的学生的英语、数学和科学课程的学习。

2. 废除数理英语教学政策

尽管华小在数理英语教学方面实行了更合理的"4—2—2"方案,但

[①] 数据参见胡春艳《抗争与妥协:马来西亚华社对华族母语教育政策制定的影响》,博士学位论文,暨南大学,2010年。

第四章　维护族群稳定：马来亚独立后的族群政党的教育事务合作　81

是以董教总为主的华人社团认为该方案仍然有要求华小教师用英语教数学和科学的政策，这说明马来西亚的教育部仍在试图弱化华小的华文教育，所以该国的华小还存在变质的风险。华人社团还要求该国政府建立独立委员会，重新审查数理英语教学的政策。随后马来西亚的各族群也发起了反对在族群小学实行数理英语教学政策的活动；该国族群小学的教学结果也显示，用英语教数学和科学并没有显著地提高学生的英语水平，该措施还对学生的数学和科学课程的学习产生了负面影响。因此，2009年7月，马来西亚的内阁副总理慕尤丁在内阁会议上宣布，华小、马来文、淡米尔文小学从2012年开始，逐步使用各自的族群语言教数学和科学课程。由此可见，马华公会、民政党与董教总为主的华人社团历时多年的合作最终得到了较好的结果。华小的教师可以只用华语教数学和科学课程，使华小的学生只在华语的语境下建立数学和科学的思维体系，有助于他们更好地学习这两门课程。马来西亚政府取消族群小学的数理英语教学政策，也是对该国族群人员教育诉求的有效回应，提高了该国教育政策的合理程度。

第四节　族群政党的教育协作对该国政治发展的影响

20世纪六七十年代，马华公会与巫统开展了华文中学改制、抵制独立大学创办等方面的合作，满足了该国马来人的教育政策诉求，维护了马来人社会的稳定。20世纪80年代至21世纪初期，马来西亚的华人政党开展了华小的教学用语、高层职务安排以及华文教育法令的合作，既提高了该国华文教育法令的合理性，也使该国的华人学生能接受良好的华文初等教育，增强华人对该国体制的拥护程度。

一　维护族群社会的总体稳定

族群国家的各族群在不同时期对该国社会稳定的影响程度存在差异。如果某族群在某时期的利益诉求较强烈，族群行为比其他族群更激进，那么该族群对该国这时期的社会稳定影响更大。族群国家的族群政党必须妥善地协调各族群的利益矛盾，才能保持族群关系的总体稳定。20世纪60年代，马来西亚的多数马来人仍然抱怨该国政府赋予了华人较多的利益，影响了马来人的特权；多数马来人也抱怨该国政府没有较好地照顾他们的经济利益，使他们的经济实力弱于多数华人，所以当华人社团抵制实施华文中学改制政策、打算创建独立大学时，多数马来人对华人的反对态度更激烈，他们甚至呼吁该国政府取消华人的公民权，将华人遣回中国。因此，为安抚马来人的不满情绪，马华公会与巫统采用各种策略，要求华文中学改制为国民型中学，也反对华人社团建立独立大学。在1969年，该国还发生了"5·13"族群冲突事件，根据马来西亚全国行动理事会发布的报告书："这次族群冲突共造成196人死亡，其中马来人25名、印度人13名、华人143名、其他15名；受伤的总共439名，其中马来人127名、印度人26名，华人270名，其他16名；另外还有39名失踪，分别是马来人7名，印度人7名，华人25名"①。由此可知，华人在这次冲突事件中的伤亡、失踪人数最多；它也是马来人对华人长期不满情绪的宣泄。这次冲突事件的发生也坚定了巫统与马华公会抵制独立大学的意志，最终使该大学没有办成功，所以巫统与马华公会在该时期主要是维护马来人的教育利益，安抚马来人的激进情绪，使马来人不再做出暴力行为。

20世纪80年代以后，随着该国马来人的经济实力逐渐增强，马来人对华人的不满情绪有所下降，但是该国的华人社团要求保障华小利益的诉求持续高涨，华人社团也采取游行示威、静坐、提交备忘录等方式抗议该国政府意图改变华小的华文教育属性。马华公会、民政党、民主行动党意识到华小教育不变质是该国华文教育的底线，所以它们为顺应华人社团捍卫华小教育的趋势，也联合反对华小课程的马来化，反对不懂华语的人员担任华小的高层职务。这些华人政党对华小事务的合作，也迫使该国政府部门做出适当的让步，最终华小的课程仍然用华文编写，华小的高层职务也都由懂华语的人员担任。华人政党在该时期转变了先前在华文教育事务方面的严重对立态度，它们开展的合作有效地维护了华小教育的本质，有助于安抚华人的不满情绪，保持华人社会的总体稳定。华人政党对华小事务的合作，使该国在20世纪80年代以后再也没有发生大规模的族群冲突伤亡事件。

---

① 杨建成：《马来西亚华人的困境：西马来西亚华巫政治关系之探讨，1957—1978》，文史哲出版社1982年版，第254—255页。

二 保障华人的华文初等教育权利

华文的初等教育是华人学习华文的基础阶段,如果华文初等教育受到损害,必然不利于华文的中等教育和高等教育,华人也难以拥有扎实的华文基础,所以该国的华人也长期致力于维护华文初等教育。20世纪80年代以后,马来西亚华人的公民意识逐渐增强,华人选民的选票对竞选人的竞选结果的影响程度也逐渐加大,然而该国的教育部门连续做出有损华小教育的行为,引起了华人的普遍不满,所以由该国的多数华人组成的马华公会、民政党、民主行动党为争取获得华人的选票支持,积极地反对用马来语编写除了语文和算术以外的课程,反对用马来语歌曲代替音乐课程中的华文歌曲,也反对不懂华语的人员担任华小的高层职务。这些华人政党的联合反对,迫使教育部允许华小全部使用以华文编写的课程,华小可以自由选择音乐课程的歌曲,该国的内阁也要求华小的高层职务必须由懂华语的人员担任,华小避免了被马来化的厄运。马华公会和民政党还在公开场合反对有可能使华小丧失华文教育属性的政策,巫统为维护联盟的团结局面,不得不认真考虑它们的华文教育诉求,也迫使以巫统为主导的马来西亚政府取消了一些不利于华文教育的政策,华小变质的风险得到降低。因此,马来西亚华人政党的务实合作使该国的华人学生能继续获得较正规的华文初等教育,为他们接受更高层次的华文教育建立了良好基础。

三 提高华小教育政策的合理程度

族群国家的教育政策不应当只维护占优势地位的族群的利益,也要适当地照顾其他族群的教育利益,才能提高该国教育政策的正当程度。由于华文是马来西亚的外来文字,马来人对华人也具有戒备心理,所以该国的政府部门长期以来对华小教育政策的规定不利于华人。马华公会、民政党为确保华小教育不变质,所以它们联合反对该国政府意图将华小改制为马来文小学的政策,也反对华小的数学和科学课程过多地以英语作为教学媒介语的政策。最终迫使马来西亚政府废除了改制华小的条例,也允许华小的数学和科学课程只以华语作为教学用语,所以华小在该国的发展条件得到持续的好转。尽管目前马来西亚仍然存在一些不利于华小教育发展的政策,但是自20世纪80年代以来,在华人政党与华人社团的积极争取下,该国的华小教育政策的合理程度逐渐提高。马来西亚的华小教育政策向有利于华人的方向转变，说明该国的教育政策不只是维护马来人的利益，它更多地强调马来人与非马来人的教育利益的适当协调，所以该国的教育政策正在理性地发展。

第五节　本章小结

族群政党的实力和政治目的、族群人员的利益诉求都能影响族群政党开展合作的对象选择以及它们合作的持续时间。马华公会在20世纪50年代末60年代初期发生的党内分裂事件，使该党的实力受到了较大的损害。马华公会的新领导层人员为联合巫统抵抗党内原有的反对势力，获取马来人的选票支持，所以对华文教育事务进行了妥协。在马华公会与巫统的密切合作下，多数华文中学改制为以英语作为教学媒介语的中学；华人社团耗费将近14年的独立大学也没有创建成功，所以马华公会与巫统为抵制华人社团的独立大学开展了长期的合作。20世纪80年代以后，马来西亚政府采取了较多的能使华小变质的措施，华小面临着被改制的风险；华人的华文教育维权意识也逐渐增强。该国的华人政党为获取华人的选票支持，致力于反对不利于华小教育发展的政策，最终使该国的华小教育政策的合理程度得到提高，多数华小也没有被改制，该国的华人学生仍然能获得较正规的华文初等教育。

马华公会与巫统的华文教育事务合作，维护了马来人社会的稳定；华人政党对华小事务的合作，在一定程度上增强了族群凝聚力，也保持了华人社会的稳定；马来人社会与华人社会的稳定，也有利于协调马来人与华人之间的利益冲突，所以马来西亚的族群政党对族群教育事务的合作为该国的公共利益——协调马来人与华人之间的教育利益冲突做出了积极的贡献。马华公会与巫统的华文教育事务合作，使马华公会能与巫统继续保持政党联盟关系，分享该国的执政权力，所以马华公会的政党利益——作为该国的执政党之一的意愿得到实现。由于民主行动党维护华文教育的意志比马华公会、民政党更坚定，所以该党在20世纪80年代末90年代初的大选中，获得越来越多的华人选民的政治支持。例如，在马来西亚1986年大选中，马华公会失去的国会众议院的15个议席"全部由行动党收归囊中，这 15 个选区除亚沙区外，均是华人过半选区"①。在该国的 1990 年的大选中，"马华仅获 10%—20% 的华裔选票，而行动党则获得超过 70% 的华人支持"②。由此可知，民主行动党在这两届大选都获得了较多华人的选票支持。民主行动党积极地维护该国的华文教育权利，使该党的政党利益——增强华人的政治认同感，尽可能多地获取华人选票支持的意愿得到实现。

马华公会与巫统联合要求华文中学改制、抵制独立大学的创建，维护了马来人的教育优势地位；华人政党联合反对改变华小的华文教育属性，也维护了华人的华文初等教育权益，所以它们的族群教育事务合作也维护了相应族群的教育利益。实际上，马来亚独立之后，该国的族群政党开展的是局部的教育事务合作，体现为参与合作的族群政党数量较少，主要是以实现族群政党的政党利益或族群人员利益为目标，国家的公共利益是被动生产出来的。然而它们开展的族群教育事务合作还是实现了族群政党的特殊利益与国家的公共利益的协调，这都有利于增强它们的族群教育合作的正当程度。

---

① 原晶晶：《20 世纪 80 年代以来马来西亚华人公会研究》，博士学位论文，厦门大学，2012 年。

② ［马］祝家华：《解构政治神话：大马两线政治的评析（1985—1992）》，华社资料研究中心，1994 年，第 291 页。

第五章

维护世俗政体：马来西亚族群政党对伊斯兰理念的合作

在宗教信仰较盛行的国家，宗教能影响该国政权的性质，所以执政者或者政党要妥善地处理宗教与政权的关系，才能降低宗教理念对政权的影响，保持该国政权的世俗性质。由于马来西亚的马来人主要信奉伊斯兰教，由多数马来人组成的伊斯兰党也长期致力于在该国建立伊斯兰政权，所以伊斯兰观念对该国的世俗政体有较大的负面影响。为了维护该国的世俗政权，马华公会、民政党积极地赞同巫统的世俗伊斯兰教国理念，马华公会、民政党与其他的华人政党也共同反对伊斯兰党提出的伊斯兰教国，它们的务实合作有效地抵制了伊斯兰党的伊斯兰教国理念，使该国的世俗政体得到继续存在与发展。

第一节　马华公会、民政党支持巫统的世俗伊斯兰教国理念

族群政党联盟内部的成员党致力于形成有关宗教事务的共识，能提高联盟成员党对宗教事务行动的协调程度，增强联盟的政治凝聚力。在马来西亚的伊斯兰复兴运动逐渐产生的时代背景下，以巫统为主导的该国政府实行了多项伊斯兰化的政策，所以巫统在21世纪初期宣称马来西亚已经建成世俗的伊斯兰教国。作为联盟成员党的马华公会、民政党也支持巫统的该主张，这都有利于保持它们的联盟关系稳定，也有利于维护该国的世俗政体。

第五章　维护世俗政体：马来西亚族群政党对伊斯兰理念的合作　　87

一　马来西亚伊斯兰复兴运动的兴起

（一）伊斯兰复兴运动兴起的主要原因

1. 马来人与华人的经济利益矛盾增长

在英国殖民时期的经济政策影响下，马来西亚在 20 世纪 70 年代以前主要实行的是自由放任的经济政策。例如，该国 1958 年颁布的《新兴工业法》规定："只要是生产国家所需，但国内产量不足的产品和公司，或符合国家利益，适合本国经济发展要求的企业均可取得'新兴工业'资格，并获得税务优惠。"① 这种不偏袒任何族群、自由宽松的经济政策非常利于华人经济实力的增强，所以该国的多数富有者是华人，多数贫穷者是马来人。华人的经济发展速度较快，但是马来人的经济发展速度较慢，引起了马来人对华人的怨恨情绪，他们的不满心理在"5·13"族群冲突事件中得到充分体现。在马来西亚 1969 年的大选中，作为反对党的民主行动党获得的议席数显著增加，华人也在街上举行了盛大的庆祝活动。民主行动党的议席数增加引发了马来人对他们的政治优势地位的担忧，华人的庆祝活动也让马来人感到屈辱，所以马来人与华人爆发了激烈的冲突事件，两者在该事件中的伤亡人数较多，财产损失也较大，所以拉赫曼将该事件称为"我们国家历史上最黑暗的时期"②。这次事件也成了该国伊斯兰复兴运动的起点，马华公会曾经被迫退出执政联盟，马来人政党主导着国家政策的发展方向；伊斯兰教对马来人的生活产生的影响更大，对该国政治事务发挥的作用也更显著。正是由于马来人在经济领域的挫败感，所以他们希望获得一种价值观念对抗华人的经济优势，伊斯兰教理念就能较好地塑造他们共同价值观念。在伊斯兰教的影响下，马来人对该宗教理念的虔信程度增强，并且积极地从中寻求解决国家和社会问题的途径。当时该国的一个伊斯兰复兴组织的领导人指出，"这是一个焦虑的时代，存在很多问题：马来人贫困、语言、腐败……过去我们在伊斯兰教之外考虑这些问题，事实上，我们能通过伊斯兰教来解决它们"③。因此，马来人与华人的

---

① 黄滋生、温北炎：《战后东南亚华人经济》，广东人民出版社 1999 年版，第 56 页。
② Hussin Mutalib, *Islam in Malaysia*: *From revivalism to Islamic state?* Singapore：Singapore University Press, 1993, pp. 27 – 28.
③ Zainah Anwar, *Islamic Revivalism in Malaysia*: *Dakwah Among the Students*, Kuala Lumpur：Pelanduk Publication, 1987, p. 11.

经济实力差距加大，既引发了他们之间的矛盾冲突，也使马来人努力推动伊斯兰复兴运动，并且希望通过该运动解决马来人的各种困境。

2. 国内的社会分化现象的产生

马来西亚从20世纪60年代开始实行了以出口为导向型的经济发展模式，使该国的经济总量得到迅速增加。但是由于受西方资产阶级的自由化思想的影响，该国也出现了社会财富分配不均衡，政府官员的廉洁程度下降，社会民众的贫富差距加大等问题，所以只有新兴的资产阶级和少数特权阶层掌握着该国经济发展创造的财富，但是居住在农村的多数马来人没有得到经济发展带来的实惠。这种贫富两极分化的现象不符合伊斯兰教倡导的社会公平、公正的理念。在经济发展中获利的少数富人过着奢侈恣意的生活，他们也经常违背伊斯兰教的清规戒律；多数贫困马来人的生活条件没有得到有效的改善，他们仍然坚守着伊斯兰教的习俗，所以两者难免会发生价值观念的冲突。贫困的马来人对富人无节制的生活方式感到憎恨，他们也认为政府官员的腐败和无能，导致了他们的生活贫困，所以他们强烈要求恢复伊斯兰教的道德规范，净化污浊的社会风气，再次信仰真主及《古兰经》的教义。贫困的马来人非常推崇伊斯兰教理念，并且以该理念作为判断世间万物的标准；他们也强烈地希望复兴伊斯兰教，通过该教的复兴来批判社会的丑陋现象，实现社会的良好变革，所以他们建立了该国伊斯兰复兴运动的群众基础。因此，马来西亚社会的贫富差距加大，富有者与贫困马来人的价值观念形成强烈反差，在较大程度上促进了该国伊斯兰复兴运动的发展。

3. 国外的伊斯兰复兴运动的发展

国外的伊斯兰复兴运动的发展与它们的政权、社会改革失利存在密切关系。18世纪至19世纪，随着西方殖民者对西亚和北非的穆斯林地区的侵略和扩张，这些区域的人们要求改革伊斯兰教以应对殖民者带来的挑战，所以20世纪以来，穆斯林地区的政治精英为了改革和振兴该国的政权，采用了多种世俗的办法。他们在政治体制和经济体制上使用西方的股权主义模式或者苏联的社会主义模式，如埃及曾经实行阿拉伯社会主义，土耳其和伊朗曾经实行西方股权主义的自由经济政策，巴基斯坦也尝试过社会主义和股权主义发展模式；他们在法制上推进非宗教的法律改革，在社会生活上主张西方化和非宗教化，在意识形态上也倡导自由主义、民族主义、社会主义等思想，最终导致伊斯兰教在这些地区的影响力逐渐下降。然而这些政治精英的改革，给他们的国家带来的是贫富差距加大、社会急剧动荡、民众信仰混乱的现象。面对政权和社会改革的不利局面，穆斯林社会的一些精英的恋旧复古思想开始滋长，他们再次阅读《古兰经》时发现，该经书早就预言了无助和无望是真主对那些不信者、背离者的惩罚，目的是要让这些人重新信仰伊斯兰教，所以他们提出了"回归伊斯兰正道"的口号，并且要求伊斯兰教在国家和社会事务中发挥更加重要的作用；他们的宗教倡议也得到了多数对西方主义政策感到失望的民众支持。"实现现代化发展的确是穆斯林社会几代精英和民众的共同愿望，但深受'现代化磨难'之苦的民众实在因不堪重负而只能转向伊斯兰"①。随后伊斯兰会议组织、世界穆斯林大会、伊斯兰世界联盟等伊斯兰国际组织开展了较多的活动，并且形成了新的伊斯兰主义运动。马来西亚政府加入伊斯兰国际组织之后，该国的政府及民众都在较大程度上受到了这些组织的伊斯兰主义运动的影响。

　　国际政治形势的变化也促进了国外伊斯兰复兴运动的发展。阿拉伯联军在1967年的阿以战争中受到严重挫败，多数穆斯林认为战争失利的原因在于阿拉伯国家的非宗教政权，所以他们日益否定西方的发展模式，要求建立伊斯兰政权。伊朗在20世纪70年代末爆发了伊斯兰革命，该国民众在宗教领袖霍梅尼的领导下，推翻了巴列维王朝，建立了在国家和社会的各领域实行伊斯兰政策的共和国。伊朗的伊斯兰革命的胜利使正在兴起的伊斯兰复兴运动发展到了新的阶段，"标志着伊斯兰复兴主义作为一种宗教意识形态，成为影响国际政治的重大因素之一"②，也在政治和思想上鼓舞了其他伊斯兰国家的斗志。伊朗政府还多次号召其他伊斯兰国家的反对派领导人继续开展伊斯兰革命，积极地向参加麦加朝觐的穆斯林宣传伊斯兰革命，向伊斯兰社会的复兴组织提供多项援助等，所以多数伊斯兰国家以伊朗为榜样，在国内继续推动伊斯兰复兴运动。1979年的苏联入侵阿富汗事件，使多数穆斯林不再认同苏联的社会主义理念，他们重新到伊斯兰教义中寻求国家的发展出路。20世纪90年代以后，美国及其西方盟国将伊斯兰教视为原教旨主义，甚至是恐怖主义，它们对伊斯兰的敌对态度损害了各国穆斯林的宗教感情，使伊斯兰国家与西方国家的关系逐渐恶化，

---

① 张铭：《现代化视野中的伊斯兰复兴运动》，中国社会科学出版社1999年版，第33页。
② 吴云贵、周燮藩：《近现代伊斯兰教思潮与运动》，社会科学文献出版社2000年版，第409页。

伊斯兰国家也发起了反对西方主义的运动,所以这些国家的伊斯兰复兴运动得到持续发展。受这些国家的影响,马来西亚也开展了伊斯兰复兴运动。

中东产油国家的大量石油收入为它们的伊斯兰复兴运动的发展提供了物质保障。中东地区蕴藏着约占世界2/3的石油储量,其中"在中东国家里石油储量超过100亿吨的国家就有沙特阿拉伯、伊拉克、阿联酋、科威特和伊朗"①。中东的产油国家获得政权独立地位之后,它们逐渐掌握了曾经被西方国家控制的石油开采权,并且推进石油资源的国有化。20世纪60年代以后,中东产油国家的石油产量逐渐增长,也创造了巨额的石油销售收入。例如,"仅1974—1979年,阿拉伯世界的石油收入就达5000亿美元,其中沙特一国的石油收入就高达2000亿美元"②。中东产油国家的石油收入增加,保障了它们的伊斯兰复兴运动的发展。它们利用石油创造的收入建造或维修清真寺庙,出版伊斯兰教的书籍,举办伊斯兰教的礼仪活动和节日庆典,通过先进的通信设备向社会民众宣传伊斯兰教等。它们还积极地资助世界其他地区的穆斯林参加伊斯兰教的国际会议,帮助其他国家培养伊斯兰教宣传人员,帮助其他国家建立伊斯兰教育机构等。例如,沙特阿拉伯、埃及等中东产油国家资助建立了马来西亚的国际伊斯兰大学。因此,中东产油国家获得的大量石油收入为它们开展多领域的伊斯兰复兴运动提供了雄厚的资金,也有力地促进了马来西亚伊斯兰复兴运动的发展。

(二)伊斯兰复兴运动兴起的社会表现

马来西亚1969年的"5·13"族群冲突事件加深了马来人与华人的不信任程度,所以多数马来人青年试图在伊斯兰教义中,寻求在族群不信任的社会里如何生存的途径。居住在吉隆坡附近的马来人青年在"5·13"事件发生之后,建立了马来西亚大学马来语学会、穆斯林学生协会等伊斯兰组织。他们通过这些宗教组织努力探求解决马来人的精神和道德问题的路径,宣传伊斯兰教理念。在安瓦尔的领导下,马来人大学生还将毛杜迪、库特布、阿巴尼等中东伊斯兰复兴运动学者的著作翻译成马来语,系统地学习他们的伊斯兰教理念。从20世纪70年代后期开始,越来越多的马来人重新回到清真寺参加朝觐和祈祷活动,学习伊斯兰教义;食用伊斯

---

① 王京烈:《动荡中东多视角分析》,世界知识出版社1996年版,第3页。
② 申钟:《当代伊斯兰复兴运动初探》,《西亚非洲》1982年第6期。

兰清真食品；自觉抵制饮酒、跳舞、收听摇滚音乐等西方的生活方式。大量的马来人再次穿上了代表穆斯林身份的长袍，较多的马来人妇女还戴上了面纱。许多马来人也更愿意通过伊斯兰教语言表达自己的思想，运用穆斯林共同体的概念谈论他们的生存问题。该国具有伊斯兰性质的教育机构、社会福利部门也逐渐增多。由此可知，多数马来人将伊斯兰教理念贯彻到了个人生活的多领域，他们也成为该国伊斯兰复兴运动的倡导者。

在马来西亚的伊斯兰复兴运动过程中，还出现了一些具有较大社会影响力的伊斯兰组织。成立于1971年的马来西亚伊斯兰青年运动组织曾经获得该国接受过良好教育的马来人青年和专业人士的支持。"其成员一度超过35000人，在全国建立了86个分支机构"[1]。该组织建立的最初目的是"为积极参与伊斯兰复兴活动的大学生提供一个在毕业后继续奋斗的平台，以便把伊斯兰运动引向马来西亚伊斯兰复兴的道路"[2]。随后该组织致力于反对该国政府的多种做法，例如，政府引进外资发展工业，政府惩治腐败的力度不强等；反对族群歧视现象；加强与国外伊斯兰组织的联系。马来西亚伊斯兰青年运动组织开展的活动包括在高校和社会各阶层的青年中建立伊斯兰传教组织，要求成员认真阅读《古兰经》的内容，使该国的穆斯林自觉遵守伊斯兰教义；举办各种形式的伊斯兰教研讨会；出版《展望月刊》（英文）、《每月评论》（马来文）等刊物，它们既宣传该组织的活动开展情况，也报道其他国家的伊斯兰复兴运动的情况；建立了一所伊斯兰中学，安瓦尔担任该校的校长，该组织的成员担任该校的教师。伊斯兰中学有全日制和夜校的学生，男女学生分别坐在教室的两边，"女生都必须穿单色的长服装，除了面孔和手以外，要将全身上下遮盖得严严实实"[3]。

阿萨阿里·穆罕默德与十二个穆斯林在1968年建立了澳尔根组织，他们在吉隆坡郊外的甘榜克拉末"清理出8英亩土地，建了许多房子、一个清真寺和一个学校"[4]。该组织的人员起初主要是学习和研究伊斯兰教的教

---

[1] 王虎：《马来西亚非政府组织研究》，厦门大学出版社2010年版，第208页。
[2] N. J. Funston, "The Politics of Reassertion: Malaysia. In Ahmad Ibrahim", in Ahmad Ibrahim, eds., *Readings on Islam in Southeast Asia*, Singapore: Institute of Southeast Asian Studies, 1985, pp. 171–179.
[3] 张锡镇：《东亚：变幻中的政治风云》，中国国际广播出版社2002年版，第223—224页。
[4] Saliha Hassan, "Islamic Non-Governmental organizations", in Meredith L. Weiss, Saliha Hassan, *Social Movements in Malaysia: From moral communities to NGOs*, London: Routledge Curzon, 2003, p. 107.

义及清规戒律，随后它发展为具有严密结构的组织，并且在州、县、区设立了分支机构。澳尔根组织主张增强穆斯林对真主的信仰，加强穆斯林的团结关系，确保穆斯林获得经济独立的地位，也主张在该国建立伊斯兰社会制度，但是反对其他的伊斯兰复兴组织建立政党参加议会选举。澳尔根组织对该国的伊斯兰社会建构进行了积极的探索，例如，该组织为摆脱非马来人对马来人的经济控制，在该国开设了多家商场、工厂、饭馆和书店；"在马来西亚先后建立了251所学校，国外有11所，学生总数达到9541人"[1]；为全职成员提供生活所需的费用及完成组织任务时的费用；要求组织的成员的服饰、饮食、社会交往符合伊斯兰教义，并且对组织的男女成员实行隔离制度；通过报纸、杂志、影像等媒介对外宣传伊斯兰教理念；开展伊斯兰文化艺术表演节，开展医疗卫生服务等。因此，与马来西亚伊斯兰青年运动组织相比，澳尔根组织的伊斯兰复兴运动涉及的领域更广泛，跟基层民众的直接联系更多，对社会产生的影响力也更大。

拉赫曼建立的帕克姆组织是一个宣传伊斯兰教理念、发展教育事业、开展福利活动的伊斯兰复兴组织。拉赫曼曾经公开指出"帕克姆没有任何政治，它只关心宗教和履行它对安拉的责任。政治掌握在政治家的手中，而宗教则掌握在人民手中"[2]。帕克姆组织致力于向该国的华人和印度人宣传伊斯兰教，并且取得了较好的成效。例如，自1977年以来，在西马来西亚（以下简称"西马"）地区的伊斯兰教新皈依者中有70%是华人。该组织还通过学术研讨会、报告会等方式，向非穆斯林介绍伊斯兰教法内容以及作为穆斯林应该具有的道德品质，并且为他们提供参加伊斯兰教活动的场所及经费。帕克姆组织先后成立了伊斯兰宣教学院和砂拉越州伊斯兰教育中心，为该组织培养了大量的宣教人员。帕克姆组织还向伊斯兰教的新皈依者提供宗教、法律援助；建立了很多医疗诊所，为该国的贫困者提供免费的医疗服务；在各州建立幼儿园，吸收不同族群的儿童入学，加强非穆斯林儿童与穆斯林儿童的相互了解，为非穆斯林儿童皈依伊斯兰教创造良好条件；建立负责解决穆斯林妇女有关事项的妇女部，致力于保障穆斯林妇女的合法权利；积极地与其他国家的伊斯兰组织开展交流活动，提升帕克姆组织在伊斯兰国家的影响力。由于帕克姆组织以温和的方式宣传伊

---

[1] 施雪琴：《马来西亚澳尔根组织及其活动》，《东南亚研究》1995年第5期。
[2] Hussin Mutalib, *Islam and Ethnicity in Malay Politics*, Oxford University Press, 1990, p.98.

斯兰教，并且与马来西亚政府保持着良好关系，所以该国政府始终支持该组织的发展，也为该组织提供了较多的财政资助。除此之外，马来西亚还存在其他伊斯兰复兴组织。例如，主张增强社会民众对伊斯兰教认同感的伊斯兰党；主张男女地位平等，追求民主理念的伊斯兰姐妹组织；注重伊斯兰教仪式，要求穆斯林恪守伊斯兰生活方式的泰布利哈组织。马来西亚伊斯兰复兴运动组织开展的有关活动，使该国民众加强了对伊斯兰教理念的认识，也使越来越多的社会民众以伊斯兰教义为准则，指导自己的思维方式，规范自己的言行举止。

二 马来西亚实施的伊斯兰政策

由于长期作为马来西亚执政联盟的主要政党——巫统的多数成员接受的是西式教育，他们的政治理想是在该国建立政教分离，西方式的世俗政体，所以从该国政治独立至"5·13"族群冲突事件期间，伊斯兰教只被认为是该国的国教，它在该时期"基本上用于仪式目的，在正式场合，如就职仪式、元首生日、独立日及类似场合以伊斯兰教方式祈祷"①，所以该时期的伊斯兰教在马来西亚的政治、经济领域发挥的作用较小。但是随着国外伊斯兰复兴运动的兴起，以及国内伊斯兰复兴组织的蓬勃发展，尤其是马来西亚伊斯兰青年运动组织的主席安瓦尔加入巫统，并且在该党担任重要职务，以巫统为主导的马来西亚政权被迫在行政、经济、教育、司法、外交等领域实行了伊斯兰政策。

马来西亚政府从1982年开始将伊斯兰教价值观念引入国家行政机构的运作中。该政府要求公务员必须拥有良好的品质，以公正负责的态度对待社会民众；聘请专业的伊斯兰传教士为政府雇员讲解伊斯兰教义；允许政府部门的穆斯林雇员在每周星期五的十二点半至十四点半，离开工作岗位去参加礼拜活动。该国政府还在1991年规定申请担任公务员的穆斯林必须掌握足够的伊斯兰教知识，其中包括能背诵《古兰经》的内容。"政府还招收850名宗教教师充实到政府机构，其中100名被安插在总理办公室宗教部，其余750名被安排到教育部"②。马来西亚政府还在1981年提出了

---

① Mohamed Sufian Hashim, "The Relationship Between Islam and State in Malay", *Intisari*, Vol. 1, 1962.

② 段立生、黄云静、范若兰：《东南亚宗教论集》，泰国曼谷大通出版社2002年版，第88页。

以伊斯兰原则为基础重组经济制度的计划，并且陆续创办了具有伊斯兰性质的发展基金会、典当行、保险公司和银行。目的是将伊斯兰教的价值理念融入该国的财政和金融体系，逐步地改造该国已经建立的西方式经济体制。马来西亚政府在1974年建立了审查伊斯兰教育情况的咨询委员会，并且要求该国的中学都使用标准化的伊斯兰教材。该国政府还在1975年"批下了高达2200万马元的教育拨款来进行伊斯兰学校教师的强化训练"[1]。在1983年还建立了加强与国外的伊斯兰协会联系的国际伊斯兰教大学，该大学也为马来西亚培养了较多的高素质的伊斯兰专业人才。

马来西亚议会在1988年修正了联邦宪法有关宗教事务的条例，该国新修订的宪法规定民事法庭不能改变伊斯兰法庭做出的司法判决；伊斯兰法庭和法官拥有民事法庭和法官同等的法律地位。该国的伊斯兰法庭还从国家的宗教委员会中分离出来，并且建立了初级法庭、高级法庭和上诉法庭的组织结构。为加强伊斯兰教的有关事务研究，该国政府从1971年起先后建立了伊斯兰复兴训练机构、伊斯兰研究中心和伊斯兰研究所。马来西亚政府还在1974年建立了伊斯兰宣教基金用以资助该国伊斯兰复兴运动的发展；在1976年至1981年期间，"政府也先后建造了大量的祈祷室与清真寺，光是吉隆坡就建起了个121个祈祷室及25座清真寺"[2]。马来西亚政府也加强了伊斯兰教的宣传力度，例如，该国政府在1976年要求收视率较高的电视频道增加关于《古兰经》讲解、伊斯兰教讨论、祈祷会的布道等节目的播放次数；从20世纪80年代起每年都举办先知诞辰的庆祝典礼及伊斯兰教的诵经比赛。马来西亚在外交上也更加注重发展与伊斯兰国家的关系。例如，马哈蒂尔在1981年宣称该国发展对外关系的顺序是东盟国家、伊斯兰国家、不结盟国家和英联邦国家；该国的内阁在1983年也指出，"对马来西亚来说，不结盟运动和英联邦已不再像伊斯兰集团那么重要"[3]。因此，除了以色列以外，马来西亚在1991年与中东的其他国家都建立了外交关系。尽管马来西亚的行政部门增加了伊斯兰教的因素，该国的宪法也提高了伊斯兰法庭的地位，但是该国宪法关于内阁、参议院、众议院的设置、众议院议员选举的条例仍然遵循西方的议会体制；该国公民

---

[1] 杨贝卡：《马来西亚伊斯兰复兴运动研究》，硕士学位论文，中南大学，2012年。
[2] Hussin Mutalib, *Islam and Ethnicity in Malay Politics*, Oxford University Press, 1990, p.137.
[3] 庄礼伟：《亚洲的高度》，广东旅游出版社1999年版，第75页。

仍然具有人身、迁徙、言论、集会、结社、宗教等方面的自由权利，所以实施伊斯兰政策之后的马来西亚没有建立政教合一的宗教政权，而是建立了有伊斯兰特点的世俗政体。

三　赞同巫统的世俗伊斯兰教国理念

（一）巫统的世俗伊斯兰教国理念得到认同

由于从20世纪70年代以来，马来西亚在经济、社会、文化等领域都大力实施了伊斯兰政策，穆斯林也能在该国更加自由地按照伊斯兰教的方式生活，所以马来西亚的总理马哈蒂尔在2001年9月29日公开指出，该国已经成为一个伊斯兰教国。他认为的伊斯兰教国模型就是马来西亚目前的发展状况，所以"没有必要修改马来西亚宪法使它成为伊斯兰教国，人们也没有必要继续针对马来西亚是否是伊斯兰教国进行辩论"①。巫统也赞同马哈蒂尔的伊斯兰教国理念，并且指出他的伊斯兰教国不同于以圣训、《古兰经》为指导思想，以伊斯兰法作为治国方式的伊斯兰教国，而是在国家的行政机构、经济、教育、社会等领域引入伊斯兰价值的世俗伊斯兰教国。巫统的领导人提出的世俗伊斯兰教国理念也获得了马华公会会长林良实的支持，林良实还用尽管玫瑰花有多种名称，但是它仍然是玫瑰花的比喻来说明马来西亚仍然是世俗国家，只是名称产生了变化。马华公会的中央宣传局也指出，马来西亚的各族群是在推崇法制、国会众议院至上的基础上，才接受伊斯兰教作为该国的国教；巫统的领导人提出的伊斯兰教国理念的基础是世俗法和民事法，并不是强制要求该国的非穆斯林信仰神权主义和极端主义。民政党的主席林敬益也称赞马哈蒂尔提出的伊斯兰教国是受多数穆斯林支持的国家，目的是抵制伊斯兰党的政教合一的伊斯兰教国，所以"国民应该尊重彼此的宗教信仰实施中庸治国政策，国家才会稳定。伊斯兰党要建立极端伊斯兰教国将使我国人民深受其苦"②。因此，马华公会、民政党明白巫统的领导人主张建立的是世俗的伊斯兰教国，所以他们才积极地支持巫统的世俗伊斯兰教国理念。

---

① 《总理：没必要继续辩论，大马确是回教国》，《南洋商报》2002年6月20日。
② 《林敬益：宣称回教国的目的，阻止回教党煽动回教徒》，《南洋商报》2001年11月10日。

(二) 巫统提出世俗伊斯兰教国理念的主要原因

1. 提高对抗伊斯兰党的能力

巫统长期以来坚持世俗主义的原则，强烈反对在该国建立宗教政权，然而该党的领导人在 2001 年 9 月突然宣称马来西亚已经建成伊斯兰教国，使该国的民众感到震惊与困惑。巫统提出世俗伊斯兰教国理念的原因之一是为了更有效地对抗伊斯兰党。马哈蒂尔曾经指出，"伊斯兰党一直强调它要建立伊斯兰教国，以及挑战政府宣布马来西亚是伊斯兰教国，所以政府只好做出这项宣布"①。但是他主张的是具有世俗性质的伊斯兰教国。巫统的领导人公开宣称伊斯兰教国已经在马来西亚建立，也是向外界表明他有勇气声称马来西亚是伊斯兰教国，该国的多项政策也符合伊斯兰教的规定，使伊斯兰党的伊斯兰教国理念对马来人选民的吸引力下降。

2. 重新获取马来人的选票支持

马来西亚的经济在 1997 年的亚洲金融危机中受到严重打击，该国随后出现的安瓦尔事件也使较多的马来人丧失了对巫统及其领导的政府的信任。例如，巫统在该国 1999 年的第十届大选中只获得国会众议院的 72 个议席，该党获得的国会众议院议席数比 1995 年大选减少了 16 个；巫统也只获得 47% 的马来人选民的选票支持。但是伊斯兰党在 1999 年大选中获得的国会众议院议席数"从 1995 年的 7 席上升到 27 席，超过了华人反对党民主行动党（占 10 席）而一跃成为国会中的最大反对党"②。该党也获得了超过 50% 的马来人选民的选票支持。由此可知，较多的马来人选民在 1999 年大选中不再支持巫统，他们开始支持伊斯兰党；巫统的马来人代言人地位及伊斯兰教事务的领导地位都存在丧失的风险。巫统的领导人在这种选举结果不利的情况下，为了在下次大选中重新获得多数马来人选民的选票支持，就提出了世俗伊斯兰教国理念。巫统的这种竞选策略也获得了较好的成效，该党领导族群政党联盟在 2004 年大选中获得国会众议院的 198 个议席，占国会众议院议席的 90.4%，"而伊斯兰党大幅下挫，只获得 7 席，还丢掉了丁加奴州，只在吉兰丹以微弱优势保住政权"③。巫统领

---

① 《不必为马国是回教国担忧，马哈迪保证不剥夺华族利益》，《联合早报》2001 年 11 月 12 日。

② 廖小健：《世纪之交马来西亚》，世界知识出版社 2002 年版，第 229 页。

③ 范若兰、孟庆顺：《马来西亚伊斯兰教国理念、实践与政党政治》，《东南亚研究》2005 年第 2 期。

第五章　维护世俗政体：马来西亚族群政党对伊斯兰理念的合作

导的族群政党联盟在该届大选中获得的国会众议院议席数大量增加，与该国的马来人选民对巫统的支持率提升存在密切联系；伊斯兰党在该届大选中获得的国会众议院议席数大量减少，也与该国的马来人选民对伊斯兰党的支持率下降有关。

四　开展的世俗伊斯兰教国理念协作对该国政治发展的影响

马来西亚从 20 世纪 70 年代以来推行的伊斯兰教政策，使该国的政府机构、经济体制、文化教育等领域具有了伊斯兰教的特点，但是总体上没有改变该国世俗政体的本质。巫统的领导人以马来西亚的多领域已经具备伊斯兰教的特点为理由，向社会民众宣称该国已经建成伊斯兰教国，并且获得了马华公会和民政党的积极支持。在马来西亚执政的主要政党在世俗伊斯兰教国理念方面达成共识，实际上是认同了该国在多领域实施伊斯兰政策之后取得的成效，使该国具有伊斯兰教特点的经济社会体制得到继续存在与发展。马华公会、民政党与巫统对世俗的伊斯兰教国理念的合作，也深刻影响了该国民众的政权观念，使伊斯兰党的宗教政权理念难以再获得该国多数民众的政治支持；坚持发展世俗政体也成为该国多数民众的理想政治追求。马华公会、民政党支持巫统的世俗伊斯兰教国理念，也增强了它们之间的政治凝聚力，所以它们在马来西亚的 2004 年大选中既获得了较多的非马来人选民的选票支持，也使马来人选民对它们的选票支持率提高，它们也能继续掌握该国的执政权，保持该国政局的稳定。

第二节　华人政党反对伊斯兰党的宗教政权理念

马来西亚的多数华人不信奉伊斯兰教，但是伊斯兰党长期致力于在该国建立以伊斯兰教法为根本法的宗教国家，这对华人的宗教信仰及生活方式产生了较大的负面影响，所以马华公会、民政党、民主行动党等华人政党对伊斯兰党的宗教政权理念开展了联合抵制行动，它们的合作使伊斯兰党的宗教政权理念难以获得该国多数民众的支持，也在维护世俗政体、遏制伊斯兰党的右派激进主义理念方面推动了该国的政治发展。

一 联合抵制伊斯兰党的宗教政权理念

(一) 伊斯兰党的发展概述

伊斯兰党由巫统的泛马伊斯兰教学者协会转化而来。由于该协会的宗教学者、乡村伊斯兰教师等人强烈不满巫统对非马来人获得公民权的条件做出了较多的让步，也不满巫统实施的世俗政策，所以他们在1951年11月退出了巫统，并且建立了泛马伊斯兰党，该党还建立了"3个主要的下属组织，即乌里玛理事会、青年团和妇女团"①。泛马伊斯兰党在成立初期主要关注的是马来人的特权，致力于"建立一个以马来文化为核心，而且不得同伊斯兰教义相抵触的民族文化"②；积极地争取只将马来语作为该国的官方语言。该党在成立初期的主要支持者是马来亚农村的宗教学校的学生和教师。泛马伊斯兰党在1959年的大选中获得了丁加奴州和吉兰丹州的执政权，并且在该次大选后提出了"采取伊斯兰原则；重建马来人主权；提高生活水平；实施真正的民主；促进社会公平"③ 的理念。由此可知，该党在这时期既注重伊斯兰主义和马来民族主义，也主张建立公正的社会。"5·13"族群冲突事件后，泛马伊斯兰党的主席阿斯里认识到有必要加强与其他马来人政党的合作，增强该国马来人的团结程度，巫统也努力拉拢泛马伊斯兰党，所以泛马伊斯兰党在1974年改名为伊斯兰党，并且加入了巫统领导的族群政党联盟。随后由于伊斯兰党与巫统任命的吉兰丹州务大臣存在较大的政策分歧，伊斯兰党议员在联邦议会上也投票反对实施紧急状态法的议案，所以引发了伊斯兰党与巫统之间不可调和的矛盾，伊斯兰党也在1977年12月退出了巫统领导的族群政党联盟，伊斯兰党与巫统历时三年多的合作也宣告结束。因此，族群政党联盟内部的成员党的政策理念出现难以化解的分歧，能终结联盟内部有关成员党之间的政治合作。

随后马来西亚伊斯兰青年运动组织的大量成员加入了伊斯兰党，并且

---

① Farish A. Noor, *Islam Embedded: The Historical Development of the Pan-Malaysian Islamic Party PAS 1951–2003*, Kuala Lumpur: Malaysian Sociological Research Institute, 2004, pp. 74–75.

② Alias Mohamed, *Malaysia's Islamic Opposition: Past, Represent and Future*, Kuala Lumpur: Gateway Publishing House, 1991, p. 12.

③ Alias Mohamed, *PAS' Platform-Development and Change 1951–1986*, Kuala Lumpur: Gateway Publishing House Sdn. Bhd, 1994, p. 75.

第五章 维护世俗政体：马来西亚族群政党对伊斯兰理念的合作

组成了该党的少壮派；该党的少壮派也联合长老派向领导层索取权力，最终推崇伊斯兰原教旨主义的优素福·拉瓦在1982年取代了阿斯里，成为该党的新主席。伊斯兰党也提出了将伊斯兰法作为马来西亚的法律，在该国的政治、经济、社会、文化等领域都实施伊斯兰教的教义，穆斯林的日常行为必须严格遵守伊斯兰教的准则，最终确立在该国建立宗教性质的伊斯兰教国的主张。然而伊斯兰党的伊斯兰教国主张没有获得该国多数民众的支持，只是获得该国经济发展较落后地区的少数马来人的支持，所以该党在20世纪80年代的历次大选中的得票都较低，例如，该党在1982年大选只获得了国会众议院的5个议席，"在1986年的大选，仅得到国会众议院的1个议席和州议会的15个议席"[1]。该党在这两次大选获得的国会众议院议席数呈现下降的趋势。伊斯兰党在1999年大选中获得"国会众议院的27个议席，州议会的98个议席"[2]。由于伊斯兰党在该届大选获得的国会众议院议席数超过了其他的反对党，该党的政治信心也得到了提升，所以该党为反对马哈蒂尔的世俗伊斯兰教国理念，在2003年11月向社会民众公布了《伊斯兰教国文献》，全面规划了该党主张的伊斯兰教国蓝图。该文件指出要按照伊斯兰法建立伊斯兰国家和政府；国家的最高权威来自先知的传统、《古兰经》、乌拉玛等；国家的元首和总理必须由穆斯林担任，所以伊斯兰党的伊斯兰教国类似于伊朗的政教合一的伊斯兰国模式。伊斯兰党的非世俗伊斯兰教国理念引起了该国的非穆斯林和一些穆斯林的恐慌，所以该党在2004年大选中获得的国会众议院议席会比1999年大选减少了20个，该党的主席哈迪·阿旺也没有被选为国会众议院议员。

面对在2004年大选中失利的事实，伊斯兰党的自由派人物纳沙鲁丁也担任该党的副主席，所以该党在年度代表大会上提出了较温和的发展目标，强调"在民主、平等和尊重人权的大原则下，为不同种族、不同信仰的人民谋求福利"[3]。伊斯兰党在2008年大选前也没有再提伊斯兰教国的主张，而是提出了要建立福利国，也促进了该党在2008年的大选中获得国会众议院的23个议席，该党获得的国会众议院议席数也比2004年大选多16个。由此可知，伊斯兰党在该时期主张的利民主义思想得到了较多选民

---

[1] 数据参见辉明《试论马来西亚伊斯兰党的发展演变》，《世界宗教文化》2013年第3期。
[2] 数据参见李文《东亚：政党政治与政治参与》，世界知识出版社2007年版，第49页。
[3] 《回教党大会》，《联合早报》2005年5月4日。

的选票支持，也提升了该党在马来西亚的政治地位。然而伊斯兰党没有持续地坚持福利国的主张，该党在2013年大选后在吉兰丹州实施了伊斯兰刑法，最终迫使该党的开明派退出了伊斯兰党，开明派也通过改组马来西亚工人党建立了国家诚信党。伊斯兰党在2018年大选中只获得国会众议院的18个议席，比2013年大选减少了3个议席。因此，在宗教信仰多样化、利益诉求多元化的时代背景下，伊斯兰党仍然实施不被多数民众认可的伊斯兰刑法，只能导致该党的内部分裂，以及在大选中的选民支持率下降。

（二）伊斯兰党实施的伊斯兰法规

吉兰丹州和丁加奴州90%以上的居民是马来人，这些马来人中的多数人是生活较贫困的农民，他们非常反感社会的世俗化带来的贫富差距加大、道德准则缺失、生态环境受到损害等现象，但是很赞同伊斯兰党的宗教理念，所以伊斯兰党长期在吉兰丹州获得执政权，也曾经在丁加奴州获得短暂的执政权。伊斯兰党在1990年执政吉兰丹州之后，就宣称要将该州建成伊斯兰教州；该党在执政的一年之内发布了多项法令，要求穆斯林的行为和政府的运作必须遵守伊斯兰原则；伊斯兰党于1993年在该州制定了《伊斯兰刑法》。这些法令的主要内容包括在州政府任职的女穆斯林、在医院上班的女马来人都要戴头巾；女性不能参加《古兰经》的背诵比赛；在运动场所，要将男运动员和女运动员分开，运动员不能暴露自己的身体；男女顾客要在商店的收银台分开付钱；理发师不能为异性理发；关闭所有违背伊斯兰教准则的娱乐场所；社会民众不能出售猪肉和酒，不能参与赌博活动，不能举办和参观摇滚音乐演出；州政府的公务员不能滥用权力，不能收取他人的礼物，政府部门也要节俭开支。在伊斯兰党的治理下，吉兰丹州的公务员较廉洁自律。由此可知，伊斯兰党将伊斯兰理念贯彻到了吉兰丹州的司法、社会、行政等领域，并且在该州营造了清正、廉洁的政治氛围。

伊斯兰党在1999年获得丁加奴州的执政权之后，也在该州颁布了伊斯兰法。例如，伊斯兰党控制的丁加奴州议会在2001年颁布了《伊斯兰教法庭法令》《伊斯兰教宗教事务管理法令》等具有伊斯兰性质的法令，并且规定了这些法令的运作程序。该州的议会在2002年又通过了《伊斯兰刑法》，该法令的主要内容包括首次犯盗窃罪的人员，要砍掉该人的右手；如果再次偷窃，要砍掉该人的左脚；如果还是偷窃，要将该人逮捕入狱，并且由法庭根据其罪行，判定该人的刑期。对无节制的饮酒者，要至少鞭打 40 下；三次或者三次以上的无节制饮酒者，最多鞭笞 80 下。对犯通奸罪的人员，要用乱石砸死已婚的通奸者，鞭打未婚的通奸者 100 下，该人还要服一年的有期徒刑；但是在不知情的情况下犯通奸罪的人员，可以不受处罚。"任何女性如果控告被强奸，可是却没有四名男性证人作证，就可被控诽谤，将面对 80 下的鞭笞刑罚"①。由于马来西亚的宪法规定伊斯兰法庭只有三年以下的民事、刑事案件的处决权，丁加奴州议会通过的《伊斯兰刑法》的内容也违背了该国宪法的有关条例，所以该法在丁加奴州没有得到真正的执行，目前也还没有出现马来人犯了偷窃罪就被断肢、犯了通奸罪就被乱石砸死的案例，但是关于公共场所的两性隔离、禁酒、禁腐朽生活方式等方面的政策在该州得到严格的执行。

（三）协同抵制伊斯兰党的伊斯兰教国理念

尽管伊斯兰党在《伊斯兰教国文献》中明确表示保障马来西亚非穆斯林的合法权利，但是该党在吉兰丹州和丁加奴州实施的伊斯兰法令使这两州的多数华人较难适应，原因是这两州的多数华人主要信仰佛教、儒教和道教，只有少量的华人信仰伊斯兰教。该国的多数华人也对伊斯兰法的惩治措施感到恐惧，他们担心如果伊斯兰党获得了其他州的执政权，也会在其他州实行伊斯兰法令，这将对该国的更多华人的生活方式产生负面影响，所以马来西亚的华人政党坚决反对伊斯兰党的具有宗教性质的伊斯兰教国理念。例如，当伊斯兰党建立伊斯兰教国的意图加强时，民主行动党就在 2001 年 9 月退出了与伊斯兰党先前组建的反对党联盟，民主行动党的主席林吉祥还公开表示强烈反对伊斯兰党的伊斯兰教国。作为巫统的同盟党——马华公会和民政党也始终反对伊斯兰党的伊斯兰教国。马华公会的领导人李金狮在 20 世纪 80 年代指出："对伊斯兰教国，我们希望它永远不要实现，我们的宪法也不允许它实现，我们是民主国家，每个宗教都有其地位，如果建立伊斯兰教国，就将改变这一点，民主置于何地？"② 马华公会的竞选人还曾经在 1999 年大选时斥责伊斯兰党的伊斯兰主张；马华公会的会长林良实也表示伊斯兰党主张建立的伊斯兰国与伊朗、阿富汗的国家性质相似。民政党的主席林敬益也指出，伊斯兰党的伊斯兰教国理念将损

---

① 范若兰、孟庆顺：《马来西亚华人如何看待伊斯兰教国》，《当代亚太》2004 年第 1 期。

② Hussia Mutalib, *Islam in Malaysia*: *From Revivalism to Islamic State*? Singapore: Singapore University Press, 1993, p. 103.

害该国公民的宗教信仰自由的权利,不利于族群关系的稳定。马来西亚的华人执政党与反对党公开反对伊斯兰党的伊斯兰教国理念,在较大程度上抑制了该党的伊斯兰教国理念的推广,也使该党在大选中难以获得多数华人选民的选票支持。

二 共同反对伊斯兰宗教政权对该国政治发展的影响

(一) 维护了马来西亚的世俗政体

宪法是国家的根本大法,对国家的其他法律的制定与实施具有统领作用;宪法的内容也规定了国家的政体性质。马来西亚的宪法规定:"伊斯兰教为联邦宗教;其他宗教亦可在联邦各地以和平与和谐的方式被信奉。非依据法律,不得剥夺任何人的生命和人身自由。所有人在法律面前一律平等,受法律的同等保护。除第(2)款、第(3)款、第(4)款的规定外——每个公民有言论和表达的权利;所有公民有和平和不携带武器集会的权利;所有公民有结社的权利"[①]。由此可知,马来西亚的公民具有宪法规定的宗教信仰自由、人身活动自由、法律地位平等、言论、集会和结社自由的权利,这也表明该国的政体不是受伊斯兰教的教义束缚的政体,而是保障公民的基本人身权利,允许公民合法参与社会活动的世俗政体。马来西亚的宪法还规定国会众议院的所有议员和参议院的一些议员由选民选举产生,国会参议院和众议院的正副议长由相应议院的议员选举产生,最高元首和最高副元首也由该国的统治者会议选举产生。"国会两院在制定其议事规则时,可以规定某项表决须获得特别多数或特定多数方可通过"[②]。该国宪法对国会的参众两院的议员、正副议长和国家领导人的产生方式、国会两院事项的表决方式的规定,表明该国是典型的议会制政体。因此,伊斯兰党主张建立的伊斯兰教国不符合马来西亚宪法规定的政体性质,该国的华人政党也强烈反对建立宗教性质的伊斯兰教国;它们的反对使伊斯兰党的伊斯兰教国理念难以在吉兰丹州、丁加奴州之外的州实施,也使该国的世俗政体没有受到实质的损害。

(二) 遏制了伊斯兰党的右派激进主义理念

激进主义是指"要求从根本上改变某种社会政治制度或者这种制度的

---

① 郭伟伟:《世界主要政党规章制度文献——马来西亚》,中央编译出版社2015年版,第4—8页。

② 同上书,第35页。

第五章 维护世俗政体：马来西亚族群政党对伊斯兰理念的合作　103

某个或某些部分的理论观点与行动"①。右派激进主义理念是指重新倡导过时的价值观念或者回到以前社会的某个发展时期，其中包括提倡种族主义和恢复宗教习俗等。因此，右派激进主义理念是具有社会倒退性质的思想，它难以适应族群文化多元化、宗教信仰自由化的趋势，也难以获得追求世俗生活方式的民众支持。马来西亚伊斯兰党主张建立的伊斯兰教国要求穆斯林严格遵守伊斯兰教法；穆斯林的饮食、衣着、社会交往活动必须符合圣训、《古兰经》的规定；必须由穆斯林担任国家的重要职务。由此可知，伊斯兰党的伊斯兰教国理念强调重新恢复伊斯兰教的生活方式，注重维护穆斯林的利益，所以它具有鲜明的右派激进主义的特点。马来西亚的华人政党通常主张温和的政治理念，所以它们都反对伊斯兰党的伊斯兰教国理念，伊斯兰党在大选中获得的国会众议院议席数也急剧减少。最终迫使伊斯兰党在2004年大选后至2013年大选期间没有再提伊斯兰教国理念，而是主张减少政治腐败现象，维护国家法律的公正地位，为民众提供更多福利，解决社会的贫富差距过大的问题。因此，马来西亚的华人政党共同反对伊斯兰党的伊斯兰教国理念，在较大程度上遏制了该党的右派激进主义理念，促进该党的理念向合理化方向转变。

第三节　本章小结

掌握执政权的族群政党联盟能否抵制宗教势力对世俗政体的冲击，考验着该联盟的执政能力。族群政党联盟的成员党协同降低宗教对世俗政体的负面影响，能使该国的世俗政体不受到实质的损害。在马来人与华人的经济实力差距扩大、社会分化日益显著、国外的伊斯兰复兴运动蓬勃发展等因素的影响下，马来西亚也出现了伊斯兰青年运动组织、澳尔根组织、帕克姆组织等具有较大社会影响力的伊斯兰复兴运动组织，越来越多的马来人重新信仰伊斯兰教，遵守伊斯兰教的习俗。面对伊斯兰社会组织在马来西亚兴起的局面，为适应多数马来人重新尊崇伊斯兰教的趋势，以巫统为主导的执政联盟在该国的行政体制、经济体制、教育体制和司法体制等领域增加了伊斯兰教因素，该国建立了有伊斯兰特点的社会体系，但是该

---

① 贾小叶：《激进主义思潮研究述要》，《中国文化研究》2015年第4期。

国的公民仍然享有基本的权利，该国仍然实行议会制的政治体制，所以马来西亚的执政联盟较成功地抵制了伊斯兰势力对该国世俗政体的侵蚀。马华公会、民政党赞同巫统的世俗伊斯兰教国理念，该国的华人政党共同反对伊斯兰党的伊斯兰教国理念，都有效地抵制了伊斯兰党对该国世俗政体的损害意图，世俗政体理念也获得了该国多数民众的支持。

马华公会、民政党与巫统对世俗伊斯兰教国理念的合作，以及华人政党开展的抵制伊斯兰党的伊斯兰教国理念的合作实现了该国的公共利益——马来西亚的世俗政体没有受到实质损害。马华公会、民政党支持巫统的世俗伊斯兰教国理念，也降低了伊斯兰党的伊斯兰教国理念在马来西亚的政治影响力，使该党在大选中获得的议席数减少，巫统主导的族群政党联盟在大选中获得的议席数增加，所以它们关于伊斯兰理念的合作也实现了它们的政党利益——增强在国会众议院的话语权。民主行动党积极地反对伊斯兰党的宗教政权理念，也实现了该党的政党利益——增加大选中获得的议席数。例如，与1999年大选相比，民主行动党在2004年大选获得的国会众议院议席数"从10席增加至12席，州席从11席增加至15席"①。该党也再次成为马来西亚的最大反对党。民主行动党与其他的华人政党联合反对伊斯兰党的伊斯兰教国理念，使伊斯兰党的宗教理念难以在马来西亚的吉兰丹州和丁加奴州以外的州实施，尽可能地保障了其他州的华人不受伊斯兰理念的影响，所以它们的合作也实现了它们的族群利益——维护多数华人的世俗生活方式。

面对马来西亚的世俗政体将会受到损害的危险，马华公会、民政党与巫统，该国的主要华人政党对伊斯兰理念开展了全面的合作，并且主动地确保该国的世俗政体不受伊斯兰理念的消极影响。它们在保障世俗政体不受损害的过程中，也增加了本党在国会众议院的议席数，确保了多数华人的生活方式不受伊斯兰理念的负面影响。因此，它们对伊斯兰理念的合作协调了国家的公共利益、族群政党利益和族群人员的利益。

---

① 原晶晶：《20世纪80年代以来马来西亚华人公会研究》，博士学位论文，厦门大学，2012年。

第六章

保证政策连续：马来西亚国阵的议会选举合作

在有全国性的议会选举的国家，执政党或执政联盟为长期掌握该国的执政权，必须既要增强自己的实力，也要采用恰当的竞选策略，才能确保在大选中获得执政的法定议席数。面对1969年的大选失利的局势，巫统及时地增加了原有的族群政党联盟的成员党数量，成立了国民阵线（以下简称"国阵"），也制定了联盟内部的有效竞选策略和联盟的内阁职务分配方式。国阵成员党对议会选举的协作在维护政权稳定、增强国家政策的合理性等方面推动了马来西亚的政治发展。

第一节 国阵成员党的政治互助

族群政党以实现共同利益为目标，达成互相认同的政治纲领，它们就能组建新的族群政党联盟。在互相认同联盟的政治纲领的前提下，巫统、马华公会、印度人国大党、民政党、伊斯兰党、人民进步党、砂捞越人民联合党、砂捞越土著保守联合党、沙巴联盟党九个政党在1974年6月组建了国阵联盟，这些成员党使用相同的联盟标志，在大选中使用相同的竞选宣言。国阵的建立存在着客观原因与主观原因，该联盟的建立增强了马来西亚原有的执政联盟的实力，也改变了成员党在联盟中的地位。

一 国阵建立的原因
（一）联盟党获得的国会众议院议席数减少

马来西亚的族群政党联盟的分化、重组与该国的议会选举结果存在密切联系。巫华印联盟为扩大在东马的砂捞越州、沙巴州的政治影响力,于1965年4月同东马两州的"联盟党"组成所谓"马来西亚联盟党"(以下简称"联盟党"),① 这也使该党成为全国性的政党。国阵建立的客观原因是联盟党在1969年的大选中获得的国会众议院议席数减少,反对党获得的国会众议院议席数显著增加。由于马来西亚政府在1969年之前,在经济上采用的是自由放任的政策,在族群教育上主要采用马来化政策。该国的经济政策导致多数华人更加富有,多数马来人更加贫困;该国的族群教育政策也导致多数非马来人的不满。马来人对该国经济政策的不满,以及非马来人对族群教育政策的不满也体现在了该国1969年的大选中。联盟党在1969年大选中只获得国会众议院的66个议席,该联盟的"总得票率不过半,只有49.1%"②。在联盟党获得的国会众议院66个议席中,巫统、马华公会、印度人国大党获得的国会众议院议席数分别是51个、13个、2个,与上一届大选相比,"巫统少8席,马华少14席,印度国大党少1席"③。马华公会的成员林瑞安(时任内阁的工商部部长)、吴锦波(时任内阁的社会福利部部长)在1969年大选中也没有获得国会众议院议席。马华公会在华人集中的雪兰莪州、槟城州、霹雳州只获得国会众议院的1个议席,该党甚至失去了槟城州的执政权,该州的执政权由民政党获得。

然而马来西亚的反对党在1969年大选中总共获得国会众议院的37个议席,它们的选票得票率总共达到了50.9%。其中泛马伊斯兰党获得国会众议院的12个议席,"民主行动党13席,民政党8席,人民进步党也拿到了4席"④。与1964年大选相比,反对党获得的国会众议院议席多了22个,"其中泛马伊斯兰党、人民进步党获得的国会众议院议席数分别多3个、2个"⑤。民主行动党、民政党、人民进步党等有较多华人成员的政党还获得了74%的华人选民的选票支持。由此可知,民主行动党、民政党、人民进步党在该届大选中总共获得的国会众议院议席数超过了马华公会;

---

① 孔建勋:《多民族国家的民族政策与族群态度——新加坡、马来西亚和泰国实证研究》,中国社会科学出版社2010年版,第64页。
② 范若兰、李婉珺、[马]廖朝骥:《马来西亚史纲》,世界图书出版广东有限公司2018年版,第197页。
③ 郭新海:《马来西亚伊斯兰教党论析》,硕士学位论文,厦门大学,2009年。
④ 同上。
⑤ 参见梁忠《马来西亚政府华人政策研究——从东姑·拉赫曼到马哈蒂尔》,博士学位论文,复旦大学,2006年。

该国的华人选民对华人占多数的反对党的支持率提高。因此，马来西亚的联盟党希望通过吸收其他政党加入联盟，尽可能地分化原有的反对党势力，使更少的反对党利用各种议题抨击联盟，确保联盟党在下届大选中获得的议席数增加，继续掌握马来西亚的执政权。

（二）巫统希望增强族群冲突后的统治基础

马来西亚的族群政党联盟的重组也与该联盟的领导人的政治理念发生转变存在紧密联系。国阵成立的主观原因是该国联盟党的主要成员——巫统希望在"5·13"族群冲突事件后，增强原有联盟的社会统治基础，维护该国的稳定局势。尽管该国的联盟党在1969年大选中继续掌握了执政权，但是该联盟首次失去了国会众议院三分之二多数的议席。该国的宪法也规定"修改本宪法的法案（不包括本款规定作为例外的修改）和对根据第10条第（4）款通过的法律进行修改的法案，除非其在二读、三读时获得国会各院全体议员2/3的票数赞同，否则不得通过"[①]。这意味着该国的联盟党在国会众议院不能再随意地通过被修改的宪法或有关法律，以实现本联盟的利益。马来西亚的反对党在该次大选中还获得了吉兰丹州、霹雳州、槟城州和雪兰莪州的半数以上的议席数。该国的多数马来人对反对党，尤其是华人反对党能通过议会选举的方式威胁马来人政治地位的局面，感到震惊和恐慌；但是多数非马来人对该次大选的结果感到非常欣喜。随后民主行动党、民政党的华人青年支持者在街上举行祝捷游行活动，一些人还要求马来人州长哈仑搬出官邸，理由是他不再是州长；他们"路经吉隆坡当时有3万居民的最大的马来人居住区时，还发生了一些不当行为，宣泄了不好的情绪"[②]。怒气冲冲的马来人在1969年5月13日也举行了反祝捷的游行活动。当这两个游行群体相遇时，他们互相拳打脚踢，马来人还恣意地砍杀华人，破坏华人的汽车，焚烧华人的商铺，马来人与非马来人的族群冲突事件发生了。这次族群冲突事件也很快地蔓延到了吉隆坡的其他地区。

面对族群之间的暴乱局势，马来西亚的元首宣布暂停宪法的实施，关闭国会，全国进入紧急状态，并且成立了由副总理拉扎克领导的全国行动

[①] 郭伟伟：《世界主要政党规章制度文献——马来西亚》，中央编译出版社2015年版，第95页。

[②] 孙振玉：《马来西亚的马来人与华人及其关系研究》，甘肃民族出版社2008年版，第142页。

委员会；拉赫曼仍然担任新内阁的首相，新内阁的地位高于全国行动委员会，该委员会也向拉赫曼负责。在该国的警察和军队的镇压下，各地很快恢复了正常秩序，但是这次族群冲突事件也造成了较多的人员伤亡和大量的财产损失，该事件对华人的损害程度最大。这次冲突事件也说明了马来人与非马来人缺乏有效协商的社会基础。然而巫统的最高委员会成员马哈蒂尔还是指责拉赫曼对华人过度妥协，要求他辞去党内和国家的职务，拉赫曼在各种压力之下，被迫在1970年9月辞去了巫统的主席和国家总理的职务，拉扎克接任了他的这两个职务。1971年2月，马来西亚的国会恢复运作，该国的紧急状态也宣告结束。随后该国的国会通过的《煽动法令》指出任何人在公共场合都不能谈论和质疑容易激发族群冲突的敏感事项，其中包括马来统治者的权力和地位、马来人的特权、马来语的国语地位、伊斯兰教的国教地位等；任何人质疑宪法对这些事项的条款规定即是犯煽动罪，并且要接受相应的惩罚。该修正案还废除了议员在国会中的言论不受司法约束的权利。该国还通过修改《社团法》《印刷与出版法》等法律严格限制民众的结社权和新闻出版权。因此，马来西亚的执政当局通过法制的方式加强了对该国民众的社会活动的控制，使各族群人员互相克制激进情绪，维护族群关系的总体稳定。

尽管马来西亚已经建立维护族群关系稳定的法制基础，但是巫统的领导人还在思索"5·13"族群冲突事件后联盟党的结构问题。巫统的领导人认为马来西亚不只是属于马来人，而是属于对马来西亚效忠的所有民众；他们还认为在利益多元化的社会里将非马来人政党、马来人的其他政党排斥在政治权力体系之外，有损于马来人的根本利益，也难以协调马来人与非马来人之间的利益矛盾，并且容易引发新的族群冲突事件，所以他们没有采用有的极端族群主义分子提出的建立巫统一党专政的政治主张，而是希望建立以巫统为主导的、尽量吸收其他政党参与的执政联盟，最大限度地减少反对党的数量，增强执政联盟的社会统治基础，进一步稳固该国在族群冲突事件后的政治局势。因此，拉扎克在1972年8月通过广播向社会民众宣称除了一部分的政党之外，其他政党可以组成国阵共同解决国家目前存在的问题。拉扎克没有采用拉赫曼只吸收马华公会，排斥其他华人政党的做法，他尽量地吸收了华人占多数的政党加入新的政党联盟；拉扎克还吸收了包括伊斯兰党在内的其他马来人政党加入新的政党联盟。与先前的联盟党相比，国阵的成员党数量更多，成员党的社会阶层也更加广泛,"使这一政党联盟的利益代表性大为扩展"①。这种政党结构也为国阵获取马来西亚的执政权提供了良好的社会基础。

二 国阵成员党的政治协作对族群政治的影响

(一) 族群的利益表达途径增加

族群政党联盟的合理重组,能增加不同区域的族群政党及不同性质的族群政党利益表达的渠道,也能使不同区域的族群人员及族群的不同阶层人员拥有更多的利益表达途径。砂捞越土著保守联合党、砂捞越人民联合党等东马地区的族群政党加入国阵,使东马地区的人员能在执政联盟内部有序地表达诉求,而不只是通过体制外的途径实现自己的利益诉求。巫统与伊斯兰党都是马来人的政党,两者都致力于维护马来人的利益,它们的主要区别在于伊斯兰党更加注重伊斯兰教理念,甚至主张国家的各领域都实施伊斯兰政策;但是巫统主张伊斯兰教理念不能过于影响该国的政治、社会事务,该党也希望议会体制与宗教理念的分离。伊斯兰党加入国阵之后,该党的宗教人士也能在执政联盟内部与巫统协商伊斯兰教与世俗政体的关系。人民进步党、民政党都是有较多华人的政党,但是人民进步党主张社会的公平与公正,民政党是该国自由派的政党,所以华人的不同阶层人员加入了这两个政党。人民进步党、民政党成为国阵的成员党之后,致力于实现自由、公正理念的华人也能在执政联盟内部影响国家的法律、政策的制定与实施。因此,国阵的建立使马来人、华人有了更多的政党代表,这两个族群的不同阶层人员的利益表达途径得到增加。

(二) 国阵的实力得到增强

族群政党联盟的合理重组,能增强联盟的综合实力,使联盟的统治范围扩大,在大选中获得的议席数增加。由于民主行动党在20世纪70年代主张各族群拥有平等的权利,要求执政者在经济、教育领域实施公平的政策,并且致力于建立民主社会主义社会。该党的政党理念与巫统主张的马来人特权,经济、教育政策向马来人倾斜的理念存在巨大差异,所以民主行动党没有加入国阵,但是其他的在马来西亚有较大政治影响力的、由多数华人组成的政党都加入了国阵。因此,国阵的华人选民基础得到增强,在政治领域也最大限度地孤立了民主行动党。1969年大选之后,巫统分别

---

① 方盛举:《马来西亚政党政治浅析》,《思想战线》1998年第9期。

与砂捞越人民联合党组建了砂捞越州的联合政府,与人民进步党组建了霹雳州的联合政府,与民政党组建了槟城州的联合政府,与伊斯兰党也组建了吉兰丹州的联合政府,所以巫统将"原本由反对党控制的槟城、吉兰丹,以及不稳定的霹雳州、砂捞越重新归中央掌握"①,国阵对地方政权的控制范围扩大。国阵的实力增强在该国的1974年大选中也得到了体现。在该次大选的国会众议院的154个议席中,国阵获得了"135个席位,所占席位百分比高达87.66%,不但恢复了三分之二多数议席,而且创下了自独立以来的最好成绩"②。国阵的这种议席获得情况,为该联盟制定或修改有利于本联盟发展的法律条例创造了良好的条件。国阵在该次大选的选民得票率达到了60.7%,比1969年大选的选民得票率增加了12.2%,所以该联盟的选民支持程度也得到提高。

(三) 巫统的联盟地位得到提高

族群政党联盟的重组,能使联盟的成员党的政治影响力产生变化,成员党之间的领导与被领导地位也变得更加显著。鉴于马华公会在1969年大选中获得国会众议院议席数大幅度减少,其他华人占多数的政党获得的国会众议院议席数增加的局面,巫统认识到马华公会已经不是该国华人社会的唯一代言人,巫统的署理副主席伊斯迈甚至批评马华公会的组织缺乏活力,所以巫统邀请了民政党、砂捞越人民联合党等有较多华人成员的政党加入国阵。然而马华公会的中央机构对国阵的组建持谨慎和观望态度,该党在霹雳州和槟城州的支部还公开反对国阵的组建,但是巫统不满马华公会对国阵的立场,巫统的主席拉扎克指出马华公会要想继续留在执政联盟,必须接受其他反对党加入联盟的事实;巫统的副主席胡先翁也要求马华公会的领导人不要发表容易引发国阵成员党忧虑的言论。在1969年的大选成绩不理想和巫统严厉指责下,陈修信最终辞去了马华公会的会长职务,李三春接任了他的会长职务。

随后马华公会的人员也认识到在马来人优先的社会里,该党在以后的大选中还需要获得巫统的帮助;在执政联盟中,有较多华人成员的政党数量增加也有利于重新获得被民主行动党赢得的华人选票,所以马华公会的

---

① 费昭珣:《马华公会:对马来西亚华人政党的个案分析》,硕士学位论文,暨南大学,2000年。

② 凌海:《马来西亚民主化的特点及其成因》,硕士学位论文,上海师范大学,2015年。

中央委员会在经过激烈的辩论后在1974年4月加入了国阵,但是李三春也希望马华公会在国阵中不失去原有的政治地位,该党能继续成为表达华人诉求的政治团体,正如巫统是代表马来人利益的团体一样。尽管马华公会仍然能在国阵反映华人的利益诉求,但是由于其他的有较多华人成员的政党也加入了联盟,所以马华公会实际上已经从联盟的第二大党下降为普通的成员党之一。有较多华人成员的政党加入国阵之后,它们的政治立场不是主要维护联盟内的有较多华人成员的政党的整体利益,它们更多考虑的是本党的利益,所以它们为获得更多的政党利益,争相地向巫统示好,这有助于巫统加强对有较多华人成员的政党的议会竞选人数控制。例如,马华公会、民政党在1974年大选中的国会众议院竞选人数都少于上一届的大选。国阵的成员党数量增加,也弱化了印度人国大党在联盟中的政治影响力,该党也失去了联盟中的第三大政党的地位,成了联盟的一个普通政党。由于巫统也邀请了较多的马来人政党加入国阵,所以马来人政党在联盟中的整体实力强于非马来人政党;其他的马来人政党也感恩巫统能允许它们分享执政权,它们也愿意接受巫统的政治领导。因此,"巫统在该联盟中的核心地位也随着国阵的发展壮大而得以强化"①,巫统在国阵的领导身份逐渐凸显,例如,巫统的主席、署理主席经常分别担任国阵的主席、秘书长。联盟的其他政党沦为被领导的地位,它们也无法撼动巫统在联盟中的主导地位。

第二节 国阵的成员党共同开展议会竞选

族群政党联盟内部通常存在相应的运作机制,建立适应于议会竞选的运作机制能为族群政党联盟获得议会的多数议席,掌握该国的执政权创造有利的条件。马来西亚的国阵为有效地管理各成员党,争取在大选中获得执政所需的国会众议院议席数,既制定了联盟成员党的协商原则,也开展了关于竞选区域、人员、宣言等方面的合作;国阵的议会竞选合作也在政党数量、领导地位、竞选人性质等方面具有显著特点。

---

① 刘晋飞:《马来西亚政党制度与政治稳定》,硕士学位论文,华东政法大学,2011年。

一 联盟的高层、秘密的协商原则

在民主协商之前,规定协商参与者的范围,实际上是明确了协商参与者的人数;规定协商参与者开展探讨的公开程度,也是明确了协商参与者的组织纪律。马来西亚国阵的"最高领导机关和决策机构是最高理事会,由各成员党领袖组成"[①]。各成员党都接受最高理事会的统一指挥;该理事会的主席通常由巫统的主席担任。只有各成员党的领袖才能在该理事会秘密协商联盟的有关事项;成员党的领袖不能将自己在最高理事会上陈述的观点告知本党的其他人员,也不能煽动本党的人员和本族群的人员抵抗最高理事会的决议实施,各成员党人员必须严格遵守和执行最高理事会的决议。由于各成员党的领袖熟悉本党的发展状况,最高理事会也是国阵最高级别的决策组织,所以国阵只允许成员党的领袖参与最高理事会的协商。成员党的领袖在最高理事会互相表达本党及代表的族群的利益诉求,能使最高理事会在制定有关决策时妥善地照顾它们的意愿。成员党的领袖不向最高理事会之外的人员透露自己对协商事项的见解,也是要增强成员党领袖的组织纪律性,避免其他人损害国阵的核心利益;成员党的人员都必须履行最高理事会的决议,也是要维护最高理事会的权威地位,增强该理事会对成员党人员的行为约束作用。

二 联盟的非对称协商原则

非对称协商是指由于参与协商的人员占有的资源不同,所以协商参与者对决策的影响力也存在差异,通常是拥有较多优势资源的参与者对协商的决策制定过程产生的影响更大。在马来西亚的国阵中,巫统的政党实力最强,该党代表的群众人数最多,也掌握着内阁多个重要部门的领导职务,然而该联盟的其他成员党的实力相对较弱,代表的群众人数较少,掌握的内阁部门的领导职务也较少,所以巫统经常主导着国阵的协商过程,也深刻影响着协商决策的性质;巫统与联盟的其他成员党之间的协商也具有非对称的特点。国阵的最高理事会的决策制定"不采用'少数服从多数'的民主原则,而是以说服、协商、讨价还价,最后达成妥协的方式,

---

① 姚建国:《协调种族利益,确保执政地位——马来西亚巫统的执政理念》,《当代世界》2005年第1期。

这一过程巫统起着重要的主导和协调作用"①。如果最高理事会的成员意见无法达成一致，则由巫统的主席做出最后的决断，该理事会的其他成员必须服从巫统主席做出的决定。由此可知，在最高理事会的利益分歧化解过程中，巫统的主席发挥着关键作用。国阵的最高理事会赋予巫统的主席最后的决策权，能有效地避免该理事会的成员利益矛盾的扩大化，提高理事会的运作效率；也能使国阵在该国议会选举之前迅速地制定相应的竞选方案，果断地处理议会选举过程中各种意料之外的事情，提高国阵对议会选举的适应能力。

三　联盟共同分配竞选区域和议席

开展议会竞选合作的政党分配各自的竞选区域，能明确各政党在竞选区域的职责，使该竞选区域的政党致力于获取议会的议席；参与议会竞选合作的政党合理地分配各竞选区域的人员，也是要有效地发挥各政党的人力资源优势，提高政党联盟对议会的竞选能力。马来西亚的国阵通常是按照各竞选区的族群选民数量、成员党的竞选实力协商分配它们的竞选区域。在马来人选民数量较多，马来人选民对巫统的支持率较高的竞选区，国阵的领导机构通常是安排巫统的人员参与这些区域的国会众议院议席、州议会议席的竞选；在华人选民数量占优势地位，马华公会的政党活动较活跃的竞选区，国阵的领导机构经常安排马华公会的人员参与这些区域的国会众议院议席、州议会议席的竞选。各成员党都必须服从国阵的领导机构对议会竞选区域的安排。例如，在该国的1999年大选中，巫统主要是在马来人选民占多数的选区参与竞选，马华公会获得了19个华人选民占多数的竞选区。国阵的成员党通常在分配的竞选区内提名本党有较强的竞争实力、有较高的社会名望的人员参与竞选，但是巫统的主席还要再次审查和确认各竞选区的候选人名单，使该联盟的竞选人能适应该选区的竞选环境，尽可能地获得该选区的议席。

因为与国阵的其他成员党相比，巫统的党员数量更多，政党实力也更强，所以巫统在国会众议院和州议会选举中获得的竞选议席数量也更多。例如，在马来西亚1978年的国会众议院选举中，国阵共派出153人参与议席的竞选，"其中巫统74人，马华公会27人，民政党6人，人联

---

① 方盛举：《马来西亚政党政治浅析》，《思想战线》1998年第9期。

党 7 人"①。巫统的国会众议院议席竞选数量占国阵的国会众议院议席竞选数量的 48.4%②，马华公会、民政党、人联党的国会众议院议席竞选数量分别只占国阵国会众议院议席竞选数量的 17.7%、3.9%、4.6%，这三个政党的国会众议院议席竞选数比例都低于巫统的国会众议院议席竞选数比率。在该国的 2008 年大选中，"国阵共参与竞选国会众议院的 222 个议席，其中巫统、马华公会、民政党、印度人国大党、国阵的其他成员党参与竞选的国会众议院议席数分别是 117 个、40 个、12 个、9 个、44 个"③。这些政党的国会众议院竞选议席分别占国阵的国会众议院竞选议席的 52.7%、18.0%、5.4%、4.1%、19.8%。国阵共参与竞选州议会的 504 个议席，其中"巫统、马华公会、民政党、印度人国大党、国阵的其他成员党参与竞选的州议会议席数分别是 336 个、90 个、31 个、19 个、28 个"④，这些政党的州议会竞选议席分别占国阵的州议会竞选议席的 66.7%、17.9%、6.2%、3.8%、5.6%。由此可知，巫统在 2008 年大选中获得的国会众议院议席数比率和州议会议席数比率在国阵都占优势地位。由于马华公会在 2008 年大选中获得的国会众议院议席数较少，巫统在国阵的政治影响力进一步增强，所以马华公会在 2013 年大选只获得国会众议院的 37 个竞选议席，与上一届大选相比，减少了 3 个竞选议席；巫统在 2013 年大选获得了国会众议院的 121 个竞选议席，比上届大选增加了 4 个竞选议席。国阵的其他成员党通常服从巫统主席对议会议席竞选数的安排，如果其他成员党希望获得更多的议会竞选议席，必须得到巫统主席的赞同。如果巫统主席认为增加国阵的某个政党的议会竞选议席，却不能使联盟在大选中获得更多的议会议席，该党就难以实现增加议会竞选议席数的愿望。因此，巫统主席在国阵成员党的议会竞选议席数合作方面发挥着关键作用。

四 联盟协同制定竞选宣言

尽管各政党的政治纲领存在差异，但是参与议会竞选合作的政党必须

---

① R. S. Milne, Diane K. Mauzy, *Politics and Government in Malaysia*, Mauzy Vancouver: University of British Columbia Press, 1978.
② 本书计算的百分率只取小数点的后一位。余不赘述。
③ 数据参见原晶晶《20 世纪 80 年代以来马来西亚华人公会研究》，博士学位论文，厦门大学，2012 年。
④ 同上。

第六章 保证政策连续：马来西亚国阵的议会选举合作

暂时摒弃政治分歧，根据该国的经济社会发展状况、选民的意愿以及反对党的竞选实力，制定相应的竞选宣言，才能使选民了解参与竞选合作的政党的发展目标，提高选民对这些政党的选票支持率。国阵的成员党的经济发展、文化发展、族群权利、族群语言等方面的宗旨不同，但是它们为维护联盟内部的政治团结，获得国会众议院选举和州议会选举的多数议席，按照该国的实际情况，强调该联盟执政以来的政绩，联合制定了在不同大选期间的竞选宣言。例如，国阵针对马来西亚民众的贫富差距加大、各族群关系出现裂痕等现象，在1974年的大选中提出了"消除贫困，在种族和谐、团结的基础上，建立一个和平、廉洁、公平和繁荣的马来西亚"[①]的竞选宣言，国阵提出的有针对性的竞选宣言，使该联盟在1974年获得了国会众议院2/3以上的议席，并且掌握了所有州的执政权。国阵为突出执政以来，马来西亚在经济建设、民生改善、农村发展等领域取得的成效，所以该联盟的成员党在1990年大选共同提出了继续"迈向和平稳定及繁荣的马来西亚"的竞选宣言，并且呼吁选民支持国阵的竞选人，"以确保继续享有和平、稳定和繁荣，并警告选民勿要冒险求变"[②]。国阵提出的竞选宣言，为该联盟在1990年大选中继续获得国会众议院的多数议席，获取52%的得票率，赢得253个州议席发挥了积极的作用。

为了持续推动马来西亚的现代化建设，提高民生水平，发展廉洁政治，国阵的成员党在2004年大选共同提出了"迈向卓越、辉煌及昌盛的马来西亚"的竞选宣言。该联盟的竞选宣言以推动宗教、教育等领域的发展为主线，强化"'文明伊斯兰'与'整肃贪腐'两大议题"[③]。国阵提出的竞选宣言和议题，促进了该阵线获得1974年大选以来的最好成绩。国阵在2013年大选提出了"一诺千金，带来希望"的竞选宣言。该宣言的重点是继续改善民生状况，并且承诺为社会民众建造更多能承担的住房，增加有关人员的援助金，提高社会的医疗条件；改善马来西亚的供水、供电、通信设施，改善目前的道路条件及增加新公路里程，建设高速铁路系统；制定有助于提高经济增长率的政策，降低企业和个人的税率，为社会民众提供更多的就业岗位，加强投资的吸引能力，增强私人企业对经济的

---

① 林若雩：《马哈迪主政下的马来西亚》，韦伯文化事业出版有限公司2001年版，第55页。
② Kim Hoong Khong, *Malaysia's General Election 1990: Continuity, Change, and Ethnic Politics*, Singapore: Institute of Southeast Asian Studies, 1991, pp. 5–6.
③ 《诚意实践迈向辉煌大马，国阵宣言力争民心》，《东方日报》2004年3月15日。

参与程度；提高国内的公共服务水平、严厉打击各类贪污腐败行为，增强该国与新兴经济体、主要的贸易国和地区的经济合作，为冲突地区提供人道主义项目，积极地参与惩治跨国犯罪行为。国阵的该竞选宣言为该联盟在2013年大选中获得国会众议院半数以上的议席数，继续掌握马来西亚的执政权创造了良好条件。

五　国阵开展的议会竞选的特点

（一）参与竞选的不同性质的政党数量较多

在族群政党联盟的议会竞选过程中，参与竞选的不同性质的政党数量与联盟的阶层代表范围存在紧密联系。如果参与竞选的不同性质的政党数量较少，联盟在议会竞选中的阶层代表范围就较狭窄，该联盟也难以获得社会多数阶层人员的选票支持。参与竞选的不同性质的政党数量越多，该联盟在议会竞选中的选民基础就越好，也容易获得不同阶层人员的选票支持。因此，在多元族群的议会竞选中，政党联盟要尽量地组织代表不同族群人员利益、同一族群不同阶层人员利益的政党参与竞选，为联盟获得较高的选票率建立良好的基础。马来西亚的国阵注重吸收不同的政党加入联盟，参与该国的议会竞选。例如，国阵在成立初期只有9个政党，但是随后该联盟又吸收了沙巴自由民主党、沙巴人民团结党、砂捞越民主进步党、砂捞越人民党等东马地区的政党，该联盟在1995年大选之后的成员党数量甚至达到了14个，即使在2018年大选之前，该联盟也还有13个成员党。国阵通常组织成员党在各自的势力范围内参加国会众议院和州议会的竞选。由于国阵既包括该国马来人、华人、印度人的政党，也包括代表马来人、华人不同阶层利益的政党，所以该联盟的成员党在议会竞选中通常能获得较多社会阶层人员的选票支持；该联盟还经常获得沙巴州、砂捞越州议会的多数议席，并且掌握这两个州的执政权。

（二）注重遴选精英参与议会竞选

国阵通常注重遴选政治、经济、教育、医疗等领域的精英参与该国的议会竞选。例如，国阵在1982年大选中派遣马华公会的总会长李三春在芙蓉竞选区与民主行动党的主席曾敏兴争夺国会众议院议席；派遣民政党的华文教育精英——许子根在丹绒竞选区与民主行动党的竞选人陈庆佳争夺国会众议院议席。马华公会的竞选宣传小组积极地向芙蓉竞选区的选民陈述该党在建设马来西亚的多元化合作社、创办拉曼学院、推动大学贷学金计划、号召华人参与该国的经济事务等方面发挥的重要作用，最终"李三春得票 23258，以 845 票的微弱多数战胜曾敏兴"①。许子根也在丹绒竞选区击败了陈庆佳，获得了该选区的国会众议院议席。国阵在 1995 年大选中，除了派遣马华公会的总会长林良实参与竞选之外，还派遣了该党的副总会长蔡锐明、叶炳汉、黄思华、林亚礼，总秘书长陈祖排、妇女主席邓育桓参与竞选。马华公会的这些精英在竞选中积极地宣传该党对华文独立中学的筹款；国阵执政以来，马来西亚的经济发展取得的成就和对外开放政策。他们也宣传目前该国的总理和副总理对华文的认同态度，以及国阵的继续执政有利于加强马来西亚与中国的外交关系；如果反对党执政，它们会在全国范围内实施伊斯兰教法，该国公民的人身权利将会受到损害，该国的议会体制也会终结。最终国阵在该届大选获得国会众议院 5/6 的议席数，该联盟的"得票率攀升至 65.05%，比上届大选 53.4% 的支持率显著增长近 12 个百分点"②。该联盟还掌握了除吉兰丹州以外的西马地区所有州的执政权。马华公会在该届大选也获得了国会众议院的 30 个议席和州议会的 71 个议席，然而该党在 1990 年大选只获得国会众议院的 18 个议席、州议会的 36 个议席；所以与 1990 年大选相比，马华公会在 1995 年大选获得的国会众议院议席数增加了 12 个，州议会议席数增加了 35 个。因此，马华公会的精英在 1995 年大选中的良好表现，为国阵与马华公会在该届国会众议院和州议会选举中获得良好成绩提供了有利的条件。

第三节　国阵的内阁职务分配

实行议会制政体的国家的最高行政机构是内阁，该国的内阁成员掌握着相应部门的领导权，所以从事政治活动的人员应当致力于获取内阁职务。国阵获得马来西亚的执政权后，为了有效地执行议会通过的法令、履行在竞选过程中为选民做出的各项承诺，担任该国总理的巫统主席通常向最高元首提交内阁职务的拟名单，最终由最高元首确认内阁的各部门正、副部长的人选。在总理提交内阁职务名单之前，国阵的成员党先是通过协

---

① 原晶晶：《20 世纪 80 年代以来马来西亚华人公会研究》，博士学位论文，厦门大学，2012 年。

② 同上。

商的方式分配内阁职务,如果联盟的成员党对内阁职务的分配存在争议,就由巫统主席根据其他成员党的意见做出决定,联盟的其他成员党也必须服从巫统主席制订的内阁职务分配的方案,所以巫统主席在联盟的内阁职务分配中发挥着领导作用。国阵的内阁职务分配方式主要经历了按照相应数量分配、根据成员党的大选成绩分配的过程。

一 按照相应数量分配成员党的内阁职务

(一) 巫统获得内阁较多的重要职务

作为国阵的最大成员党的巫统的议会竞选实力很强,该党也经常为国阵获得马来西亚的执政权做出重要贡献。从1974年至2013年大选,巫统获得的国会众议院议席数、巫统获得国会众议院议席数占国阵获得的国会众议院议席数的比率如下(见表6-1)。

表6-1 巫统获得的国会众议院议席数情况 (1974—2013年大选)①

年份	巫统获得的国会众议院议席数	国阵获得的国会众议院议席数	巫统获得的国会众议院议席数占国阵获得的国会众议院总议席数的比率(%)
1974	61	135	45.2
1978	69	131	52.7
1982	70	132	53.0
1986	83	148	56.1
1990	71	127	55.9
1995	88	161	54.7
1999	72	148	48.6
2004	109	198	55.1
2008	79	140	56.4
2013	88	133	66.2

---

① 廖小健:《世纪之交马来西亚》,世界知识出版社2002年版,第226—227页;范若兰:《马来西亚2013年大选与政治发展前景分析》,《当代世界》2013年第10期。

由表6-1可知，除了1974年和1999年大选之外，巫统在其他年份的大选中获得的国会众议院议席数占国阵获得的国会众议院议席数的比率能达到50%以上，其中巫统在2013年甚至达到了66.2%，所以巫统在联盟的内阁职务分配中，也经常能获得半数以上的内阁职务。巫统的成员还通常能获得内阁的总理、副总理的职务，也经常掌握内阁的财政部、内政部、国防部、外交部、人力资源部、教育部等重要部门的正部长的职务。例如，马来西亚2013年大选之后，巫统的主席纳吉担任了该国的总理及财政部部长的职务，巫统的署理主席阿末扎希担任了该国的副总理及内政部部长的职务，巫统的成员希山慕丁担任了国防部部长的职务。因此，国阵掌握该国的执政权之后，巫统通常既能获得较多数量的内阁职务，也能获得对国计民生有重要影响的内阁部门的领导职务。国阵的这种内阁职务分配方式，有助于增强巫统对联盟的其他成员党的领导地位，也能加强巫统对该国重要领域的控制。

（二）联盟的其他成员党获得适量的内阁职务

族群政党开展合作时，实力较强的族群政党要给予实力较弱的族群政党适当的利益，才能巩固两者的联盟关系，为它们的继续合作建立良好的利益基础。国阵在2013年大选之前，分配给巫统之外的成员党的内阁职务，并不以它们的大选成绩为标准，而是注重它们的内部人数和社会影响力。例如，国阵在1974年大选中获得国会众议院的135个议席，其中马华公会获得国会众议院的19个议席，民政党获得国会众议院的5个议席，两者获得的国会众议院议席数分别只占国阵获得的国会众议院议席数的14.1%、3.7%，但是由于马华公会、民政党的成员数量较多，两党在该国的华人群体也有较大的影响力，所以在该届大选后组成的新内阁中，马华公会获得"3名部长、3名副部长和1名政务次长。民政党分得1名副部长和1名政务次长"[①]。国阵在2008年大选中获得国会众议院的140个议席，其中马华公会、民政党获得的国会众议院议席数分别是15个、2个，两者获得的国会众议院议席数分别只占联盟获得的国会众议院议席数的10.7%、1.4%，但是在该届大选后的马来西亚新内阁中，马华公会获得"4名部长

---

① 张应龙：《马来西亚国阵的组成与华人政党的分化》，《华侨华人历史研究》2002年第2期。

和 7 名副部长，民政党有 1 名部长和 2 名副部长"①。尽管人民进步党在该届大选没有获得国会众议院议席，但是该党的最高理事慕鲁基亚仍然获得了新内阁的总理署副部长的职务。因此，马来西亚大选之后，巫统之外的联盟其他成员党能获得适量的内阁职务，体现的是国阵成员党的内阁职务分配合作的利益互惠原则，使联盟的较多成员党能参与该国有关领域事务的管理，共同实现联盟在议会竞选期间提出的执政计划。

二 根据成员党的大选成绩分配内阁职务

（一）联盟的东马成员党的内阁职务增加

由于国阵在 2013 年大选没有获得国会众议院 2/3 以上的议席，对该联盟制定与修改议会法令造成了不利影响；国阵在该届大选的选民得票率也首次低于反对党联盟的选民得票率，所以该联盟为奖励在该届大选中获得国会众议院较多议席的成员党，鼓励其他的成员党在以后的大选中获得国会众议院的更多议席，就共同制订了新的内阁职务分配方案。即联盟的内阁职务分配由成员党获得的议会席位数量或者选民的投票支持率决定，如果成员党获得的议会席位数量增加、选民的投票支持率提高，该党获得的内阁职务数量也增加；反之，该党获得的内阁职务数量就减少。国阵以大选成绩为准则分配成员党的内阁职务，体现的是该联盟内阁职务分配的公平与绩效原则。马来西亚东部的沙巴州、砂捞越州的国阵成员党通常能获得当地选民的选票支持，获得这两个州的国会众议院较多议席，也为国阵获取该国的执政权做出了重要贡献。例如，国阵在 2013 年大选获得国会众议院的 133 个议席，但是沙巴、砂捞越州的联盟成员党获得国会众议院的 47 个议席，占国阵在该届大选获得的国会众议院议席数的 35.3%。这两个州的国阵成员党获得的国会众议院议席数量也多于上一届大选，所以它们在 2013 年大选后组成的新内阁中分配到 6 个部长职务和 4 个副部长职务，该联盟的东马地区成员党获得的内阁部长职务数量也超过了以前的大选。国阵的这种内阁职务分配方式能激励该联盟的东马成员党在以后的大选中争取获得更好的成绩。

（二）马华公会、民政党的内阁职务减少

马华公会、民政党在 2013 年大选后获得的内阁职务数量较少与两者在

---

① 廖小健：《试论马来西亚华人政党的"不入阁"》，《东南亚研究》2013 年第 6 期。

该届大选中的选举成绩较差存在密切关系。马华公会在2013年大选，参与竞选国会众议院的37个议席，州议会的90个议席，但是只获得国会众议院的7个议席和州议会的11个议席。由此可知，该党在这届大选的议席胜选率较低。与上一届大选相比，马华公会获得的国会众议院议席减少了8个、州议会议席减少了20个，所以马华公会在该届大选后只分配到内阁的交通部的部长职务，但是由新任的国防部部长希山慕丁暂时兼任。尽管希山慕丁在2014年6月辞去了交通部的部长职务，马华公会的总会长廖中莱担任了该部门的部长职务；该党的署理总会长魏家祥也担任了总理署部长，该党的副总会长周美芬、蔡智勇、李志亮分别担任了妇女、家庭与社区发展部、财政部、国际贸易及工业部的副部长；马华公会的成员张盛闻、黄家泉在2015年7月也分别担任了该国内阁的教育部副部长、国际贸易及工业部的第二部长，但是与马来西亚2008年大选后的内阁相比，马华公会获得的内阁部长职务仍然减少了1个，副部长职务减少了3个，所以马华公会在2013年大选后获得的内阁职务数量呈现减少的趋势。民政党在2013年大选参与竞选国会众议院的11个议席和州议会的31个议席，但是该党只获得国会众议院的1个议席和州议会的3个议席，该党的国会众议院议席、州议会议席的胜选率分别只有9.1%、9.7%。与2008年大选相比，民政党获得的国会众议院议席数和州议会议席数都减少了1个，所以该党在2013年没有分配到内阁职务。尽管民政党的主席马袖强在2014年6月担任了内阁的总理署部长，但是与上一届大选后的内阁相比，民政党获得的内阁副部长职务减少了2个，所以民政党在2013年大选后获得内阁职务数量也减少了。

第四节　国阵的议会选举协作对该国政治发展的影响

　　国阵的成员党对议会的竞选区域、竞选议席数、竞选宣言，以及内阁职务分配的务实合作，使该联盟在多次大选中获得国会众议院半数以上的议席，并且获得较多州的执政权。国阵长期获得马来西亚的执政地位，为该国创造了较稳定的政治环境，使该联盟能根据马来西亚不同时期的发展状况，实施相应的国家政策，促进该国的政策能有效地解决各时期的经济社会问题，满足主要族群的利益诉求。

一 联盟持续掌握执政权力

在议会选举制的国家，通常是开展国会众议院选举的同时，也会进行州议会的选举，所以该国在大选中能决定国家政权及有关州政权的归属。马来西亚在大选年份，经常既开展国会众议院的选举，也开展西马的11个州的议会选举，所以该国在大选中能选出国家的执政者及西马的相应州政权的所有者。国阵的成员党在1974年至2013年大选中，通过团结合作的方式获得了国会众议院的较多议席，掌握了该国的执政权，也经常获得多数州的执政权力。

（一）获得马来西亚的执政地位

政党或政党联盟参与国会的众议院选举的重要目的是获得多于或等于宪法规定的执政议席数，为获取该国的执政权创造良好的条件。尽管马来西亚国阵的成员党的政党纲领不同，但是它们在国会众议院选举中尽量达成利益共识，致力于获取国会众议院的较多议席，并且掌握该国的执政地位。马来西亚从1974年至2013年大选的国会众议院的总议席数、国阵在此期间获得的国会众议院议席数、该联盟获取的国会众议院议席数占国会众议院总议席数的比率，以及在国会众议院选举中获得的选民得票率如下（见表6-2）。

表6-2 国阵获得的国会众议院议席数、得票率情况（1974—2013年大选）[①]

年份	国会众议院的总议席数	国阵获得的国会众议院议席数	国阵获得的国会众议院议席数占国会众议院总议席数的比率（%）	国阵的国会众议院选举得票率（%）
1974	154	135	87.7	60.7
1978	154	131	85.1	57.2
1982	154	132	85.7	60.5

---

① Harole Crouch, *Malaysia's 1982 General Election*, Singapore: Institute of Southeast Asian Studies, 1982, pp. 58-62, in-Won Hwang, *Personalized Politics: The Malaysian State under Mahathir*, Singapore: Institute of Southeast Asian Studies, 2003, p. 280; 宋效峰：《马来西亚现代化进程中的政治稳定：政党制定的视角》，博士学位论文，山东大学，2009年；辉明：《马来西亚政治海啸：第13届国会选举分析》，《南洋问题研究》2015年第3期。

续表

年份	国会众议院的总议席数	国阵获得的国会众议院议席数	国阵获得的国会众议院议席数占国会众议院总议席数的比率（%）	国阵的国会众议院选举得票率（%）
1986	177	148	83.6	55.8
1990	180	127	70.6	51.9
1995	192	161	83.9	65.1
1999	193	148	76.7	56.5
2004	219	198	90.4	65.1
2008	222	140	63.1	51.4
2013	222	133	59.9	47.4

由表6-2可知，国阵从1974年至2013年大选都获得了国会众议院50%以上的议席数，所以该联盟在此期间持续掌握马来西亚的执政权。除了2008年和2013年大选之外，国阵在其他年份的大选都获得了国会众议院2/3以上的议席数，其中该联盟在2004年大选还获得了国会众议院90.4%的议席数，这都为国阵制定或修改有利于本联盟执政的宪法条例创造了良好的条件。除了2013年大选之外，国阵在其他年份的大选都获得了选民50%以上的选票支持率，其中该联盟在1995年和2004年大选还获得了选民65.1%的选票支持率，这说明国阵在此期间拥有较好的选民基础，该联盟获取的执政地位建立在较好的政治合法性基础上。较多的选民支持国阵，也为该联盟的长期执政创造了良好的社会环境。

（二）获得较多州的执政权

马来西亚的宪法规定获得州议会半数以上的议席数的政党或政党联盟掌握该州的执政权。国阵的成员党在州议会选举中的务实合作，也使该联盟获得了较多州的执政权力。马来西亚从1982年至2013年的州议会总议席数、国阵在此期间获得的州议会议席数、该联盟获得的州议会议席数占州议会总议席数的比率，以及获得的州政权数量如下（见表6-3）。

表6-3　国阵获得的州议会议席数、州政权数量情况（1982—2013年大选）①

年份	州议会的总议席数	国阵获得的州议会议席数	国阵获得的州议会议席数占州议会总议席数的比率（%）	国阵获得州政权数量
1982	312	281	90.1	11
1986	351	299	85.2	10
1990	351	218	70.6	9
1995	394	338	85.8	10
1999	395	283	71.6	9
2004	540	453	83.9	10
2008	505	307	60.8	6
2013	505	275	54.5	8

由表6-3的数据可知，尽管国阵从1982年至2013年大选获得的州议会议席数存在差异，但是该联盟在此期间都获得了州议会50%以上的议席数，为该联盟获得较多的州政权创造了良好的条件。国阵在1982年、1986年、1995年和2004年大选都获得了州议会80%以上的议席数，所以该联盟在这些年份获得了10个或10个以上的州政权。除了2008年大选之外，国阵在其他年份的大选都获得了8个以上的州政权，这有利于该联盟的成员在执政的州积极地执行马来西亚中央政府的政策法令，增强该国政策法令的有效程度。国阵经常获得较多的州政权，能为该联盟长期掌握国家政权提供大量的物质资源，增强该联盟执政的社会基础。

二　推动国家政策的改进

马来西亚国阵掌握执政权之后，根据该国不同时期的经济社会状况，改进了国家的发展政策。在20世纪70年代初期，由于马来人与华人的经

---

①　数据参见 Aziz Zariza Ahmad, *Mahathir: Triumph After Trials*, Kuala Lumpur: S. Abdul Majeed, Pub. Division, 1990, p. 380; James Chin, "The 1995 Malaysia General Election: Mahathir's Last Triumph?", *Asian Survey*, Vol. 36, 1996, pp. 393-409;《巫统的困境：第十届大选分析》，策略资讯研究中心，2000年，第58—59页；原晶晶：《20世纪80年代以来马来西亚华人公会研究》，博士学位论文，厦门大学，2012年。

济状况存在较大差距,所以该联盟为增强马来人的经济实力,维护马来人社会的稳定,实施了照顾马来人经济利益的新经济政策。随后由于该国出现了国外人员的股权受到限制、政府部门对经济事务的管制过多等方面的问题,所以该联盟在20世纪90年代初期转向实施国家发展政策。国阵为推动该国经济的可持续发展,提高社会的公正程度,所以该联盟在21世纪初期又转向实施国家宏愿政策。国阵按照本联盟的发展意图持续改进国家政策,保持国家政策的连续,推动了该国的经济发展、社会进步和族群关系的总体稳定。

(一) 实施新经济政策

1. 实施新经济政策的原因

英国殖民者对马来亚族群人员的社会行业分工,以及马来西亚在1970年之前实施的自由放任经济政策,使华人在该国三大族群中的经济优势地位较显著,但是多数马来人、较多的印度人仍然生活在贫困状态。例如在1970年的马来西亚社会,"马来人的贫困率高达64.8%,印度人的贫困率也有39.2%,华人的贫困率只有26.0%"①。在实施新经济政策之前,国外人员、华人在有限责任公司中占较多的股权,但是马来人在有限责任公司中的股权很少。例如,在1970年的西马地区有限责任公司,"在制造业股权中,国外人员占59.6%,华人占22%,马来人占2.5%;在采矿、采石业股权中,国外人员占72.4%,华人占16.8%,马来人占0.7%;在商业股权中,国外人员占63.5%,华人占30.4%,马来人占0.8%"②。该国的华人占有行业有限责任公司的较多股权,但是马来人在行业有限责任公司的股权占有率很低,所以这两大族群的收入也存在较大差异。例如,在1970年,"马来人的每月平均收入是34马元,但是华人的每月平均收入是68马元"③。每个马来人家庭的月平均收入是172马元,但是每个华人家庭的月平均收入能达到394马元。由此可知,华人在该年的月平均收入是马来人的月平均收入的2倍;华人家庭的月平均收入是马来人家庭平均收入

---

① 廖小健:《战后马来西亚族群关系:华人与马来人关系研究》,暨南大学出版社2012年版,第206页。

② Leon Comber, 13 *May* 1969: *A Historical Survey of Sino - Malay Relations*, Kuala Lumpur: Heinemann Asia, 1983, p.97.

③ 廖韶吟:《马来西亚经济发展政策对华巫种族关系的影响》,硕士学位论文,东海大学,1988年。

的 2.3 倍。

马来人与华人的收入差距扩大，使多数马来人认识到该国的经济政策没有妥善地照顾他们的经济利益，所以较多的马来人选民在 1969 年大选中没有支持巫统领导的政党联盟的竞选人，该联盟获得的国会众议院议席数也减少了。马来人与华人的贫富现象逐渐凸显，使多数马来人感受到自己的政治地位与经济地位不相称，他们对华人也产生了一种仇富的心态，所以他们在"5·13"族群冲突事件中肆意地破坏华人的财物。马来亚独立之后，接受较多教育的马来人知识分子产生了强烈的族群利益意识，所以受这些马来人知识分子的影响，多数普通的马来人族群利益意识也开始觉醒，他们日益不满国外人员和华人在该国的经济领域占主导地位，他们强烈要求改变马来人处于经济劣势地位的状态。因此，马来西亚的执政联盟为改善马来人的经济状况，重新获得多数马来人的选票支持，满足马来人对经济利益的诉求，从 1971 年至 1990 年实施了第一个长期发展计划，即是新经济政策。组建后的国阵为改变多数马来人的贫困状态，提高马来人对该联盟的支持程度，也在较长时期继续沿用了该经济政策。

2. 新经济政策的目标

马来西亚国阵实施新经济政策的宏观目标是消除贫困和重组社会，建立各族群团结、公平合理、进步繁荣的国家。即通过发展社会经济，增加该国民众的就业机会，提高他们的收入水平，减少民众的贫困发生率，但是要重点减少马来人的贫困现象；通过政府直接干预经济事务的方式，加快调整该国的经济结构，改变原有的族群行业分工模式，其中也包括"在政府的帮助下造就一个马来族工商业阶层"①。逐步实现马来人与华人、印度人之间的经济发展相对均衡，缩小并最终消除这三大族群的经济差距，增强它们的团结关系。该经济政策的具体目标是逐渐地将马来西亚从农业国转变为工业国，促进该国区域的协调发展。以 1970 年的物价为标准，通过二十年的发展，将该国的"国内生产总值从 123.08 亿马元增至 567.6 亿马元"②。即该国的国内生产总值要增长 4.6 倍。"该国 1971—1990 年的出

---

① 贺圣达：《战后东南亚历史发展》，云南大学出版社 1995 年版，第 137 页。
② 梁忠：《马来西亚政府华人政策研究——从东姑·拉赫曼到马哈蒂尔》，博士学位论文，复旦大学，2006 年。

口贸易额、进口贸易额的年均增长率分别达到7.1%、5.2%"①。将该国的贫困率从1970年的49.3%降至1990年的16.7%，其中"该国农村地区的贫困率从1970年的58.7%降到1990年的23%；城市地区的贫困率从1970年的21.3%降到1990年的9.1%；西马地区的贫困率从1970年的49.3%降到1990年的16.7%"②。即该国农村地区、城市地区、西马地区的贫困率要在这20年间分别减少2.6倍、2.3倍、2.9倍。提高马来人、非马来人在该国企业的股权比率，降低国外人员在该国企业的股权比率。即马来人、非马来人占有的企业股权从1970年的2.4%、34.3%，分别提高到1990年的30%、40%；国外人员的企业股权从1970年的63.3%下降至1990年的30%。致力于改变多数马来人以农业为谋生方式的状况，提高马来人在社会的重要行业的就业比率，例如到1990年，马来人要占矿业、建筑业、制造业等第二产业就业人数的50%，马来人要占政府部门、金融业、零售与批发贸易等第三产业就业人数的48%。因此，马来西亚政府的新经济政策涵盖了该国的经济总量的增长、贫困率的下降、股权占有比例的调整、族群人员在社会行业的就业人数比率转变等方面的内容。该国的新经济政策也是要终结拉赫曼的自由主义经济政策，使该国的政府积极地干预经济事务，协调经济资源在各族群人员之间的分配。

3. 新经济政策的主要内容

国阵实施的新经济政策主要内容包括该联盟执政下的马来西亚政府增加教育、卫生、住房等领域的费用支出，例如该国1989年在教育方面的支出增加到55.6亿马元，卫生方面的支出增加到14.5亿马元，1988年在社会保障与福利方面的支出增加到10.9亿马元；在全国各地建立卫生中心，为社会的基层群众提供免费的医疗服务。该国政府对橡胶、大米等主要的农产品设置最低保护价，使生产者不受市场价格的负面影响；对从国外进口的大米实行准证制度，"政府规定准证制度，还要课以很高的税率，使进口大米的价格大大高于本国大米，以保护本国稻农的利益"③。该国还增加农村地区的人力、物力、财力的投入，改善农村地区的道路、供水、诊

---

① ［日］山下彰一：《马来西亚新国家发展政策的概要与各种课题》，汪慕恒译，《南洋资料译丛》1994年第Z1期。

② 同上。

③ 曹云华：《试论马来西亚的"新经济政策"——从华人与原住民关系的角度进行分析》，《东南亚纵横》1998年第2期。

疗所、学校等方面的基础设施，加强该地区的住宅改造，提高农村居民的生活水平；推动农村、集镇的城市化建设，鼓励更多的马来人农民到城市就业和定居；为无收入或低收入的人员提供资金援助，维持他们的最低生活水平。因此，国阵实施的新经济政策重视社会领域建设，积极地维护农业生产者的利益，致力于加强农村地区的改造，适当地照顾社会弱势群体的利益，这都有助于该国相关领域的发展，增强社会群众尤其是农村居民对该联盟的政治支持程度。

为了加快马来人在经济领域的发展，马来西亚政府还设置了国营的航空、船务、石油等领域的大型企业，这些企业由马来人官员或股权人员管理，它们为马来人提供了大量的就业岗位，提高了马来人的相应行业技能。由于在实施新经济政策初期，多数非马来人企业不愿意雇用马来人，所以该国政府决定采用强迫的方式要求这些企业增加马来人的雇用数量。例如，马来西亚政府在1975年5月颁布的《工业协调法令》规定，内阁的贸工部长掌握审批制造业的执照申请权力；拥有25人以上的员工、10万以上资本的企业必须申请执照，并且要让马来人掌握企业30%的股权，马来人也要占该企业雇用员工的50%。"1976年将受约束企业的资本要求从10万马元提高到25万马元"①。在某些企业雇用的员工中，马来人要占30%的比例才能获得优惠税率；除此之外，必须由马来人经销商承销厂商的30%的产品。为扶持马来人企业的发展，该国政府规定金融机构要将20%的贷款发放给马来人企业；该国政府还通过购买、参与、合并等方式减少国外人员的企业股权，增加马来人的企业股权。马来西亚政府还优先给马来人发放土地开发、石油和天然气开采、建筑承包、印刷业、钢铁、交通、水电、伐木等领域的执照。因此，马来西亚的新经济政策也致力于增加马来人在技术行业的就业人数，提高马来人在有关企业的股权占有率，为马来人企业的发展提供资金便利，也优先照顾马来人在某些利润较大的行业领域的发展，这都有利于增强马来人经济的总体实力。

4. 新经济政策的成效

国阵实施的新经济政策促进了马来西亚经济的快速发展。例如以1978年的固定价格为标准，马来西亚1990年的国内生产总值达到了794.5亿马

---

① [马] 林水檺、骆静山编：《马来西亚华人史》，马来西亚留台校友会联合总会，1984年，第272页。

元，超过了该国对国内生产总值的发展预期。该国 1970 年的人均国民收入只有 390 美元，但是该国 1989 年的人均国民收入达到了 2130 美元，所以该国的人均国民收入在这 20 年间增长了 4.5 倍，实现了国内生产总值与人均国民收入的同步增加。其中"每个马来人家庭 1990 年的月平均收入达到了 940 马元，每个华人家庭的月平均收入达到了 1631 马元"①。与 1970 年相比，每个马来人家庭、华人家庭的月平均收入分别增长了 4.5 倍、3.1 倍，由此可知，每个马来人家庭的月平均收入的增长速度更快。马来西亚的产业结构也得到了优化，例如该国的工业化水平在此期间得到提高，"制造业占国内生产总值的比重从 1970 年的 15.5% 增加至 1990 年的 26.9%"②。但是该国的农林业生产总值占国内生产总值的比率从 1970 年的 29% 下降至 1990 年的 18.7%，所以该国的第一产业在经济领域的地位下降了。马来西亚 1971—1990 年的进口贸易额、出口贸易额的年均实际增长率分别达到了 10%、9.2%，它们的年均实际增长率都超过了该国新经济政策制定目标。其中劳务与商品出口在 1970 年只有 144.5 亿马元，但是到 1990 年增加至 632.5 亿马元，由此可知，该国这领域的发展非常迅速。

马来西亚的行业就业人数也产生了变化，该国 1957 年有一半的雇员从事种植业，但是到 1989 年只有 1/10 的雇员从事种植业；该国 1957 年从事农业的人员占所有劳动人员的比率高达 58%，但是 1989 年从事该行业的人员占所有劳动人员的比率下降至 26%，所以更多的劳动者从事了技术含量较高、报酬更多的行业。马来人在 1990 年占第二产业就业人数的比率达到了 49.8%，占第三产业就业人数的比率达到了 50.9%，基本实现了马来人在这两个产业的就业人数比率的发展目标。"该国 1990 年的总体贫困率下降到了 17.1%，其中马来人、华人、印度人的贫困率分别下降至 23.8%、5.5%、8%"③。与 1970 年相比，马来人、华人、印度人的贫困率分别降低了 41%、20.5%、30.8%，所以马来人的贫困率在此期间下降得最多。"农村地区的贫困率下降到 21.8%，城市地区的贫困率下降到

---

① 廖小健：《战后马来西亚族群关系：华人与马来人关系研究》，暨南大学出版社 2012 年版，第 128 页。
② 曹云华：《试论马来西亚的"新经济政策"——从华人与原住民关系的角度进行分析》，《东南亚纵横》1998 年第 2 期。
③ 廖小健：《战后马来西亚族群关系：华人与马来人关系研究》，暨南大学出版社 2012 年版，第 206 页。

7.5%，西马地区的贫困率下降到15%"①。由此可知，马来西亚农村地区、城市地区、西马地区在1990年的实际贫困率都低于该国新经济政策制定的贫困率目标，该国在这些地区取得了很好的减贫效果。该国的马来人、非马来人在此期间的企业股权占有比率得到了提升，国外人员的企业股权占有比率得到了下降。例如，"马来人、非马来人、国外人员在1990年的企业股权占有比率分别是19.3%、55.3%、25.4%"②。与1970年相比，该国马来人、非马来人的企业股权占有比率分别增加了16.9%、21%，国外人员的企业股权占有比率减少了37.9%，非马来人、国外人员在该年的企业股权占有比率都超过了新经济政策制定的目标。

（二）实施国家发展政策

国阵领导下的马来西亚政府通过实施新经济政策加快了该国的经济、社会发展，也在较大程度上增强了马来人的经济实力，但是该经济政策对国外股权的限制，使得国外股权对该国的投资力度减弱；该经济政策对社会私营企业的限制，使该国的私营企业数量急剧减少；该经济政策中的政府部门对经济活动的过度管制，也使该国的经济发展活力减弱。然而在20世纪90年代初期，马来西亚正处于现代化建设的重要时期，亟需国外股权促进该国经济的发展，也需要私营企业激活该国的市场机制，减少政府部门对经济事务的干预，所以马来西亚政府决定终止实施原有的经济政策，制定新的政策促进该国的发展。

1. 国家发展政策的制定

在新经济政策即将结束之前，马来西亚的政党、利益集团公开讨论了该政策给该国的发展带来的成效和弊端。但是这种公开讨论再次引发了该国的族群利益矛盾，马来西亚政府在1987年10月也以违反《内部安全法》的有关条例为理由，逮捕了106名反对党、利益集团的人物。因此，该国的总理马哈蒂尔决定建立国家经济咨询委员会，有序地汇集社会民意，解决新经济政策后的国家发展问题。1989年1月，由政党、商会、政府机构、专业组织、个人代表等150名成员组成的国家经济咨询委员会成立，其中马来人与非马来人在该委员会的比率相同。该委员会只是一个政

---

① ［日］山下彰一：《马来西亚新国家发展政策的概要与各种课题》，汪慕恒译，《南洋资料译丛》1994年第Z1期。

② 孔建勋：《多民族国家的民族政策与族群态度——新加坡、马来西亚和泰国实证研究》，中国社会科学出版社2010年版，第85页。

第六章 保证政策连续：马来西亚国阵的议会选举合作

治论坛，没有制定国家政策的权力，它向政府部门提出的政策建议必须得到所有成员的同意；该委员会的秘书处——经济策划局负责撰写新政策的建议；建立该委员会的目的是客观评价已经实施的新经济政策，草拟该国1990年以后的发展政策。"国家发展政策的最后决定者和主要制定者还是巫统及其领导人，只是通过咨询委员会更多的听取了各党派和团体的意见"①。由于国家经济咨询委员会的政府机构人员希望继续沿用新经济政策，但是该委员会的反对党人员、利益团体成员更注重新政策对他们代表的族群人员的利益影响，所以他们起初对1990年以后的政策内容存在很大分歧，但是在1991年2月，他们还是通过利益妥协的方式向政府提交了政策报告。该国的经济计划厅根据该报告制定了新政策的草案，随后马来西亚在1991年6月向社会公布了第二个长期发展计划，标志着该国正式颁布了国家发展政策。

2. 国家发展政策的目标

国阵实施国家发展政策的首要目标是继续减少社会的贫困发生率。该政策要求到2000年，将马来西亚的贫困率降低至7.2%，"其中农村地区的贫困率降低到11.2%，城市地区的贫困率降低到3.1%；西马地区的贫困率降低到5.3%，沙巴、砂捞越的贫困率分别降低到20.0%、12.7%"②。该国的贫困户从1990年的61.9万户减少到2000年的27.4万户，其中家庭收入低于该国贫困线一半收入的核心贫困户从1990年的14.3万户减少到2000年的4.1万户，使核心贫困户只占该国家庭总户数的0.8%。马来西亚国家发展政策的目标也包括增强马来人的企业经营能力。尽管该政策没有设置马来人在2000年的股权占有比率，但是该国政府还是努力提高马来人在该国的股权占有比率。该国家发展政策的其他目标还包括增加国内的经济总量，使该国的国内生产总值的年均增长率达到7%，其中包括出口贸易额、进口贸易额的年均增长率分别达到6.3%、5.7%；增强主要经济部门的互补性，促进它们的均衡发展；该国的公民能公正地得到经济增长带来的利益，减少社会的不公平现象；到2000年，将该国的失业率降低至4%；缩小城市与农村、不同区域之间的经济发展

---

① 林勇：《马来西亚华人与马来人经济地位变化比较研究：1957—2005》，厦门大学出版社2008年版，第202—203页。
② [日]山下彰一：《马来西亚新国家发展政策的概要与各种课题》，汪慕恒译，《南洋资料译丛》1994年第Z1期。

差距；减少族群纠纷，维护各族群的团结关系；致力于保持政局的总体稳定，建设具有高尚道德、积极向上的社会，增强民众的荣誉感；在推动社会改组的基础上，提高工业人员的生产效率；推动科学技术的发展，创造产业社会必需的科技文化；加强生态环境的保护力度，维护山川秀美的自然环境。因此，马来西亚国家发展政策的目标涉及减贫、加快经济发展、推动公平社会建设、维护族群关系和政治局势的稳定、提高工人的技能、增强科技创新、加强环境保护等领域的内容，对该国从新经济政策终结之后至2000年的发展进行了合理的规划，有助于减少该国发展的盲目性，提高有关领域的发展效率。

3. 国家发展政策的内容

马来西亚政府采取了多项有效措施，促进国家发展政策目标的实现。为推动该国经济的自由发展，该国政府减少了对产品价格、从业者工资等事项的干预，逐步地解散了一些经济管理机构，充分发挥市场在经济活动中的调节作用。为有效地吸收和运用国内外的股权，该国政府积极地鼓励国内各族群人员的企业开展投资，充分利用国内储存的股权，提高国内股权的运作效率；为国外人员的投资提供优惠政策，其中包括允许他们占有相关企业100%的股权。为减少工业部门的产品制造对国外技术的依赖，加快工业部门的发展，该国政府加强了纺织品和电子、电器产品的技术研究与开发，并且提升这些领域的技术水平。为了使该国的制造业在2000年占国内生产总值的37.2%，工业制成品出口在2000年占该国出口总额的81.8%，该国政府通过提高工业劳动者的技术水平，提升该行业的劳动生产率，并且发展了利润更多的制造业。为增强企业对市场的适应能力，该国政府加快了经济效益低的国有企业的私有化进程。为增强马来人的经济实力，该国政府除了继续给予马来人从事商业活动的许可、核准等方面的优惠政策之外，还注重增加马来人在企业管理领域的就业人数，并且通过工业协会与商业协会提高马来人的企业经营能力。为进一步缩小族群之间的经济差距，该国政府允许马来人企业家在私有化后的国企中占有较大比率的股权，"同时对占人口8%的更为贫穷的印度人的利益也予以照顾"[①]。该国政府在1993年还规定马来人占有35%股权的企业就属于马来人企业，可以享受马来人企业的特殊经营范围、优先贷款的待遇。为加强社会领域

---

① 荣小民：《马来西亚的新发展政策》，《东南亚纵横》1991年第13期。

的建设，该国政府积极推动了基础设施的兴建与改造工程，加大了经济社会发展落后地区的扶贫力度。因此，马来西亚政府实施了较宽松、开放的经济政策，创造了良好的投资环境，加强了制造业的发展，也注重增强企业的竞争力，减少族群之间的贫富差距，降低企业性质的标准、推动社会有关事务的发展，这都能在较大程度上增强该国经济的活力，增强各族群的和谐关系，塑造合理的社会结构。

（三）实施国家宏愿政策

国阵领导的马来西亚政府从 2001 年 4 月起陆续颁布了第三个长期发展计划和第八个、第九个大马计划。这些发展计划构成了马来西亚的国家宏愿政策，为该国逐渐成为发达国家设置了各项可行的目标。

1. 国家宏愿政策的目标

马来西亚国家宏愿政策的主要目标是推动该国从 2001 年至 2010 年的可持续发展，加强各族群人员的团结关系，建立经济繁荣、民众互相容忍与关怀的和谐社会。其中包括促进经济的可持续发展，建立更加公平的社会。即推动该国经济总量的快速增长，提高国民的年均收入。具体表现在马来西亚的国内生产总值在此期间的年均增长率达到 7.5%，国民的年均收入从 2000 年 13359 马元增加到 2010 年的 23610 马元；国民的年均消费额增长 7.4%，并且"维持合理的国民储蓄率水平，使国民储蓄率从 39% 减少到 31.9%"[①]。防止出现通货膨胀的现象，使该国的通货膨胀率低于 2.7%。由于马来人、印度人在 2000 年的股权占有比率分别是 18.9%、1.2%，与 1990 年相比，马来人的股权占有比率减少了 1.4%，印度人的股权占有比率增长得非常缓慢；马来人的股权占有比率也没有达到新经济政策制定的 30% 的目标，甚至在实施国家发展政策期间出现了下降的趋势，所以为缩小马来人、印度人与其他人员在股权占有比率方面的差距，该国的国家宏愿政策规定到 2010 年，马来人、印度人在公司的股权占有比率至少要分别达到 30%、3%。马来西亚的国家宏愿政策目标还包括继续提高该国民众的物质生活水平；加强民众的积极生活价值观教育；注重保护生态环境；"消除贫困和继续进行社会重组，以达到缩小地区之间、城

---

① 王雷：《马来西亚族群政策演变研究》，硕士学位论文，云南大学，2010 年。

乡之间、族群之间和族群内部的社会、经济差别"①。因此，马来西亚的国家宏愿政策包含着经济增长、国民的收入增加、马来人的股权占有率提升、民众的经济社会差距缩小等方面的目标，这都为该国 2001 年至 2010 年的发展指明了方向。

2. 国家宏愿政策的内容

马来西亚政府采用了多种有效的措施，促进该国的国家宏愿政策目标的实现。为推动经济的可持续发展，该国政府大力建造了科技和通信设施，提高交通的便利程度；积极地"发展以知识为基础的新经济"②；通过运用国内外的投资，提高制造业和服务业的科技水平，促进制造业、服务业成为该国经济增长的重要引擎。为增加国民的收入，该国政府规定社会生产力与从业者的工资要同步提高。为吸收国内外的投资，该国政府积极地鼓励社会民众的个人消费，促进私人领域的投资；放宽国外人员在某些领域投资的限制条件。为抑制通货膨胀的发展，该国政府采用适当的财政政策和货币政策，使国内融资的新增、货币供应量的增加都不会导致该国通货膨胀率的过度提升。为提高非华人的股权占有比率，该国政府通过加快国有企业私有化的途径，提高马来人、印度人的股权占有比率。为扶持农业的发展，该国政府扩大了以农业为基础的食品生产规模。为建立更加公平的就业环境，该国政府通过增加马来人在高级职业领域的就业人数，促进马来人与非马来人在该领域就业人数比率的协调。为逐渐地缩小社会人员的贫富差距，该国政府实施了公平分配和消除贫困的政策；加强了与私营企业的合作，为社会的失业人员创造了更多的就业岗位；也更加注重改善沙巴州、砂捞越州的马来人和贫困偏远地区马来人的经济状况。因此，马来西亚政府推行了经济增长的新模式，再次注重非马来人的股权占有比率的提高，也进一步加强了减贫力度，这都能增强该国经济的活力、维护族群关系的稳定、提高社会的和谐程度。

---

① 林勇：《马来西亚华人与马来人经济地位变化比较研究：1957—2005》，厦门大学出版社 2008 年版，第 285 页。

② 王雷：《马来西亚族群政策演变研究》，硕士学位论文，云南大学，2010 年。

第五节　本章小结

族群政党联盟要根据议会的选举结果、社会民情的变化，做出适当的组织结构调整，才能适应议会选举和社会民情的发展趋势。马来西亚的联盟党为获得国会众议院的更多议席，维护"5·13"族群冲突事件后的族群关系稳定，尽量吸收了该国的反对党加入联盟，并且组成了新的族群政党联盟——国阵。国阵的组建，使该国的族群人员有了更多的利益表达途径，该联盟的议会选举实力得到提升，也增强了巫统在联盟的领导地位。该联盟为有效地开展组织运作，所以只允许成员党的领袖在最高理事会进行秘密地协商，其中巫统主席在协商中发挥领导与协调的作用；为获得国会众议院的更多的议席，该联盟的成员党通过协商的方式，开展了国会众议院的竞选区域、竞选议席数和竞选宣言的合作。国阵在大选中，注重安排联盟的多个政党参与竞选，也重视遴选联盟的精英参与竞选，这都有利于联盟在国会众议院、州议会选举中获得较多议席。

在2013年大选之前，由于巫统获得的国会众议院议席数通常占国阵获得的国会众议院议席数的较大比率，所以巫统经常能获得内阁的多个重要职务；无论该联盟的其他成员党的竞选成绩好坏，它们也能获得相应数量的内阁职务。由于国阵在2013年大选没有获得国会众议院2/3以上的议席数，该联盟为鼓励成员党在以后的大选中获得更好的成绩，就开始根据成员党的竞选成绩分配内阁职务。即竞选成绩好的成员党获得的内阁职务数量就多；反之，成员党获得的内阁职务数量就少。在这种内阁职务分配标准下，国阵东马地区的成员党在该届大选获得的内阁职务数量显著增加，但是马华公会、民政党获得的内阁职务数量减少了。国阵的成员党在国会众议院、州议会选举的务实合作，使该联盟从1974年至2018年4月持续掌握了马来西亚的执政权，并且经常获得该国六个及以上的州政权。为增强马来人的经济实力，国阵执政下的马来西亚政府从20世纪70年代至1990年实施了新经济政策；为推动马来西亚的现代化建设，该国政府从1991年至2000年实施了国家发展政策；为促进马来西亚的可持续发展，该国政府从2001年至2010年实施了国家宏愿政策。马来西亚政府实施的这些政策增加了该国的经济总量，促进了该国经济行业的协调发展，也缩小了马来人与其他族群人员的经济差距，加快了该国社会领域的建设。

　　国阵的成员党对议会选举的有效合作，实现了该国的公共利益——维护马来西亚政局的稳定。在这种政局稳定的前提下，该国陆续制定与实施了能促进经济社会发展、协调族群之间利益矛盾的政策，这些政策的制定促进了该国政策的连续，使该国的政策更加的合理；这些政策的实施也较好地解决了该国不同年代的突出问题，有利于增强社会民众对国家政策的拥护程度。国阵的成员党对议会选举的务实合作，实现了该联盟成员党的政党利益——持续作为马来西亚的执政党，扩大在州的政治影响力。国阵对该国执政权力的获取，有利于该联盟通过制定有关的法律将联盟的政治理念贯彻到国家的多领域，实现联盟的政治目标；国阵获得较多州的执政权，有利于该联盟的成员党加强与州选民的联系，根据州选民的意见改进执政方式，维护联盟在国家层面的执政权威。国阵的成员党对议会选举的有效合作，也实现了联盟成员党的族群利益——族群的不同利益群体能在联盟内有序地表达诉求。即族群的不同利益群体向联盟的有关族群政党表达意愿，该族群政党向联盟反映利益群体的合理诉求，争取能通过联盟满足该利益群体的诉求，在联盟内部化解联盟与该利益群体之间的利益矛盾。

　　国阵成员党开展的议会选举合作主要是为了持续获得马来西亚的执政权力，所以它们开展的是局部的政党合作，即它们只在国阵内部开展有关事项的合作，国家的公共利益是被动生产出来的。然而它们的议会选举合作也实现了代表的族群的利益，所以它们的合作协调了保持政局稳定、持续掌握执政地位、族群人员有序表达诉求之间的关系，有利于国阵的成员党继续开展议会选举合作。

第七章

促进公正发展：马来西亚反对党联盟的议会选举合作

在执政党的议会竞选实力较强以及存在多族群的国家，反对党应当与其他族群的反对党组成政党联盟，才能增强反对党的竞选实力；反对党才有可能在大选中获得更多的议会席位，甚至夺取该国的执政权。马来西亚的反对党从20世纪90年代开始组建了政党联盟，并且开展了议会的竞选区域、竞选纲领等方面的合作。该国反对党联盟的议会竞选合作使它们在2008年大选中获得的国会众议院议席数，超过了国会众议院总议席数的1/3；在2013年大选中获得的选民选票数超过了国阵，在2018年大选中首次获得该国的执政权。

第一节 反对党联盟的首次议会选举互助

马来西亚的反对党为了在议会选举中，更有效地与国阵开展竞争，所以在20世纪90年代初期首次组建了政党联盟。该国的反对党联盟在议会竞选过程中也开展了关于竞选区域、竞选人员的合作，反对党之间的合作使它们在1990年的大选中获得的议会议席数显著增加，也使该国的议会选举首次出现了较多的反对党集体对抗国阵的现象，有利于增强该国议会选举的竞争程度。

一 反对党联盟的初步建立

政党内部出现利益分歧，容易导致政党成员的对立；如果政党不能有效地化解成员的对立现象，该政党就会趋向分裂。马来西亚的巫统在20世纪80年代出现了主要领导人的利益不可调和的问题，最终从该党分裂出一个"四六精神"党，该党的其他人员也组建了新巫统。"四六精神"党与伊斯兰党、民主行动党等反对党还组成了反对党联盟，它们共同在该国1990年的议会选举中与新巫统领导的国阵争夺议席。

（一）巫统内部的分裂

族群政党人员的政策观念出现差异，容易损害该党的内部稳定。马来西亚的巫统主席马哈蒂尔，在20世纪80年代担任总理；该党的副主席穆萨·希塔姆（以下简称"希塔姆"）当时在马来西亚担任副总理。由于希塔姆反对马哈蒂尔实施的政府积极干预市场的政策，所以希塔姆被迫辞去了该国的副总理职务。马哈蒂尔还在该国1983年的宪法危机之后，罢免了内阁中的希塔姆派的人员。在巫统1987年的党内选举中，希塔姆支持时任该国贸易与工业部长东古·拉扎利·哈姆扎（以下简称"拉扎利"），最终马哈蒂尔、拉扎利"分别获得761票和718票，马哈蒂尔仅以多出43张选票保住党主席职务"[①]。马哈蒂尔在这次选举之后，为维护自己在党内的领导地位，遏制党内反对势力的发展，果断地清除了在党内各级组织担任要职以及在内阁中担任职务的反对党人物，拉扎利也被罢免了贸工部的部长职务。面对马哈蒂尔的党内及内阁的清洗行为，该党的反对党人员向马来西亚的高等法院控告巫统有30个党支部没有注册，但是这些没有注册的党支部人员也参加了选举，所以要求高等法院宣布巫统的这次党内选举无效。马来西亚的高等法院在1988年2月以巫统的一些党支部没有注册就参加选举，违反了该国的社团注册法为理由，宣判巫统为非法组织，该党1987年的党内选举无效。随后马哈蒂尔派的人员在1988年重新组建了新巫统，并且获得了批准，马哈蒂尔继续担任新巫统的主席及该国的总理；巫统原有的反对派在1989年5月建立了"四六精神"党，该党的宗旨是恢复巫统在1946年的政党理念。新巫统和"四六精神"党的相继建立，标志着巫统在20世纪80年代后期再次出现了内部分裂的现象。

（二）"四六精神"党与其他反对党组建政党联盟

族群政党在政治活动中要注重联合其他族群政党，才能增加该党的盟友数量，增强该党的社会影响力。"四六精神"党意识到只是依靠自己的力量，很难在议会选举中与新巫统领导的国阵开展竞争，所以该党就积极

[①] 张政东：《马来西亚政党政治民主化动力研究》，硕士学位论文，华东政法大学，2013年。

地与其他政党结盟开展议会选举合作。例如,"四六精神"党在1990年与哈民党、伊斯兰党、伊斯兰阵线等政党组成了伊斯兰教徒团结阵线(以下简称"伊团阵");由于民主行动党与伊斯兰党的政党理念存在很大差异,所以民主行动党没有加入该阵线,但是"四六精神"党为了与该国的其他反对党建立联盟,该党在1990年也与民主行动党、印度人前进阵线、马来西亚人民党、马来西亚团结党等政党组成了人民阵线(以下简称"人阵"),并且由拉扎利担任人阵的主席。由此可知,这两个反对党联盟包含了代表该国三大族群的多种利益群体的政党,这有利于增强反对党联盟的社会代表程度。由于该国1990年的反对党联盟都是在"四六精神"党的倡导下建立的,所以它们的建立"初步形成了以'四六精神'党为核心的反对党联盟"①。马来西亚反对党联盟的建立对国阵的一些成员党产生了政治吸引力。例如,沙巴团结党曾经退出国阵,并且加入了人阵。该国反对党联盟的建立也对国阵的议会选举产生了较大的压力,使国阵不得不安排更多的人力和物力参与该国1990年的大选,认真地应对反对党联盟在议会选举中的各种挑战。

二 反对党联盟的首次议会竞选配合

马来西亚的伊团阵、人阵通过协商的方式制定了反对党联盟在1990年大选的竞选宣言,并且按照成员党的势力范围、竞选实力,分配了成员党人员的竞选区域;它们对议会选举的有效配合,使反对党联盟的成员党在该届大选获得的议会议席数显著增加。

(一)反对党联盟的首次议会竞选过程

马来西亚反对党联盟的成员党在1990年大选对各自的政治诉求进行了适当的妥协,所以伊斯兰党没有将伊斯兰教国理念写入该联盟的竞选宣言;该联盟的成员党共同提出了"拯救马来西亚"的竞选宣言,并且向选民做出了实施公正的经济政策、消除社会贫困、提供更优质的教育、废除不公平的法律、推进廉政建设等方面的承诺。反对党联盟也是根据该国当时存在的现实问题,提出的相应竞选承诺,它们的竞选承诺能获得对这些问题心存不满的选民支持。反对党联盟的成员党在该届大选的配合较默

---

① Harold Crouch, *Government and Society in Malaysia*, Ithaca: Cornell University Press, 1996, p. 128.

契，所以在多数选区出现了反对党联盟的候选人与国阵的候选人直接对抗的现象。例如，"在1990年的国会众议院的180个竞选议席，西马州议会的351个竞选议席中，反对党联盟的候选人与国阵的候选人直接竞争其中的138个议席，298个议席"①。反对党联盟与国阵的直接竞争，能减少反对党联盟候选人之间的竞争，尽量地汇集他们的得票数量，提高他们的议会选举获胜率。反对党联盟也充分利用成员党的势力范围，分配它们的竞选区域。例如，伊团阵的成员党主要在西马的东海岸选区与巫统开展竞争；人阵的"四六精神"党在西马的西海岸混合选区、马来人选区对抗巫统，民主行动党在西马的西海岸城镇选区对抗印度人国大党、民政党、马华公会。民主行动党的林吉祥、林福成、陈庆佳、魏福星等人在国阵成员党的堡垒区开展竞选，其中林吉祥既在丹绒选区竞选国会众议院议席，也在巴当哥打选区与马华公会的林苍佑竞选州议会议席。

（二）反对党联盟的首次议会竞选结果

马来西亚反对党联盟的成员党对1990年大选的竞选宣言、竞选方式、竞选区域开展的务实合作，使该联盟获得了较好的选举结果。例如，在该届大选，反对党联盟获得了48%的选票，"其中民主行动党、'四六精神'党、伊斯兰党、沙巴团结党获得的选票分别达到了16.5%、14.4%、6.6%、2.2%；反对党联盟也获得国会众议院的53个议席，其中民主行动党、'四六精神'党、伊斯兰党、沙巴团结党分别获得国会众议院的20个、8个、7个、14个议席"②。反对党联盟首次开展议会选举合作就获得将近一半的选票数，实属不易；反对党在1986年大选只获得国会众议院的29个议席，所以反对党联盟的成员党获得的国会众议院议席数要比上一届多24个。"伊斯兰党、'四六精神'党分别获得州议会的33个、19个议席"③，它们也共同掌握了吉兰丹州的执政权。民主行动党也获得了州议会的39个议席，比以往的大选获得的州议会议席数要多；其中民主行动党获得槟城州议会的14个议席，该党也成为获得槟城州议会议席数最多的政党。"从华裔选民投票倾向看，马华仅获10%—20%的华裔选票，而行动

---

① 数据参见 Aziz Zariza Ahmad. Mahathir, *Triumph After Trials*, Kuala Lumpur: S. Abdul Majeed, Pub. Division, 1990, p. 380。
② Ibid., pp. 383 – 385.
③ Ibid., p. 383.

党则获得超过70%的华人支持"①;民主行动党的林吉祥在槟城选区也击败了马华公会的林苍佑,所以与马华公会相比,民主行动党在该届大选获得了更多华人选民的支持。

三 反对党联盟的首次议会选举协作对该国政治发展的影响

从马来西亚反对党联盟在1990年大选的竞选宣言、竞选方式和竞选结果分析,该联盟在这次大选的合作较成功。该国的反对党在1990年大选主动组成政党联盟,标志着它们开始产生了族群政党联盟意识;它们组建的政党联盟也为该国以后的反对党联盟运作提供了有益的借鉴。

(一)反对党的族群政党联盟意识的觉醒

从1952年的吉隆坡市议会选举至1990年大选之前,马来西亚只存在执政党的族群政党联盟,反对党在该国的议会选举中各自与执政党联盟争夺选民的选票和议会的议席。然而,马来西亚是多族群的国家,各族群的利益诉求存在很大差异;该国在国会众议院和州议会选举中实行的是简单多数票当选原则;反对党也没有全国执政的经验,所以只是代表某族群特定阶层利益的反对党很难获得各族群选民的广泛支持,反对党的竞选人在议会选举中获得选票数通常少于执政联盟的候选人,反对党获得的议席数量就较少;有的反对党甚至在议会选举中无法获得议席,它们获得的选民选票比率也非常低。由巫统原有的人员组成的"四六精神"党在深刻认识本党及其他反对党的议会竞选实力,该国的族群人员结构、议会选举规则,以及参照执政党联盟的议会选举合作的基础上,积极地与愿意开展议会选举合作的其他反对党组成政党联盟,并且将政党理念存在很大差异的反对党归类到不同的反对党联盟,所以"四六精神"党在1990年大选的反对党联盟的构建中发挥着关键作用。其他的反对党在"四六精神"党的领导下,为获得更好的议会选举结果,也愿意互相结成族群政党联盟,并且秉持议会选举互相配合的原则,在不同的选区与国阵的候选人开展竞争,这说明它们也逐渐形成了族群政党联盟观念,并且愿意通过利益妥协的方式达成联盟的议会选举共识。

(二)为反对党的族群政党联盟发展提供借鉴

马来西亚反对党在组成人员、组织运作、政党纲领等方面存在较大差

---

① 祝家华:《解构政治神话:大马两线政治的评析(1985—1992)》,华社资料研究中心,1994年,第291页。

异，所以要将它们联合成族群政党联盟不是容易实现的事情；即使这些反对党暂时组成了有关议会选举合作的政党联盟，也要妥善地协调它们在议会选举中和选举后的利益分歧，才能确保它们的联盟关系不受到损害。在马来西亚的"四六精神"党倡议下建立的伊团阵、人阵，开创了该国反对党建立政党联盟的先例，该国从1990年大选起，不只存在执政党联盟，也存在竞选实力较强的反对党联盟，有利于该国族群政党联盟的互相竞争与发展。马来西亚的反对党联盟在1990年的国会众议院、州议会选举中，开展的竞选宣言、竞选区域和竞选人员的有效合作，为该国的其他反对党联盟在以后的议会选举合作提供了有益的借鉴；"四六精神"党为协调存在很大的利益分歧的反对党之间的关系，尽可能地建立广泛的反对党联盟，所以组建了两个反对党联盟，它们的建立为该国反对党以后的族群政党联盟构建提供了值得参照的方式；马来西亚在1990年建立的反对党联盟的内部运作，也为该国以后的由更多政党组成的反对党联盟的组织运作提供了值得借鉴的途径。

第二节 替阵的议会选举配合

马来西亚的反对党在1999年大选之前组建了新的族群政党联盟——替代阵线（以下简称"替阵"），该阵线的成员党也对这次大选的竞选宣言、竞选人员和竞选区域开展了密切的合作。替阵的成员党的议会选举合作，使该阵线的成员党在1999年大选获得的国会众议院议席数显著增加，国阵获得的国会众议院议席数减少；也使该国的反对党联盟的议会选举合作得到继续存在与发展，也保持了对国阵的议会竞选压力。

一 替阵建立的原因

族群政党联盟的成员党不能有效地协调它们之间的分歧，会对该联盟的关系造成负面影响；族群政党联盟成员党的大选结果不理想，也会使该联盟的成员党丧失继续结盟的意愿。政党内部的派系分化，会使不得利的派系脱离该政党，该派系也会联合其他反对党抗拒原有的政党。马来西亚1990年大选之后，伊斯兰党、民主行动党的政治主张出现了严重分歧，"四六精神"党的政党理念也更偏向于马来人，所以民主行动党不再加盟人阵；改名后的"四六精神"党在1995年大选的失利，导致该党的人员重新回归了巫统，所以马来西亚的反对党在1990年建立的族群政党联盟被迫都解散了。然而巫统在1998年再次发生了高层领导人的内讧现象，巫统的一些人员重新组建了国民公正党；该党也联合伊斯兰党、民主行动党、人民党在1999年大选前建立了替阵，该阵线的成立也使马来西亚的反对党联盟得到了重建。

（一）反对党联盟的关系破裂

马来西亚反对党的政党理念存在很大差异，如伊斯兰党主张按照《古兰经》的教义建立政教合一的政权，民主行动党主张在该国建立所有马来西亚人的地位平等的世俗政体。伊斯兰党为维护与民主行动党的联盟关系，在1990年大选中没有提出伊斯兰教国理念，但是伊斯兰党在吉兰丹州执政之后，强制在该州推行了一些伊斯兰法律。由于在吉兰丹州也存在较多的华人，伊斯兰党的有关法律对该州华人的工作方式和生活方式也造成了不利影响，民主行动党经常以维护华人的利益为己任，所以民主行动党对伊斯兰党推行的宗教法律行为表示强烈不满，它们的联盟关系也开始破裂。作为反对党联盟的领导党——"四六精神"党既没有及时地制止伊斯兰党的偏激行为，也没有妥善地解决民主行动党与伊斯兰党之间的理念矛盾；该党为了在下次大选中获得马来人的保守选民的选票支持，决定放弃多元族群主义理念，推行更显著的马来人主义路线，并且在1994年将该党改为马来人四六精神党。民主行动党对马来人四六精神党的极端族群主义理念表示不满，它们之间的关系也陷入了困境，民主行动党在1995年1月退出了人阵；随后人阵在该国1995年大选之前被迫解散。因此，民主行动党与伊斯兰党、马来人四六精神党的政党理念分歧难以协调，使民主行动党与它们的联盟关系不复存在。民主行动党退出反对党联盟，也使该联盟的议会竞选实力受到了严重损害。

（二）马来人四六精神党议会选举失利

国阵执政的马来西亚政府从1991年起实行的国家发展政策，使该国的经济社会得到了较快发展。例如马来西亚1991年至1994年的经济增长率都超过了8%，该国1992年的失业率也下降至4%；社会民众的收入水平得到了较大提高，他们的生活状况也得到了明显改善。国阵的主席马哈蒂尔在1994年就要求联盟的成员党做好1995年大选的准备；国阵的候选人在1995年的议会竞选期间还积极地宣传该国最近五年的经济社会发展成就；国阵的成员党马华公会为吸收华人选民的选票支持，努力向他们宣传该党对华文独立中学的筹款、推动拉曼学院建设等方面的事迹，也宣传该国的总理和副总理对华文教育的支持。该国的董教总、中华大会堂联合会、中华工商联合会也表态支持国阵，它们也呼吁华人选民支持国阵。然而，马来人四六精神党在该次大选也没有提出切合实际的竞选宣言，该党与其他反对党在该届议会选举开展的合作也不密切；在1995年大选之前，马来人四六精神党的较多党员和一些高层人员重新加入了巫统，其中包括该党的青年团的团长，这在一定程度上弱化了该党的议会竞选实力。

在这些党内外因素的影响下，国阵在1995年大选既获得了多数马来人的选票支持，也获得了较多华人的选票支持。国阵在该届大选获得了国会众议院83.9%的议席数，与1990年大选相比，该联盟获得的国会众议院议席数显著增加；除了吉兰丹州之外，国阵也获得其他州的多数议席。但是马来人四六精神党在该届大选获得的议席数呈现下降的趋势。例如，该党只获得"国会众议院的6个议席，州议会的12个议席"①，与上届大选相比，该党获得的国会众议院议席数、州议会议席数分别减少了2个、7个。由于马来人四六精神党1995年的议会竞选成绩不佳，导致该党的社会影响力下降、资金来源减少，最终拉扎利在1996年10月解散了马来人四六精神党，并且率领大约20万党员重新加入了巫统。马来人四六精神党的解散，也引发了伊团阵的解体，至此，马来西亚的反对党在1990年建立的反对党联盟全部退出了该国的政坛。

（三）巫统内部的再次分裂

1. 安瓦尔事件的出现

安瓦尔在青年时期就展现出卓越的领导才能，他在马来亚大学求学期间曾经担任伊斯兰大学生协会的主席和青年理事会的秘书长；随后他在1974年当选为马来西亚穆斯林青年运动的主席。鉴于安瓦尔在马来人青年中的广泛影响力，巫统的领导人多次邀请他加入该党；他在1982年也接受了马哈蒂尔的邀请加入了巫统，并且参加该年的大选；他在该届大选中当选了国会众议院的议员，并且担任总理署的副部长。安瓦尔在1983年9月

---

① In‐Won Hwang, *Personalized Politics: The Malaysian State under Mahathir*, Singapore: Institute of Southeast Asian Studies, 2003, p. 280; James Chi, "The 1995 Malaysia General Election: Mahathir's Last Triumph?", *Asian Survey*, Vol. 36, 1996, pp. 393 – 409.

当选为巫青团的主席，随后他先后担任该国内阁的青年和体育部部长、农业部部长、教育部部长和财政部部长；他在1988年至1992年担任巫统的副主席，并且在1993年当选为巫统的署理主席，他在该年也被委任为内阁的副总理。由此可知，安瓦尔曾经担任社会组织、巫统党内和该国内阁的多个重要职务，这有利于增加他的人生阅历，提高他的行政才能。安瓦尔在担任马来西亚的财政部部长期间，该国的经济持续稳定增长、社会的通货膨胀率较低、外汇储存量增加。他的工作态度与任职绩效也受到了党内外多数人员的称赞。例如，民主行动党的林吉祥曾经公开表示安瓦尔是工作负责的好部长；该国的总理马哈蒂尔也非常认可安瓦尔的工作成绩，并且多次表示"安瓦尔与我情同父子，是我未来的接班人"①。

安瓦尔原本可以拥有光明的仕途，但是1997年爆发的亚洲金融危机改变了他的人生境遇。这场金融危机首先起源于泰国，随后殃及了马来西亚。受东南亚其他国家的货币贬值、股票抛售的影响，马来西亚的货币"令吉特骤然贬值40%，吉隆坡股市综合指数下降73%"②；该国1998年第一、第二季度的"经济增长率分别是－2.8%、－6.8%"③。这次金融危机也导致马来西亚的社会失业率提高、人均收入减少、社会贫困人口增加；该国的新兴中产阶级在这次危机中也损失惨重。然而马哈蒂尔与安瓦尔对这次金融危机的应对措施产生了严重分歧。马哈蒂尔主张利用政府的行政手段和国内的资源化解这次危机；安瓦尔主张通过接受国际货币基金组织的援助、实行货币紧缩政策、减少大型项目建设、推动市场自由化的途径化解这次金融危机。马来西亚政府起初是采用安瓦尔的金融危机化解方案，但是没有获得较好的效果。随后该国采用了马哈蒂尔的危机化解方案，即通过加强汇率管制，阻止资本流出马来西亚；提高国内需求，增加公共领域的开支；清查银行的不良贷款，扩大对外出口。这些措施使马来西亚经济逐渐摆脱了困境，例如该国从1999年起，经济总量实现了正增长；国外资本再次回流了马来西亚，该国的股市也开始上涨。

马来西亚的这次金融危机，也引发了一场影响范围很广泛的政治风

---

① 林若雩：《马哈迪主政下的马来西亚》，韦伯文化事业出版有限公司2001年版，第129页。

② Johan Saravanamuttu, "The Eve of the 1999 General Election: From the NEP to Reformasi", in Francis Loh Kok Wah, Johan Saravanamuttu eds, Singapore: *New Politics in Malaysia*, 2003, pp. 6 – 7.

③ 廖小健：《世纪之交马来西亚》，世界知识出版社2002年版，第111页。

波。在马哈蒂尔与安瓦尔的金融危机化解理念存在很大差异的前提下,马哈蒂尔邀请该国的前任财政部部长达因商讨有关的对策。随后马哈蒂尔任命达因担任"国家经济行动理事会"的主任、总理署的特别任务部长,目的在于制衡安瓦尔的财政权力。面对马哈蒂尔的不信任行为,安瓦尔指使巫青团的团长阿哈迈德·扎希德·哈米迪(以下简称"扎希德")向社会民众宣称,该国政府及巫统内部都存在任人唯亲、裙带关系现象,暗指马哈蒂尔存在政治腐败问题。在安瓦尔对巫统及该国政府不忠诚的情况下,马哈蒂尔在巫统的党代会上宣称安瓦尔和扎希德都存在受贿行为。安瓦尔与马哈蒂尔的相互指责,使两者的关系急剧破裂。马哈蒂尔在1998年9月2日召见了安瓦尔,以安瓦尔的金融危机解决方案失败为理由,要求他辞去内阁的职务,但是他不接受这项提议;马哈蒂尔就在当天的傍晚强制革除了安瓦尔的内阁副总理和财政部部长职务,并且在第二天的巫统最高理事会上撤销了安瓦尔的署理主席职务,开除了他的巫统党籍。

被撤销内阁及巫统内部的所有职务的安瓦尔没有屈服。他从1998年9月3日起向聚集在他住所附近的民众发表演讲;随后他又到马来西亚各地开展声势浩大的巡回演讲,要求推进政治的公正、民主进程,"强调通过政改,使经济分配公平,贫富差距缩小,消除腐败和滥权"①。安瓦尔的政治改革倡议得到了较多的知识分子、非政府组织人员及反对党人员的支持,他们也发起了多次游行示威和集会活动,表达对国阵政府的不满,呼吁推动国家改革;他们的一系列行为也被称为"烈火莫熄"(意为改革)运动。9月20日,安瓦尔及其支持者在巫统大厦和马哈蒂尔官邸前举行了抗议活动,并且与警方发生了激烈的冲突;随后该国警方以非法集会、损害公共秩序等罪名逮捕了安瓦尔,也根据《内部安全法》的有关条例逮捕了他的多名支持者。该国的最高法院在1999年4月向社会民众宣称安瓦尔犯有滥用职权罪,判了他六年的有期徒刑;该国的最高法院在2000年8月又宣称安瓦尔犯有鸡奸罪,并且判了他九年的有期徒刑,所以安瓦尔一共要服刑十五年。阿都拉·阿哈迈德·巴达维(以下简称"巴达维")担任马来西亚的内阁总理之后,安瓦尔事件出现了转变,该国的最高法院在2004年9月宣布安瓦尔没犯鸡奸罪,并且当场释放了他,但是也判处他五年内不能参加议会的竞选活动,也不能在行政机关担任职务。安瓦尔事件实际上也是巫

---

① 廖小健:《世纪之交马来西亚》,世界知识出版社2002年版,第119页。

统高层领导人员之间的权力斗争事件，严重损害了巫统的政党形象。

2. 国民公正党的建立

安瓦尔被马来西亚警方逮捕之后，他的妻子旺·阿兹莎为了继续开展政改运动，在1998年12月成立了"社会公正运动"组织，该组织主要由各族群的知识分子组成；随后阿兹莎以该组织为基础，在1999年4月成立了国民公正党。该党长期以来将安瓦尔作为精神领袖，努力践行他倡导的公平公正以及反对政治腐败理念；该党还积极地提倡人民主权，推行多元族群路线，主张维护马来西亚所有公民的利益。国民公正党鼓励巫统的原有成员脱离巫统，然后加入该党，所以支持安瓦尔的巫统较多青年党员脱离了巫统，并且加入了国民公正党，他们也成为该党的主导力量。为了彰显它的全民主义性质，国民公正党还允许那些支持政治改革运动的任何族群人员加入该党，所以该国的一些华人、印度人也加入该党。马来西亚的三大族群人员的加入，使该党成为名副其实的多族群政党；该国的三大族群又增加了一个正式的利益表达途径。由于国民公正党的入党条件较宽松，政党理念很开明，所以该党的成员数量增加较快。例如，该党成立一个月之后，就"已经拥有党员15万，并在全国设立了160个区会，到1999年大选时据说已经达至40万党员"[①]。由于巫统中有的成员加入了国民公正党，所以在一定程度上弱化了巫统的政党实力；国民公正党的建立，也使巫统多了一个议会选举的竞争对手。

二 替阵开展的议会竞选配合

马来西亚替阵的成员党共同制定了1999年、2004年大选的竞选宣言；该阵线也根据成员党的竞选实力、选民支持程度，分配了它们的议会竞选人数和竞选区域。替阵在1999年大选的务实合作，使该阵线成员党获得的议会议席数增加。然而，伊斯兰党在吉兰丹州、丁加奴州执意推行伊斯兰教国政策，与民主行动党倡导的世俗政体理念很不相合，所以民主行动党退出了替阵。这些事件使替阵丧失了较多选民的政治支持，也损害了替阵的议会竞选实力，所以该阵线2004年的议会选举成绩不理想。

（一）替阵开展议会竞选的过程

马来西亚的替阵对1999年大选准备得较充足，如该阵线在国会众议院

---

① 廖小健：《世纪之交马来西亚》，世界知识出版社2002年版，第126页。

解散之前，就提出了"朝向公正的马来西亚"的竞选宣言。该宣言指出由于国阵政府大力镇压游行示威者、恣意扰乱该国的司法部门，所以必须通过政治改革保障公民的合法权利，打击国阵人员的政治腐败行为；完善该国的社会保障制度，使公民都能分享发展的成果；"去除以'马来人为主'的政治特性，肯定宪法框架内伊斯兰教徒与非伊斯兰教徒之间对话的必要性"①。由此可知，替阵在这次大选中提出的竞选宣言针对的是该国当时主要的政治问题和社会问题，也容易引起较多选民的共鸣。替阵的成员党在该届大选共竞选国会众议院的173个议席，它们也通过协商的方式分配了国会众议院的竞选议席，其中"伊斯兰党63席，公正党60席，行动党46席，人民党4席"②。在竞选区域方面，伊斯兰党主要在马来人选民占多数的选区与巫统开展竞争，民主行动党主要在华人占多数的选区与马华公会、民政党开展竞争；由于国民公正党的政党理念较温和，所以该党主要在混合选区参加竞选。替阵的人员在竞选期间还向选民陈述安瓦尔在巫统的高层人员权力斗争中获得的不公正待遇，博取选民的政治同情与支持；积极地抨击马哈蒂尔的政治权力专断、贪污腐败、为亲属谋私利等方面的现象，并且要求他退出该国的政坛。民主行动党退出后的替阵在2004年大选提出了"与新马来西亚共存"的竞选宣言，致力于建立和平、公正与繁荣的国家；替阵的成员党也在国会众议院和州议会的多数竞选区一对一地挑战国阵的候选人。

（二）替阵开展议会竞选的结果

1. 替阵1999年的议会竞选结果

替阵在1999年大选开展的有效合作，使该阵线获得了较好的议会竞选结果。例如，替阵在该届大选获得国会众议院的42个议席，其中"伊斯兰党、民主行动党、国民公正党分别获得国会众议院的27个议席、10个议席、5个议席，它们的国会众议院的得票率分别达到了15%、12.7%、11.5%"③；"伊斯兰党、民主行动党在上届大选分别获得国会众议院的7

---

① Lim Kit Siang, "The Challenges of Opposition Politics in Malaysia – Checking Growing Authoritarianism and Ethnic Repolarization", in Colin Barlow, Francis Loh Kok Wah eds., Cheltenham, U. K.: Northamptom, M. A.: *Malaysian Economics and Politics in the New Century*, 2003, pp. 160–163.

② 原晶晶：《20世纪80年代以来马来西亚华人公会研究》，博士学位论文，厦门大学，2012年。

③ 《巫统的困境：第十届大选分析》，策略资讯研究中心，2000年，第53页。

个、9个议席"①，所以它们在这届大选获得的国会众议院议席数分别增加了20个、1个。替阵的伊斯兰党、国民公正党的竞选人积极地向马来人选民宣传联盟的理念，所以它们获得了较多马来人选民的选票支持。替阵在该届大选获得了西马州议会的113个议席，其中伊斯兰党获得州议会的98个议席；该党也获得了吉兰丹州、丁加奴州的多数议席，并且掌握了这两个州的执政权；伊斯兰党在该届大选之后也成为马来西亚的最大反对党。因此，在替阵的1999年大选的议会竞选结果中，伊斯兰党进步得最明显，这也增强了该党在执政的两个州实施伊斯兰教法令的信心；国民公正党首次参加马来西亚大选，就获得了国会众议院的议席，也激励了该党在以后的大选中争取获得更好的成绩。

2. 替阵2004年的议会竞选结果

由于民主行动党与伊斯兰党在1999年大选后的政党理念存在很大差异，所以民主行动党退出了替阵。国民公正党在国阵政府的持续打压下，党员数量逐渐减少；该党为提高生存能力，在2003年与人民党合并成了人民公正党。因此，替阵在2004年大选时的成员党只有人民公正党和伊斯兰党。替阵的2004年大选结果没有达到成员党的预期目的。例如，替阵"在该届大选参与竞选国会众议院的143个议席，但是只获得国会众议院的7个议席；其中伊斯兰党、人民公正党分别获得国会众议院的6个、1个议席"②。由此可知，该阵线的国会众议院的胜选率只有4.9%。与上届大选相比，伊斯兰党、人民公正党获得的国会众议院议席数分别减少了19个、4个。替阵参与竞选州议会的386个议席，但是只获得36个议席，比上届大选减少了77个议席；该阵线获得州议会议席全部由伊斯兰党获得，人民公正党没有获得州议会的议席。在吉兰丹州议会的45个议席中，伊斯兰党只是获得24个议席，只比国阵多3个议席，勉强保住了该州的执政权；但是该党失去了丁加奴州的执政权，也失去了该国最大反对党的地位。因此，替阵在2004年大选获得的国会众议院议席数、州议会议席数、州政权数量都少于该国的1999年大选。

---

① 范若兰：《对立与合作：马来西亚华人政党与伊斯兰党关系的演变》，《东南亚研究》2010年第4期。

② 原晶晶：《20世纪80年代以来马来西亚华人公会研究》，博士学位论文，厦门大学，2012年。

三　替阵的议会选举协作对该国政治发展的影响

马来西亚的主要反对党在1999年大选前组建替阵，并且开展关于议会选举的合作，使该国反对党的族群政党联盟得到重新建构；该联盟在大选期间积极地倡导公正的政治理念，在该国政坛营造了反对专制独裁和特权的氛围，也促进了该国民众的公正意识的觉醒。

（一）反对党的族群政党联盟得到重建

马来西亚反对党的两个政党联盟在1995年大选之前和之后相继被撤销，在该国造成了反对党的族群政党联盟消失，反对党要单独与国阵开展议会竞选的局面。然而，1998年的亚洲金融危机引发的巫统高层人员的权力争斗，造成了该党的再次分裂，由巫统的一些党员组成的国民公正党意识到自身的实力不强，还难以与国阵开展议会选举竞争，所以该党联合其他反对党组建了替阵。该阵线的建立使马来西亚再次出现了反对党的族群政党联盟，伊斯兰党与民主行动党也首次在同一个阵线开展议会竞选合作，能增强两者政治理念的相互了解，所以与该国1990年建立的反对党联盟相比，替阵的成员党的组织关系更密切。由于国民公正党的成员既有马来人，也有华人、印度人，所以该党实际上是多族群的政党，该国反对党的族群政党联盟也出现了单一族群政党与多族群政党并存的现象。尽管民主行动党在2004年大选之前退出了替阵，国民公正党与人民党也进行了合并，使该阵线的成员党数量减少了，但是该阵线在2004年大选还是对国阵造成了较大的竞选压力，所以马来西亚反对党的族群政党联盟与国阵的议会选举相互竞争的局面得到了维持。

（二）公正发展理念的逐渐兴起

马来西亚警方经常引用《内部安全法》的有关条例剥夺公民的正当集会、表达政治诉求的权利。因此，受安瓦尔的政治理念影响的国民公正党积极地倡导政治公平、社会正义和人民主权，反对政治腐败和个人独裁现象。民主行动党也努力宣传各族群的地位平等思想，要求推行公平的经济政策。它们的这些公正主张也成为替阵的政治理念的重要组成部分，所以该阵线在1999年、2004年大选都提出了具有公正性质的竞选宣言。替阵提出的公正理念，改变了该国较多的社会组织和公民的政治思想，他们逐渐地不惧怕国阵的强权政治，公开要求国会废除包括《内部安全法》在内的不公正法律，也开始对各类腐败现象表示强烈不满，要求该国的司法机构惩治有关的违法人员。在替阵和社会民众的公正发展诉求的压力下，国阵也开始审查该国的不公正法律，减少这些法律的使用次数；停止使用不公正的经济政策，缩小民众的贫富差距；预防和惩治各类腐败案件；允许公民合理地表达利益诉求。

第三节　民联的议会选举协作

由于伊斯兰党在2004年大选之后和2013年大选之前，没有再提伊斯兰教国理念，国阵在2004年的国会众议院、州议会选举中取得了前所未有的好成绩，所以人民公正党、伊斯兰党和民主行动党摒弃前嫌，在该国的2008年、2013年大选开展了有效合作；它们也在2008年4月组建了人民联盟（以下简称"民联"）。民联成员党的议会选举合作，使它们在2008年大选获得的国会众议院议席数大幅度增加，马来西亚也形成了两线制的政治格局。民联在2013年大选获得的国会众议院议席数继续增加，该联盟获得的选民得票率还首次超过了国阵，这都对国阵造成了很大的议会选举压力。

一　民联建立的原因

族群政党的政治理念趋向于理性化，符合时代的发展要求，能增强社会民众对该党的支持程度，其他的族群政党才愿意与该党开展议会选举合作。执政党联盟的议会选举取得很大胜利，能增强反对党议会选举的危机意识，它们也会在下次大选中开展更加紧密的合作。马来西亚的伊斯兰党在2004年大选失利之后，暂停了对伊斯兰教国理念的提出；国阵在2004年大选取得了联盟建立以来的最好成绩，这都促进了民主行动党继续与伊斯兰党、人民公正党开展议会选举合作。它们在2008年大选取得的较好成绩，也推动了它们正式建立新的族群政党联盟。

（一）伊斯兰党的政治理念向理性化转变

族群政党的大选失利，通常能迫使该党反思自身的政治理念，制定更符合时代发展趋势的政治理念。马来西亚的伊斯兰党在1999年大选后提出的伊斯兰教国理念没有获得多数华人及推崇世俗政体理念的马来人的政治支持，所以该党在2004年大选遭到了惨败。面对这种不利局面，伊斯兰党意识到还不适宜在该国提伊斯兰教国理念;为了获取多数选民的支持,必须重新提出多数选民认可的政治理念,所以该党在2005年召开的党员代表大会上提出了"在民主、平等和尊重人权的大原则下,为各种族、不同信仰的人民谋求福利"①。该党提倡建立的福利国主要是指通过废除《内部安全法》《印刷与出版法》等不公正的、存在较大社会争议的法律,建立政治廉洁、司法公正的国家;制定公民互相尊重人格、习俗和宗教信仰的政策;允许各族群用母语教数学和科学,为伊斯兰教徒开办宗教学校,定期为少数族群学校、宗教学校发放办学经费;有效地调节社会财富分配,缩小不同族群之间及同一族群人员之间的贫富差距;为社会民众提供良好的医疗服务,保护马来西亚的生态环境;为各政党提供便利的利益表达渠道,使它们能通过该渠道向选民做出承诺,宣传本党的政治纲领。由此可知,伊斯兰党提出的福利国内容较温和,涉及的主要是法律公正、教育公平、贫富均衡、保障民生、竞选自由等方面的议题;有关伊斯兰教的政策较少,该政策对非伊斯兰教徒也没有适用性。伊斯兰党提出的福利国的现实可行性也较强,为获得包括民主行动党在内的其他族群政党的理解与支持创造了有利的条件。

(二) 国阵的2004年大选成绩突出

执政党联盟经常通过削弱反对党的实力、压制反对党的理念、加强国家建设、周密部署选举事项等方式,争取在大选中获得突出成绩。国阵领导的马来西亚政府在1999年大选之后,以泄露国家机密、煽动社会动乱、非法集会等罪名逮捕了反对党的多名高层人员,并且限制伊斯兰党的党报的月发行次数,减少该党的资金来源,使该国反对党的政党实力受到了较大损害。马哈蒂尔提出的马来西亚已经成为世俗的伊斯兰教国思想,强力对抗着伊斯兰党提出的建立政教合一的伊斯兰政权主张。国阵政府还积极地扶持中小企业的发展;加快农村经济建设,增加乡村马来人的利益;支持华文各层级教育的发展;整治该国的贪污腐败案件。国阵的这些措施争取了较多的城市中产阶级人员、乡村马来人的政治支持。国阵在2004年大选的竞选期间,提出了解决该国主要问题的竞选宣言和议题,重点在吉兰丹州、丁加奴州、吉打州、玻璃市部署竞选人员,积极地宣传该国近年来经济社会发展取得的成就。国阵在大选之前和竞选期间做的充分准备,使

---

① 《回教党大会》,《联合早报》2005年6月4日。

该联盟在2004年大选获得了突出成绩。例如，国阵参与竞选国会众议院的219个议席，获得了国会众议院的198个议席，占国会众议院议席数的90.4%；该阵线自1974年参加大选以来，首次获得国会众议院90%以上的议席数。国阵在该届大选获得了国会众议院的65.1%的选票，与该阵线在选举史上获得的最高得票率持平；国阵参与竞选州议会的540个议席，获得了州议会的453个议席，并且获得西马10个州的执政权。国阵在该届大选取得的优异成绩，使人民公正党、伊斯兰党、民主行动党深感忧虑，它们也认识到单独与国阵开展议会选举竞争，难以获得理想的选举结果，所以它们决定再次组建族群政党联盟，在下届大选与国阵争夺国会众议院、州议会的议席。

二 民联开展的议会竞选配合

马来西亚民联的成员党在2008年、2013年大选开展了议会的竞选宣言的合作，它们也根据各自的竞选实力、族群利益的代表对象，协商分配了它们的议会竞选区域。民联的成员党对议会竞选的有效合作，使它们在2008年大选获得的国会众议院、州议会议席数和州政权数量增加；它们在2013年大选获得的州议会议席数也持续增加，它们在国会众议院的得票率总和还首次超过了国阵，这在该国的议会选举史上具有重要意义。

（一）民联的议会竞选过程

1. 协同制定议会的竞选宣言

民联的成员党为了增加它们的议会议席数量，削弱国阵在马来西亚议会的实力，所以它们对2008年大选的竞选宣言开展了合作。例如，民主行动党在该届大选提出了"改国运，您决定"的竞选宣言，该宣言涉及八项民生议题；人民公正党提出了"破旧立新、迎接新希望"的竞选宣言，该宣言包括建立所有马来西亚人地位平等的政治体制和经济体制，提高它们的教育水平和生活水平；伊斯兰党提出了建立"'可信赖公正廉洁政府'为主题的大选宣言"[①]，该宣言涉及改进政治、经济、教育政策的十二项议题。由此可知，这些政党在该届大选的竞选宣言主题是体制的改变，其中包括加强社会民生建设；伊斯兰党也没有提伊斯兰教国理念，而是致力于

[①] 辉明：《从华人政党到全民政党？——"安华事件"后马来西亚民主行动党的政策转变》，《当代世界与社会主义》2016年第2期。

增加社会民众的福利。民联的成员党为加强政治理念的合作，它们在2013年大选共同提出了"人民的希望"的竞选宣言。该宣言指出如果民联获得马来西亚的执政权，将承认华文独立中学的统考文凭有效，为该国民众提供免费的教育；降低水电、燃油的价格，"分阶段下调高达70%的汽车税并最终废除该税务，生产最低售价2.5万马元的国产车"①；逐步获取大道的经营权，促进南北大道免费通行；提高就业人员的每月最低薪酬额度；将每年拨发给大型发电厂的津贴，转发给社会民众；加大反腐倡廉力度，"成立反垄断委员会，打破通讯、粮食、医药、民航及其他主要产业领域的垄断，把'经济权'归还人民"②。因此，民联在该届大选提出的竞选宣言注重推动教育公平，减轻社会民众的生活负担，增加民众的收入，反对行业垄断，赋予人民的经济自主权。民联提出的这些惠民政策，实际上也是希望推动国家这些领域的公正发展。

2. 共同分配议会的竞选区域

在议会的竞选区域划分不公正的情况下，反对党必须采用相应的策略减少不公正的选区划分对自己的负面影响，才能提高它们在议会竞选中的获胜率。面对马来西亚议会选举的不公正的选区划分局面，人民阵线的成员党既在竞选过程中一对一地挑战国阵的候选人，也协商分配了各自的竞选区域。例如，在该国2008年的大选中，由于人民公正党是多族群的政党，也主张代表这些族群的利益，该党也更适合在混合选区参与竞选，所以民主行动党与人民公正党协商了该届大选的混合选区的竞选事项，最终民主行动党转让了一些混合选区给人民公正党，让人民公正党在这些混合选区与国阵的候选人单独开展竞争。民主行动党主要是在有较多华人的选区参与竞选，如该党派遣了多名候选人在槟城州的丹绒、巴都加湾、武吉牛汝莪、日落洞、大山脚、升旗山选区参与竞选。民联的成员党在2013年大选也对各自的竞选区域进行了较好的协商与分配，如人民公正党在西马城乡交界的选区、新建的城镇选区与巫统开展竞争，民主行动党在华人较多的都市选区与马华公会、巫统开展竞争；伊斯兰党为争取马来人的选票支持，所以该党在马来西亚的西海岸州的乡村选区和东海岸州马来人占多数的选区参与竞选。民联的成员党在这两届大选对议会竞选区域的合作，

---

① 庄礼伟：《第13届国会选举前夕的马来西亚：选举型威权的终结》，《东南亚研究》2013年第2期。

② 《率先启动竞选机器，民联大选宣言立誓铲除贪污》，《联合早报》2013年2月26日。

充分发挥了各自的议会竞选优势,有效避免了它们在竞选区互相倾轧的现象,有利于它们尽可能多地获得议会议席。

(二) 民联的议会竞选结果

1. 2008 年的议会竞选结果

民联的成员党对议会竞选宣言、竞选区域的协调与配合,使它们在 2008 年大选获得了较好的竞选成绩。例如,人民公正党、伊斯兰党、民主行动党在该届大选分别参与竞选"国会众议院的 97 个、66 个、47 个议席,最终它们分别获得国会众议院的 31 个、23 个、28 个议席"①。民主行动党在上届大选只获得国会众议院的 12 个议席,所以与上届大选相比,它们获得的国会众议院议席数分别增加了 30 个、17 个、16 个。由于人民公正党在该届大选获得的国会众议院议席数只少于巫统,所以该党也成为马来西亚的最大反对党。这三个政党在该届大选获得的国会众议院议席总数达到了 82 个,约占国会众议院议席数的 36.9%,使国阵自 1974 年大选以来首次失去了国会众议院 2/3 以上的议席数。人民公正党、伊斯兰党、民主行动党在该届大选分别参与竞选"州议会的 175 个、233 个、102 个议席,最终它们分别获得州议会的 40 个、83 个、73 个议席"②。民主行动党在上届大选只获得州议会的 15 个议席,所以与上届大选相比,它们获得的州议会议席数分别增加了 40 个、47 个、58 个。民主行动党在该届大选获得了槟城州的执政权,伊斯兰党获得了吉兰丹州、吉打州的执政权,民主行动党、伊斯兰党、人民公正党也共同掌握了雪兰莪州、霹雳州的执政权。民主行动党、伊斯兰党、人民公正党在该届大选取得的进步,也被外界称为马来西亚的"308 政治海啸"③。该次大选的竞选结果也对马来西亚的政治格局产生了很大的影响。

2. 2013 年的议会竞选结果

民联的成员党在 2013 年大选中继续获得了较好的竞选成绩。例如,人民公正党、伊斯兰党、民主行动党在该届大选分别参与"竞选国会众议院的 99 个、73 个、51 个议席,最终它们分别获得国会众议院的 30 个、21

---

① 原晶晶:《20 世纪 80 年代以来马来西亚华人公会研究》,博士学位论文,厦门大学,2012 年。
② 同上。
③ 《马来西亚第 12 届全国大选投票结果》,《联合早报》2008 年 3 月 10 日。

个、38个议席"①。与上届大选相比，人民公正党、伊斯兰党获得的国会众议院议席数分别减少了1个、2个，民主行动党获得的国会众议院议席数增加了10个。由于民主行动党在该届大选获得的国会众议院议席数只比巫统少，所以民主行动党成为该国的第二大党和最大的反对党。尽管人民公正党、伊斯兰党在该届大选获得的国会众议院议席数略有减少，但是民联获得的国会众议院议席总数达到了89个，比上届大选增加了7个议席，该联盟获得的国会众议院议席数继续呈现增加的趋势。民联的成员党在国会众议院选举中总共获得50.8%的选票，超过了国阵获得的47.4%的选票，这也是该国的反对党联盟在国会众议院选举中的得票率首次超过了国阵。

人民公正党、伊斯兰党、民主行动党在该届大选分别参与"竞选州议会的172个、236个、103个议席，最终它们分别获得州议会的49个、85个、95个议席"②。与上届大选相比，它们获得州议会议席数分别增加了9个、2个、22个。民联在该届大选继续获得吉兰丹州、雪兰莪州、槟城州的执政权，并且获得这些州2/3以上的议席数；该联盟在其他州的州议会选举中获得的议席数也有增加，只是在吉打州、丁加奴州、霹雳州以微弱劣势输给了国阵。其中民联的成员党在槟城州的国会众议院议席、州议会议席的选举中表现得较突出。民主行动党在该州参与竞选的国会众议院议席全部获胜，并且获得州议会的19个议席；人民公正党在该州获得国会众议院的3个议席、州议会的10个议席，伊斯兰党也获得槟城州议会的1个议席。在以往的大选中，东马的砂捞越州、沙巴州的多数选民支持国阵的候选人，民联的成员党难以在这这两个州获得国会众议院的议席。但是民主行动党在该届大选分别获得砂捞越州、沙巴州的国会众议院的6个、4个议席，这也是民主行动党在这两个州的国会众议院选举中的重大突破。

三 民联的议会选举协作对该国政治发展的影响

民联的成员党在2008年大选开展的有效合作，使它们总共获得了国会众议院1/3以上的议席数，初步具备了在国会众议院与国阵人员对抗的实

---

① 辉明：《马来西亚政治海啸：第13届国会选举分析》，《南洋问题研究》2015年第3期。
② 同上。

力；民联在2013年大选获得的国会众议院议席数持续增加，使该联盟在国会众议院对抗国阵的实力进一步增强。马来西亚2013年大选出现的各种选举舞弊现象，让民联人员及社会民众感到愤懑，他们强烈要求开展议会的公正选举。民联在2008年、2013年大选的议会选举成绩持续向好，对国阵的议会选举造成了很大的压力；民联在这两届大选持续获得多个重要州的执政权，也在较大程度上对国阵的中央执政权力形成了制约。

(一) 马来西亚出现两线制的政治格局

政局的两线制是指某个政局出现了两个实力相差不大的政党或政党联盟的现象。从国阵建立到马来西亚2008年大选之前，该联盟总能获得国会众议院2/3以上的议席数，并且持续掌握着该国法律的制定与修改的权力，反对党难以在国会众议院制约国阵的权力，所以马来西亚在这段时期实际上是某个族群政党联盟独大的政治体制。尽管人民公正党、伊斯兰党、民主行动党在2008年大选获得的国会众议院议席数增加了，但是它们都不能单独在国会众议院有效地制约国阵的权力，所以它们为增强自己在国会众议院的话语权，再次组建了民联。在民联内部既包括马来人，也包括华人和印度人，所以该联盟具有较广泛的族群代表性；民联的成员党在国会众议院的权力也得到了增强，如民联的成员党在国会众议院拥有了更多的表达利益诉求的机会；国阵要制定或修改有关法律，必须获得民联成员党的同意才能通过，否则国阵的这些意愿难以实现。因此，从民联的族群代表范围及国会众议院的权力角度分析，民联建立后该国初步形成了两线制的政治格局，国阵和民联分别代表该国的执政党联盟、反对党联盟，它们既有较多的族群政党数量，也在国会众议院有较多议席。民联成员党在2013年大选的有效合作，使该联盟获得的议会议席数继续增加，民联在该届大选后对国阵的国会众议院的权力制约能力继续增强，所以国阵与民联的两线制格局更加显著，但是在这两线制中，民联的实力得到了增强，国阵的实力受到了削弱。

(二) 要求议会公正选举的诉求增强

在马来西亚的多次大选中都存在不公正选举的现象，但是在国阵的强权统治下，该国的多数政党和民众对这种现象持隐忍的态度。民联成员党在2008年议会选举的有效合作，使该联盟获得了较好的议会选举成绩。国阵为降低民联及其他反对党的2013年大选成绩，通过控制该国的选举委员会，制造了多个选举不公正案件。其中包括在投票人的名册上取消一些已注册选民的名字；威胁取消一些反对党的竞选资格，丑化一些反对党竞选人员的个人形象；该国政府用飞机乘载缅甸、孟加拉国、巴基斯坦等国家的人员到马来西亚，给他们发放投票凭证和身份证，并且用公共汽车送他们到投票站进行投票；一些选民涂在选票上的墨汁能褪色；民联的竞选人在多个选区获得的选票数原先多于国阵的竞选人，但是这些选区的计票站突然停电后，国阵竞选人获得的选票数大幅度地增加，甚至超过了民联竞选人的选票数。由此可知，该届大选在选民登记、候选人竞选、选民投票、选票统计等方面都出现了问题。面对该届大选出现的各种选举不公正现象，民联在大选后忍无可忍，它明确表示拒绝接受选举结果；该国的干净与公平选举联盟（以下简称"净选盟"）也表示"暂时不会承认新成立政府的正当性，并将成立人民调查庭调查选举舞弊"①。由于马来西亚在2012年已经废除《内部安全法》，该国政府随意逮捕和拘留人的可能性降低，所以当民联在雪兰莪州的格拉纳再也体育馆举行集会时，有超过十万人冒雨参加了这次集会；他们中的多数人拿着象征着要求公正选举的黄花，呼喊着改革、改变等口号。因此，随着马来西亚在大选中出现的不公正现象的增加，该国的民联、净选盟以及较多民众在2013年大选后要求议会公正选举的意愿逐渐增强。

（三）国阵的议会选举压力逐渐加大

民联在执政的州取得了较好的执政绩效，也在2013年大选的竞选宣言中提出了多项增加社会民众利益的主张，所以民联在该届大选获得了较多的中产阶级人员、首次获得投票权的青年人的选票支持。马来西亚的中产阶级人员通常接受过较好的教育，他们很重视政治清廉、政治自由和国家建设。面对国阵的长期贪污腐败、政治垄断，以及该国的政府债务增加、社会的物价上涨和人才大量流失等现象，该国的较多中产阶级人员认识到国阵的执政能力在下降，国阵不再适宜作为马来西亚的执政者，所以他们在大选中支持民联的竞选人。"此次选举首次登记投票的新选民，多达260万人"②，他们约占该国选民总数的1/5。这些青年选民通常具有政治变革的心理，他们也对该国不断提升的失业率表示不满，所以较多的青年选民在议会选举中也支持民联的竞选人。中产阶级人员是马来西亚的主要阶层

---

① 韦朝晖：《马来西亚：2013年回顾与2014年展望》，《东南亚纵横》2014年第4期。
② 辉明：《马来西亚政治海啸：第13届国会选举分析》，《南洋问题研究》2015年第3期。

人员，青年选民是该国议会选举的新兴人员，他们能对该国以后的议会选举结果产生重要影响。这两类人员中的较多人已经在2013年大选中支持民联的竞选人，国阵如何争取他们的选票支持，这是该联盟在以后的大选中必须解决的问题。民联在2008年、2013年大选获得的议会议席数持续增加，对国阵的执政地位产生了较大威胁，国阵在以后的大选中必须采取更有效的竞选策略，与民联争夺国会众议院和州议会的议席。因此，在较多的中产阶级人员、青年选民支持民联的竞选人，民联获得的议会议席数不断增加的背景下，国阵以后的议会选举压力增加了。

（四）反对党的地方政府对国阵政府的制约增强

在马来西亚的2008年大选之前，反对党通常只能获得一个或者两个州的执政权，这些州在该国的政治和经济地位也不重要，所以它们对国阵领导的中央政府的影响较小。例如，伊斯兰党在1999年大选获得了两个州的执政权，这两个州位于西马地区的东北部，靠近中国南海，它们的地理位置并不优越。其中吉兰丹州的经济产业主要是农业、渔业和手工业；丁加奴州的经济也不发达，该州的经济产业主要是农业和制造业。这两个州没有突出的优势，所以即使伊斯兰党在这两个州执政，对国阵政府的制约能力也不强。然而民联的成员党在2008年大选获得了五个州的执政权，除了吉兰丹州之外，其他的四个州都靠近马六甲海峡，它们的地理位置很重要。其中雪兰莪州在马来西亚的经济最发达，它的年度生产总值约占该国的1/4；雪兰莪州还有该国的几个重要工业区。槟城州在该国的经济实力位居第三，该州的高科技电子制造业很发达。吉打州是该国的稻米之乡，但是该州近年来的工业和旅游业也发展得很迅速。霹雳州有较多的锡矿资源，它的通信业、批发零售业和汽车制造业也较发达。由此可知，民联的成员党在2008大选获得了更多州的执政权，其中的多数州的经济实力还在该国名列前茅，它们能深刻地影响国阵领导的中央政府的财政收入，所以该国反对党执政的地方政府对国阵政府的制约能力增强了，国阵政府在制定与实施有关政策时也必须照顾民联成员党执政的州的利益。尽管民联在2013年大选只获得三个州的执政权，但是其中的雪兰莪州、槟城州的经济实力很强，所以与2008年大选之前相比，反对党的地方政府对国阵政府的制约能力还是得到了增强。

第四节　希盟的议会选举配合

在马来西亚 2013 年大选之后，伊斯兰党在执政州实行了《伊斯兰刑法》，引起了民主行动党、人民公正党的强烈不满，随后它们终结了与伊斯兰党的联盟关系，民联也被迫解散。为了在下次大选更有效地对抗国阵，民主行动党、人民公正党以及由伊斯兰党的开明人士组成的国家诚信党，重新组建了希望联盟（以下简称"希盟"），该联盟的政党成员结构初步建成；由马哈蒂尔领导的土著团结党加入希盟之后，该联盟的政党成员结构得到了正式建立。希盟的成员党在该国的 2018 年大选中对竞选的宣言、标识和区域开展了有效的合作，最终希盟夺取了国阵的执政权力，实现了马来西亚的反对党联盟首次获得执政地位的壮举，这在该国的议会选举史上具有里程碑的意义，也有力地推动了该国的政治发展。

一　希盟建立的原因

族群政党的政治理念必须获得联盟的其他族群政党的认可，才能维持它们之间的联盟关系；反之，它们的联盟关系就会受到损害。族群政党领导人的行为必须得到党内其他人员的支持，才能维护该党人员的团结关系；如果党内其他人员对该党领导人的行为有意见，但是该党的领导人又拒绝纠正不恰当行为，容易导致该党的内部分裂。马来西亚伊斯兰党推行的《伊斯兰刑法》，没有获得人民公正党、民主行动党的认同，导致它们的联盟关系的破裂；纳吉布涉嫌的贪污腐败行为，受到了马哈蒂尔的强烈谴责，马哈蒂尔组建的土著团结党也加盟了人民公正党、民主行动党所在的希盟。

（一）伊斯兰党执意推行《伊斯兰刑法》

伊斯兰党在 1993 年执政吉兰丹州时，就在该州颁布了《伊斯兰刑法》；该党在 2002 年执政丁加奴州时，也在该州颁布了《伊斯兰刑法》。但是由于该法严重违反了联邦宪法的原则，所以该党在这两个州都没有正式实施《伊斯兰刑法》。然而伊斯兰党的政治理想是在马来西亚建立伊斯兰教国，建立该类国家的必要步骤是实施《伊斯兰刑法》，所以该党的主席哈迪·阿旺明确指出，"纵然《伊斯兰刑法》和联邦宪法相抵触，伊斯兰党仍要尽力在吉兰丹州实施《伊斯兰刑法》，以完成安拉的旨意"①。在哈迪·阿旺的领导下，伊斯兰党于 2015 年 3 月在吉兰丹州正式实施《伊斯兰刑法》；为了使该法在吉兰丹州得到有效实施，哈迪·阿旺还向马来西亚的国会提议扩大伊斯兰法院的刑事受理范围。由于《伊斯兰刑法》的处罚方式很残忍，严重违背了人道主义精神，也与人民公正党、民主行动党提倡的世俗、公正理念存在不可调和的矛盾，所以它们曾经劝告伊斯兰党不要实行该法，但是伊斯兰党执意要实行该法律，随后它们停止与伊斯兰党开展政治合作。在伊斯兰党 2015 年 6 月的党内选举中，提倡与其他反对党合作的人员选举失利，他们被迫退出了伊斯兰党，并且通过接管马来西亚工人党的方式，建立了国家诚信党。为了再次组建反对党的族群政党联盟，提高议会选举的竞争能力，国家诚信党与人民公正党、民主行动党在 2015 年 9 月组建了希盟。该联盟的成员党也约定以后必须在达成共识的基础上做出联盟的决策；在某个选区只推选一名候选人与国阵人员开展一对一的竞争，避免出现希盟的候选人互相竞争的情况。由于国家诚信党的政党理念更加开明和理性，所以希盟成员党的联盟关系要比民联稳固。希盟的初步建立，也使该国的反对党联盟得到继续存在与发展。

（二）马哈蒂尔领导的土著团结党的加盟

巫统的主席纳吉布涉嫌贪污受贿罪，造成了该党人员的再次分裂。美国的《华尔街日报》在 2015 年 7 月指出"一个马来西亚发展有限公司"（以下简称"一马公司"）给纳吉布的个人账户汇了 7 亿美元。该案件引起了巫统内部人员及该国社会的广泛关注。该国的副总理慕尤丁要求纳吉布说明一马公司汇款的原因，但是纳吉布否认存在贪污受贿行为，随后他还革除了包括慕尤丁、马哈蒂尔的儿子慕克力兹在内的多名巫统党员的职务，并且开除他们的巫统党籍。面对纳吉布的涉嫌受贿及不公正的党内清洗行为，马哈蒂尔要求他对一马公司的债务亏损及他的贪腐丑闻负责，并且要求他辞职，但是巫统内部没有其他人支持他的提议。马哈蒂尔意识到巫统已经成为只是拥护纳吉布的政党，所以他在 2016 年 2 月退出了巫统，并且在该年的 9 月与慕尤丁、慕克力兹等人建立了土著团结党，马哈蒂尔

---

① 陈中和：《马来西亚伊斯兰政党政治——巫统和伊斯兰党之比较》，新纪元学院马来西亚族群研究中心和策略咨询中心联合出版，2006 年，第 267 页。

也担任了该党的主席。土著团结党主张在该国建立多族群的、公正的政府;尊重该国民众的宗教信仰自由的权利。马哈蒂尔在 2016 年 11 月的希盟会议上表达了想带领土著团结党加入希盟的意愿,最终希盟的最高理事会在 2017 年 3 月同意土著团结党加入该联盟。土著团结党的加盟,增加了希盟的成员党数量,增强了希盟的议会竞选实力,也扩大了希盟在该国的社会影响力。希盟在 2017 年 7 月也宣布"人民公正党顾问安瓦尔成为希盟实权领袖,马哈蒂尔担任总主席,人民公正党主席旺·阿兹莎担任主席"①。从希盟的高层人员的安排情况分析,该联盟非常重视任用马哈蒂尔,人民公正党已经与马哈蒂尔对过去十多年的怨恨与敌视进行了和解。

二 希盟开展的议会竞选配合

马来西亚希盟根据社会存在的主要问题、民众的迫切诉求提出了 2018 年大选的竞选宣言,并且按照政治形势的变化提出了相应的竞选策略。希盟成员党的议会选举合作,使该联盟获得的国会众议院议席数超过以往的任何一个反对党联盟,该联盟获得的国会众议院议席数也达到了掌握该国执政权力的要求,实现了马来西亚的执政党联盟与反对党联盟的首次执政权力的更替。

(一) 希盟的议会竞选过程

由于在马来西亚 2018 年大选期间,安瓦尔正在服刑,所以由马哈蒂尔领导希盟参加该届大选。希盟成员党的领导人经过多次协商在 2018 年 3 月 9 日公布了这次大选的竞选宣言。该宣言的内容包括废除商品及服务税,建立使民众的负担更小的新税制;再次为社会民众提供燃料补贴;限制内阁总理的任期,总理最多只能担任两届;承认华文独立中学的统考成绩,如果该校学生的教育文凭考试的马来文成绩优等,他们就能申请进入国立的大专院校;为青年人提供更多的就业岗位,提高他们的薪酬待遇,改善他们的住房条件。由此可知,希盟该届大选的竞选宣言重视降低人们的生活成本,推动总理任期的制度化发展,解决华人的高等教育诉求,改善青年人的生存状况,这都有助于该联盟获得包括华人和青年人在内的较多选民的政治支持。希盟在 2017 年 7 月就已经确定了 2018 年大选的标识,该

---

① 韦朝晖:《马来西亚:2017 年回顾与 2018 年展望》,《东南亚纵横》2018 年第 2 期。

联盟的候选人在竞选期间都将使用该标识。然而国阵领导下的社会团体注册部在 2018 年 4 月 5 日以土著团结党提交的注册文件有缺陷为理由，取消了该党的注册执照，使该党的竞选活动受到了阻碍。面对该社会团体注册部的恶意阻拦行为，希盟成员党的领袖在 4 月 6 日做出决定，他们的候选人在西马选区将使用人民公正党的标识参与竞选，但是在东马选区他们仍然使用本党的标识参与竞选。希盟成员党对竞选标识的合作，使土著团结党的人员能继续参与该届大选，也维护了它们的联盟关系。希盟也根据成员党的性质和竞选实力，对它们的竞选区域进行了协商与分配，人民公正党的人员主要在混合选区参与竞选，民主行动党的人员主要在华人占多数的选区参与竞选，国家诚信党和土著团结党的人员主要在马来人占多数的选区参与竞选。

（二）希盟的议会竞选结果

希盟的成员党对马来西亚 2018 年的议会竞选合作，使它们获得了理想的竞选结果。例如，该联盟总共获得国会众议院的 113 个议席，超过了国会众议院 222 个议席的半数，达到了执政该国的议席数要求；国阵在该届大选只获得国会众议院的 79 个议席，该联盟获得的国会众议院议席数比上届大选减少了 54 个，国阵也创造了自 1974 年大选以来获得的国会众议院议席数的新低。在希盟获得的国会众议院议席数中，人民公正党获得国会众议院的 47 个议席，"民主行动党、土著团结党、国家诚信党的人员分别获得国会众议院的 42 个、13 个、11 个议席"[①]。与上届大选相比，人民公正党、民主行动党获得的国会众议院议席数分别增加了 17 个、4 个；土著团结党、国家诚信党的人员首次参加大选就获得国会众议院 10 个以上的议席数，说明马来西亚的较多选民支持这两个政党。希盟在州议会选举中也获得了较多的议席，所以该联盟获得了"雪兰莪、槟城、柔佛、吉打、森美兰、马六甲、霹雳、沙巴等州政权，国阵只赢得玻璃市、彭亨两州政权"[②]。由此可知，希盟执政的多数州是该国经济社会发展较好的地区，这有助于维护该联盟的中央政权；与上届大选相比，国阵获得的州政权数量大幅度减少。

[①] ［韩］黄仁元：《马来西亚政治在选举威权主义体制崩溃后的可能性：以 2018 年第 14 届议会选举为中心》，李鹏译，《南洋资料译丛》2018 年第 4 期。

[②] 范若兰、［马］廖朝骥：《追求公正：马来西亚华人政治走向》，《世界知识》2018 年第 12 期。

希盟的总主席马哈蒂尔、主席旺·阿兹莎也参加了这次大选,他们也在各自的选区获得了国会众议院的议席。马哈蒂尔、旺·阿兹莎在该届大选之后分别担任了内阁的总理、副总理,这也是92岁高龄的马哈蒂尔自2003年之后再次担任马来西亚的总理,旺·阿兹莎也成为该国第一位女副总理。马哈蒂尔也要求该国的元首赦免了安瓦尔,并且恢复了他的政治权利,马哈蒂尔的这一举措非常有利于进一步改善他与安瓦尔之间的关系;随后安瓦尔参加了某选区的国会众议院议席的补选,并且获得了该议席,他也再次进入了该国政坛。希盟其他成员党的人员也在该届大选后获得了较好的内阁职务,如民主行动党的秘书长林冠英担任了内阁的财政部部长,该党的组织秘书陆兆福担任了内阁的交通部部长,他们都是马来西亚的华人,这也是该国的华人自20世纪70年代以来再次担任内阁的财政部部长,意味着该国华人在内阁地位的提高。

三 希盟首次获得执政权的原因

希盟首次参加马来西亚大选就获得了执政权力,其原因既包括该联盟的成员党在议会竞选过程中开展了有效的合作,也包括该联盟的领导人马哈蒂尔充分发挥了政治威望作用;国阵的领导人深陷贪腐丑闻,国阵没有妥善地解决民生问题;国阵通过多种方式干预议会的竞选过程,引起较多选民的不满;较多的马来人选民支持人民公正党、土著团结党、伊斯兰党的候选人,使国阵获得的马来人选票数减少。

(一)马哈蒂尔发挥政治威望作用

拥有杰出的政治领导才能的人通常也有很高的政治威望,他们的政治威望也是在长期的政治实践、推动该国的经济社会发展中建立起来的。马哈蒂尔是巫统的首批党员之一,他先后担任过巫统的吉打州主席、最高理事会理事、副主席、主席的职务,所以他是巫统的元老,在该党拥有很大的政治影响力。在行政任职方面,马哈蒂尔担任过马来西亚驻联合国的代表、高等教育顾问委员会的委员、教育部部长、贸工部部长、财政部部长、内政部部长、副总理、总理的职务,所以他曾经在该国政府的多个部门任职,积累了丰富的行政经验,也拥有广泛的人脉。马哈蒂尔曾经在1981年至2003年担任马来西亚的内阁总理,共22年,他是该国迄今为止任期最长的总理。在他担任总理的初期,马来西亚的国内生产总值的增长速度较慢,在1985年甚至出现了-1%增长的现象,"由于大宗商品价格下降，马来西亚传统经济支柱锡矿和橡胶在世界市场上失去了主导地位"①。在该国的社会领域还出现了大量的企业倒闭、工人失业的现象。面对该国经济、社会发展的不利局势，马哈蒂尔制定了1986年至1990年的五年发展计划，该计划以工业发展为主导，尤其是注重汽车产业的发展；鼓励各州协调资源的配置，共同发展该国的工业；在发展劳动密集型产业的基础上，逐渐发展技术密集型、知识密集型产业；鼓励企业扩大对外出口。

在马哈蒂尔的经济发展政策的带动下，马来西亚的国内生产总值的增长速度迅速提高。例如，"1988—1995年，马来西亚经济以超过9%的增速保持增长"②，该国1996年的国内生产总值的增长速度甚至超过了10%。马来西亚也成了20世纪90年代经济发展最快的国家之一。马哈蒂尔在担任总理期间还加强社会建设，例如他领导建立了吉隆坡石油双塔，修建了大约八万公里的高速公路，致力于减少社会贫困现象，尤其是马来人的贫困率下降得非常明显。马来西亚逐渐地从以农业生产为主的国家转变为以制造业、商品出口为主的国家，正是由于马哈蒂尔对马来西亚的经济社会发展做出了重要贡献，所以他也被称为该国的现代化之父。由此可见，他在马来西亚有极高的社会声誉，深受社会多数民众的尊敬与爱戴。然而马哈蒂尔并不满足经济社会发展已经取得的成就，他在担任总理期间还制定了"2020年宏愿"计划，致力于提高政府的管理水平、人们的生活质量、社会的精神价值；在2020年将马来西亚建成完全发达的国家，人均收入达到1.2万美元。因此，当马哈蒂尔以希盟领导人的身份竞选议会议席，在公共场合提议推翻国阵政府、恢复马来西亚的法治时，经历过马来西亚20世纪90年代的经济社会发展巨变的较多中老年选民支持他的提议，也支持他及希盟的其他竞选人担任国会众议院和州议会的议员。

（二）国阵的执政能力显著下降

执政党的执政能力下降，能降低社会民众对该党的政治拥护程度，使该党丧失执政地位。执政党的执政能力弱化情况包括执政党领导人的行为私利化，执政党容忍损害政体的行为，执政党难以妥善解决社会民生问

---

① Chung Kek Yoong, *Mahathir Administration: Leadership and Change in a Multiracial Society*, Petaling Jaya: Pelanduk Publications, Sdn Bhd, 1987, p. 36.
② 骆永昆:《马来西亚总理马哈蒂尔》，《国际研究参考》2018年第6期。

题。尽管纳吉布解释一马公司汇给他的钱来自沙特王室的政治捐赠,并且已经归还大部分的钱,随后沙特的外交大臣朱贝尔和马来西亚的总检察长穆罕默德·阿潘迪·阿里也证明纳吉布的说法属实;但是该案件仍然存在很多疑点,希盟执政之后,该国的反腐败委员会还在继续调查该案件。因此,一马公司案件与纳吉布难以脱离关系,他在该案件中考虑更多的是个人利益;该案件也严重损害了纳吉布的个人声誉,社会民众对他及国阵的支持率也急剧下降。例如,马来西亚柔佛州新山市居銮选区的选民通常支持国阵,但是一马公司案件发生后,2016年8月,该选区的"选民对国阵的支持率锐减为56%,对纳吉布的满意率锐减为42%"①。

巫统还默许其他政党损害马来西亚世俗政体的行为。例如,巫统既不反对伊斯兰党在吉兰丹州实施《伊斯兰刑法》的行为,在内阁的总理署担任部长的巫统人员——阿莎丽娜在2016年5月的国会众议院会议上还提议优先审议伊斯兰党主席哈迪·阿旺提出的扩大伊斯兰法院的刑事受理范围的议案,她的该行为引起了国会众议院人员的恐慌与争吵。该事件被新闻媒体公布于众之后,巫统的政党形象也受到了负面影响。国阵也没有较好地解决社会民生问题,如国阵政府为增加税收,向社会增加了6%的商品及服务税;在2017年1月还提高了汽油、水电气、食品、餐馆、住房、医疗保健等方面的价格,该年的"通货膨胀率为3.7%,生产者物价指数平均同比提高6.7%"②。这都导致了马来西亚民众生活成本的增加,生活质量的下降。除此之外,该国还出现了青年人的失业率增长、青年人的薪酬水平降低等现象。因此,国阵的领导党——巫统的高层人员出现的各种政治丑闻,国阵难以有效地改善社会民生状况,这都表明国阵执政能力的下降;多数社会民众也对国阵产生了不满的心态,他们在大选中也会支持反对党的候选人,期望反对党能取代国阵的执政地位。

(三) 国阵干预议会的选举过程

尽管马来西亚的宪法赋予了选举委员会独立行使职权的权力,但是国阵为维护执政地位在多次大选中干预议会的选举过程,国阵的这种干预在2018年大选中表现得尤为突出。马来西亚的选区划分通常要间隔八年的时

---

① [韩] 黄仁元:《马来西亚政治在选举威权主义体制崩溃后的可能性:以2018年第14届议会选举为中心》,李鹏译,《南洋资料译丛》2018年第4期。

② 韦朝晖:《马来西亚:2017年回顾与2018年展望》,《东南亚纵横》2018年第2期。

间，但是该国宪法也规定"在选举委员会认为有必要时，应当随时对联邦和各州的选区划分进行审查，并在其认为必要时提出修改的建议"①。国阵根据该条例，在 2018 年 3 月通过选举委员会重新划分了国会众议院和州议会选举的选区；该次选区划分包括给农村选区分配议会的更多议席，将同一族群的人员更多地集中在一个选区，减少混合选区的数量。这种有利于国阵的选区划分也引起了希盟及其他反对党人员的批评。国阵为阻止马哈蒂尔领导的土著团结党参与议会议席的竞选，通过社会团体注册部取消该党的注册资格，使该党的人员只能使用人民公正党的标识参与竞选。国阵还通过制定《虚假新闻反对法》，阻止反对党、社会组织和民众在大选期间议论和批评一马公司案件。国阵控制的选举委员会在该届大选还取消了海外投票所，对马来西亚的海外公民的投票造成了不便，他们只能返回国内参与投票。国阵对该届议会选举的过度干预行为，使该国的较多选民对国阵产生了逆反心理，他们同情反对党在议会选举中受到的各种不公正待遇，并且支持它们派出的议会竞选人。

（四）国阵获得的马来人选票数减少

国阵在 2008 年、2013 年大选中主要是依靠多数马来人的选票支持，才掌握了马来西亚的执政权。然而马来人在 2018 年大选中可以选择的马来人政党不只是巫统，还有主张建立伊斯兰政权的伊斯兰党、主张政治公平公正的人民公正党、主要由巫统的原有人员组成的土著团结党、主要由伊斯兰党的开明人士组成的国家诚信党。随着马来人的经济实力的增强，他们的社会阶层也开始分化，较多的马来人不再满足巫统主张的马来人优先政策，也不再满足国阵在大选前的福利发放，他们更多地关注巫统人员的清廉程度、巫统领导的国阵的执政绩效以及其他政党的政治理念。由于较多的马来人强烈不满近年来巫统人员出现的贪腐案件，也对国阵的社会民生建设感到失望，所以他们在该届大选转向支持希盟中马来人占多数的政党。由于伊斯兰党人员的政治作风清廉，该党倡导的伊斯兰生活方式也契合一些马来人的需求，所以他们在大选中也支持伊斯兰党的候选人。因此，在这些因素的影响下，该国的马来人选民在 2018 年大选有"35% 至

---

① 郭伟伟：《世界主要政党规章制度文献——马来西亚》，中央编译出版社 2015 年版，第 65 页。

40%支持国阵，25%至30%支持希盟，30%至33%支持马来西亚伊斯兰党"[1]。由此可知，马来人的选票分散到了国阵、希盟和伊斯兰党，国阵获得的马来人选票数急剧减少。然而希盟的成员党在该届大选获得了该国绝大多数华人、印度人的选票支持，该联盟再加上获得的马来人选票数，所以希盟成员党获得的总选票数就大大地超过了国阵，并且成功地掌握了该国的执政权。

四　希盟的议会选举协作对该国政治发展的影响

希盟的成员党在2018年开展的议会选举合作，终结了国阵长达44年的执政地位，马来西亚进入了希盟执政的时代。公正廉洁政治逐渐成为该国政治的主流，腐败政治越来越遭到社会民众的鄙弃；族群政党联盟的成员党的地位平等、理性协商、信任合作理念也得到了发展；该国的执政权力的制约机制也得到了增强。

（一）促进公正廉洁政治发展

执政党的公正廉洁能增强社会民众的政治拥护程度，执政党的贪污腐败也能使该党的政治合法性降低，社会民众对该党的支持率下降。国阵在长期的执政过程中，没有在制度层面加强公正廉政建设，所以国阵人员逐渐做出了以权谋私、贪污腐败的行为，这可以从该联盟不断出现的腐败案件得到证明。例如，曾经担任总理署部长的贾米尔被指控用伊斯兰教的义捐支付他的律师费用，曾经担任内阁财政部副部长的阿旺·阿迪涉嫌收取商人的财物。作为国阵领导人的纳吉布在担任内阁的国防部部长期间，涉嫌购买军舰时收取回扣，他还卷入了轰动全国的一马公司的贪腐案件；马来西亚警方在2018年5月搜查他的豪华住宅时，发现了大量的名牌包、手表、首饰和现金。国阵人员变本加厉的贪污腐败行为，引起了该国较多选民的强烈不满，所以他们在2018年大选支持了希盟或其他反对党的竞选人。作为希盟主要政党的人民公正党、土著团结党始终坚持政治公正理念，伊斯兰党也始终坚持政治廉洁理念，它们的公正、廉洁理念，引起了多数选民的共鸣，所以他们在该届大选支持这些政党的候选人。希盟已经成为马来西亚的执政联盟，伊斯兰党在该国的政治影响力也日益加大，所

---

[1]　[韩]黄仁元：《马来西亚政治在选举威权主义体制崩溃后的可能性：以2018年第14届议会选举为中心》，李鹏译，《南洋资料译丛》2018年第4期。

以该国将会继续倡导公正廉洁政治，贪污腐败人员将会受到该国法律的应有惩罚，贪污腐败政治在该国将越来越没有生存的空间。

（二）公民政治得到有效发展

公民政治是指作为政治主体的公民在政治地位平等的基础上，积极地参与政治事务，实现政治的公平与正义。尽管国阵为马来西亚2018年大选制造了多种障碍，但是该国的多数选民为履行议会选举的权利，支持意向的候选人，积极地参与了议会的投票活动。例如，该届大选约有1494万合格选民，这些选民的投票热情很高，"投票率高达82.32%，不少华人选民回乡、回国投票"①。希盟成员党的议会竞选合作，也建立在各成员党的地位平等、互相信任和理性协商的基础上，所以它们能妥善地协调各自的利益分歧，快速地解决大选中的突发事件，并且取得了理想的竞选结果。尽管希盟的成员党在该届大选获得的国会众议院议席数存在较大差异，但是各成员党在内阁职务分配时也开展了平等协商，最终它们获得的内阁部长、副部长的数量较均衡；希盟对内阁职务类别的分配，也是妥善地考虑了各成员党候选人的学历背景、工作经历、民众支持程度等方面的情况。因此，从选民的积极投票、希盟成员党的议会竞选和内阁职务分配的协商角度分析，马来西亚的公民政治得到了有效发展。为满足该国民众不断提升的政治参与诉求，维护联盟内部的平等协商机制，希盟执政下的马来西亚政府将会继续推动该国公民政治的发展。

（三）执政权力的制约机制增强

尽管马来西亚存在多个政党，但是该国的任何一个政党在大选中难以获得国会众议院半数以上的议席，所以自从马来西亚出现国会众议院选举以来，通常是由几个族群政党组成的族群政党联盟获得国会众议院半数以上的议席，并且掌握该国的执政权。由于国阵长期在马来西亚的政治生活中居优势地位，并且垄断马来西亚的执政权力，所以该国的反对党或反对党联盟很难制约国阵的执政权力。然而，希盟在2018年大选获得的国会众议院议席数和州政权数量都超过了希盟，并且成功地夺取了国阵的执政权，实现了国阵与希盟的执政权力的首次交替。然而，国阵的失利并不意味着它在该国失去了政治影响力，它在该届大选获得了国会众议院35.6%

---

① 范若兰、[马]廖朝骥：《追求公正：马来西亚华人政治走向》，《世界知识》2018年第12期。

的议席数和两个州政权，它在该国还有较多的选民支持，所以国阵在马来西亚还有较大的政治影响力，也还具备在以后的大选与希盟开展竞争的实力。由伊斯兰党、国民团结党、爱国党等政党组成的和谐阵线也具备较强的议会竞选实力。如果希盟的执政绩效不佳，议会的竞选策略不当，希盟就有可能在以后的大选失去执政权。马来西亚出现多个族群政党联盟，有利于更多的族群政党联盟获得国会众议院的议席，监督和制约执政党联盟的执政权力。

第五节　本章小结

　　面对国阵的长期执政，马来西亚的反对党意识到只凭借自身的实力，难以取得较好的议会竞选成绩，所以它们对反对党的族群政党联盟建构进行了积极的探索。20世纪80年代后期，由于巫统的高层人员对该国经济发展政策存在很大分歧，所以该党再次出现了内部分裂现象。脱离巫统后的人员组建了"四六精神"党，该党也联合其他反对党分别建立了伊团阵、人阵。这两个阵线的建立，标志着该国反对党联盟的初步建立。由于伊斯兰党执意在吉兰丹州推行有关的宗教法律，"四六精神"党的政治理念向马来人主义转变，所以民主行动党退出了人阵，该阵线也被迫解散了。由于马来人四六精神党1995年的大选成绩不理想，所以该党也退出了伊团阵，随后该阵线也解散了。由于巫统的马哈蒂尔与安瓦尔对1998年的亚洲金融危机的解决方案存在差异，马哈蒂尔也解除了安瓦尔的党内及内阁的所有职务，支持安瓦尔的人员组建了国民公正党，该党也与其他反对党建立了替阵。该阵线的建立标志着该国反对党联盟的再次组建。由于伊斯兰党在1999年大选后再次提出伊斯兰教国理念，民主行动党立即退出了替阵，该阵线在2004年大选之后也解散了。

　　由于伊斯兰党在2004年大选之后至2013年大选之前暂停了伊斯兰教国理念，国阵在2004年大选中取得了前所未有的好成绩，人民公正党、民主行动党与伊斯兰党在2008年大选中开展了务实的合作，它们在该届大选后也组建了民联。由于伊斯兰党在2013年大选之后，在吉兰丹州实施了《伊斯兰刑法》，人民公正党、民主行动党与其终止了合作关系，民联也就解散了。由于巫统内部出现了纳吉布涉嫌严重贪污的问题，纳吉布也开展

第七章　促进公正发展：马来西亚反对党联盟的议会选举合作　171

了不公正的党内清洗行为，所以马哈蒂尔与巫统的一些人员组建了土著团结党，该党也加入了人民公正党、民主行动党、国家诚信党建立的希盟，使该联盟的议会竞选实力得到了大幅度的提升。通过分析马来西亚反对党联盟建立的原因可知，巫统高层人员的政见分歧难以协调，容易导致巫统内部的分裂；脱离巫统后的人员也会组建新的政党，并且联合其他反对党建立新的族群政党联盟。反对党在大选中的严重失利，也会促进它们在下次大选来临之前，组建新的族群政党联盟。通过分析该国反对党联盟解散的原因可知，反对党的政治理念出现分歧，尤其是伊斯兰党主张伊斯兰教国理念时，反对党联盟就会解散。目前希盟的成员党的政治理念较温和与理性，该联盟也没有伊斯兰党，所以希盟比该国以往的反对党联盟要稳固得多。

马来西亚的反对党联盟对该国议会选举的竞选宣言、竞选人员、竞选区域的有效合作，使它们在多数大选获得了较好的竞选成绩。例如，与1995年大选相比，替阵的伊斯兰党、民主行动党在1999年大选中获得的国会众议院议席数增加了，伊斯兰党还获得了两个州的执政权；民联的成员党在2008年大选中获得的国会众议院议席数超过了国会众议院总议席数的1/3；民联在2013年国会众议院选举中的得票率首次超过了国阵；希盟在2018年大选中首次获得了马来西亚的执政权。反对党联盟的议会选举协作也推动了该国的政治发展。例如，伊团阵、人阵开展的议会选举协作标志着该国的反对党开始具备族群政党联盟意识，也为该国以后的族群政党联盟运作提供了有益的借鉴；替阵开展的议会选举协作标志着该国再次出现了反对党的族群政党联盟，更多的社会民众和政党将认同公正理念；民联开展的议会选举合作促进了该国两线制政治格局的出现，更多的族群政党、社会组织、民众要求议会的公正选举，国阵的议会选举压力变得更大，反对党的地方政府对国阵政府的制约能力增强；希盟的议会选举合作促进了该国公正廉洁政治和公民政治的发展，也增强了该国执政权力的制约机制。

马来西亚反对党联盟的议会选举合作，实现了该国的公共利益——提高国家多领域的公正程度。该国反对党联盟在大选期间提出的政治廉洁、经济政策公平、加强社会建设、为民众谋福利的理念，影响了该国法律政策的制定与实施，使该国的法律政策更符合经济社会的发展趋势，能照顾社会更多民众的利益。反对党联盟获得的国会众议院议席数的增加，有利于加强对国阵的国会众议院权力的监督与制约。希盟获得马来西亚的执政权之后，该国的国会众议院的立法权力互相制约的现象变得更加显著。该国反对党联盟对议会选举的有效合作，实现了反对党联盟的多数成员党的政党利益——国会众议院、州议会议席数的增加，扩大政党的社会影响力。例如，该国反对党联盟的多数成员党在1990年大选、1999年大选以及2008年以后的大选中获得的国会众议院、州议会的议席数都增加了，有助于增强这些政党在国会众议院、州议会的话语权。希盟获得了马来西亚的执政权，也满足了该联盟的成员党希望成为执政党的意愿。该国反对党联盟对议会选举的务实合作也实现了联盟成员党的族群利益——族群的不同政治主张人员能有序地参与政治事务。即族群内部有不同政治信念的人员能加入相应的政党，并且参与该政党的活动。例如，提倡政治公平、公正的马来人可以加入希盟的人民公正党，提倡建立诚信、廉洁政府的马来人可以加入土著团结党，提倡与其他政党开展合作的马来人穆斯林可以加入国家诚信党。

马来西亚反对党联盟的成员党开展国会众议院、州议会选举合作的主要目的是获得更多的议席，所以它们开展的是局部的政党合作，国家的公共利益也是被动生产出来的。然而，它们在合作过程中也维护了相应族群人员的利益，所以它们的议会选举合作协调了国家的公正程度增强、族群政党获得的议会议席数增加、族群人员的有序政治参与之间的关系。该国的反对党联盟对有关利益的协调，也促进了联盟的成员党更务实地开展议会选举合作。

第八章

马来西亚族群政党合作的经验

马来西亚的族群政党开展的宪法制定、族群教育事务、宗教理念、议会选举等方面的合作,对实现该国独立、维护相应族群人员利益、确保世俗政体不受损害、促进国家政策连续,推动该国多领域的公正发展发挥了积极的作用。在分析马来西亚的族群政党对这些事务的合作基础上,有必要继续分析这些族群政党开展合作的经验。即分析它们开展合作的总体过程,该国族群政党开展合作的显著特点,该国的族群政党合作对其他多族群国家的政党合作的启示。

第一节 族群政党合作的过程

马来西亚的族群政党从20世纪50年代开始,对该国多领域的事项开展了有效的合作。通过分析它们在这些领域的合作能够总结它们开展合作的条件、原因、方式和效果。它们的这些合作因素也能有效地解释它们开展合作的背景,它们为什么能开展合作,怎样开展合作以及合作的结果。

一 族群政党合作的条件

(一) 合作事项的重要程度大

族群政党的合作事项的重要程度能影响它们开展合作的意愿。如果有关事项的重要程度大,尤其是涉及国家的公共利益时,多数族群政党通常会开展紧密的合作。从20世纪40年代中期至50年代初期,亚非拉的多个国家摆脱了帝国主义列强的殖民地或半殖民地的统治,实现了国家的独立。在其他国家的民族解放运动兴起的时代背景下,马来亚必须脱离英国的殖民统治,实现独立自主,才能推动该国政治、经济、社会领域的发展,增强该国民众的归属感和自豪感,所以实现马来亚的独立在当时具有紧迫性,巫统、马华公会、印度人国大党也愿意开展这方面的合作。在其他国家的伊斯兰复兴运动的影响下,马来西亚也出现了伊斯兰复兴现象。然而伊斯兰党提出的伊斯兰教国理念对该国的议会选举政体具有较大的负面影响;该党提出的《伊斯兰刑法》严重损害了人道主义,也危害到该国多数华人的世俗生活方式,所以抵制伊斯兰党的伊斯兰理念具有很大的必要性,国阵的巫统、马华公会、民政党,希盟的民主行动党、人民公正党也开展了这方面的合作。如果有关事项能直接影响族群政党的重大利益,它们也会开展这些事项的合作。在马来西亚的政治生活中,族群政党尽量多地获得国会众议院和州议会的议席,能提高族群政党的政治地位,增强族群政党的社会影响力,所以议会选举对族群政党的重要性也很大。马来西亚的国阵、伊团阵、人阵、替阵、民联、希盟的成员党也开展了议会选举的合作。

(二) 族群政党难以单独完成

族群政党完成有关事项的能力也能影响他们开展合作的意愿。如果族群政党凭借自身的能力难以完成有关事项,它们会寻求与其他的族群政党开展合作。在 20 世纪 50 年代中期,马来亚的马来人、华人、印度人仍然存在很大的历史隔阂,这些族群人员的互相信任程度也很低。然而英国殖民者对马来亚独立的前提条件之一是族群关系的稳定;巫统无法凝聚华人、印度人的共识,马华公难以凝聚马来人、印度人的共识,印度人国大党也不能凝聚马来人、华人的共识,所以这三大族群政党难以单独协调本族群人员与其他族群人员的关系。为了实现马来亚的独立,巫统、马华公会、印度人国大党组建了族群政党联盟,各党负责维护本族群社会的稳定,并且确保了马来亚独立时期的族群关系的总体稳定。尽管在马来西亚的所有族群中,马来人的数量最多;巫统在该国的政党实力也最强,但是马来人在议会选举中不只是支持巫统,一部分马来人还支持伊斯兰党、人民公正党等马来人占多数的政党,所以巫统在多数大选中不能单独获得国会众议院一半以上的议席数。巫统为获得该国的执政权力,在多数大选中与马华公会、民政党、印度人国大党、沙巴州和砂捞越州的族群政党开展了合作。

(三) 获得相应的政党利益

族群政党开展政治活动的目的之一是获得政党利益，所以当它们能获得政党利益时，它们也会开展有关事项的合作。马来西亚的马华公会原先以维护华人的教育权利为己任，但是该党在20世纪60年代与巫统开展了族群教育事务合作，使多数华文中学转变为以英语为教学用语的中学；马华公会在20世纪60年代至80年代与巫统开展了抵制独立大学创办的合作，使独立大学最终没有创办成功。马华公会与巫统开展的这些事务合作，使马华公会继续留在了执政联盟，并且分享了该国的执政权力。尽管巫统在国阵内部居于领导地位，也掌握着该联盟议会胜选后的内阁职务分配权力，但是国阵的其他成员党愿意居于从属地位，也愿意接受巫统领导人确定的内阁职务分配方案。国阵的其他成员党与巫统的议会选举合作，使其他成员党多次成为该国的执政党之一。尽管民主行动党与人民公正党的政党理念存在差异，但是它们在该国2008年、2013年、2018年的大选中开展了竞选区域、竞选人数、竞选宣言的合作，它们的议会选举合作使它们在这些大选中获得的国会众议院议席数得到了增加，它们在2018年大选中还首次获得了马来西亚的执政地位。

(四) 只能使用非暴力的方式

如果族群政党使用暴力的方式，既不能解决有关事项，也会损害自身的利益，所以它们会采用和平的方式开展合作。在马来亚独立之前，英国殖民者在该国的军事实力还很强；随着马共势力的削弱，该国已经不存在其他能对抗英国殖民者的武装力量；由马来人协会的代表组成的巫统，华人的商会、公会的代表人士组成的马华公会，马来亚的印度人代表组成的印度人国大党更难以通过武装斗争的方式推翻英国在马来亚的殖民统治。因此，巫华印联盟只能通过协商、合作的方式，与英国执政当局探讨马来亚的独立事项，该联盟的这种方式最终也获得了成功。马来亚独立后，巫统的人员掌握着该国的军队、警察的领导权，该国的华人政党难以通过暴力的方式争取华文教育的权利，所以它们只能通过在公共场合表达关于族群教育政策的意见，向该国的教育部门表达诉求的方式争取华人教育的权益，它们的这些非暴力的合作方式也获得了较多的成功。尽管马来西亚的反对党非常渴望获得执政权力，但是该国的宪法不允许它们通过暴力的方式推翻国阵的执政地位；它们也不具备武装对抗国阵的实力，所以它们只能在大选中通过合作的方式，与国阵的人员争夺议会议席。

二 族群政党合作的原因

(一) 弥补族群政党的不足

族群政党之间愿意开展有关事项合作的原因之一是弥补它们的政党资源的缺陷。在马来亚独立之前，巫统的经济实力较弱，但是马华公会的经济实力较强；巫统的政党形象较好，但是马华公会还没有树立良好的政党形象；巫统在农村地区能获得多数马来人的选票支持，但是马华公会在城市地区能获得多数华人的选票支持。由此可知，巫统与马华公会在经济实力、政党形象、区域选民等方面的资源能够互补。巫统与马华公会通过开展地方议会、联合邦立法会的选举合作，使巫统的经济实力得到了增强，该党也获得了城市地区一些华人的选票支持；也使马华公会获得了较好的政党形象，该党也获得了农村地区一些马来人的选票支持。由于在马来西亚的最近几届大选中，民主行动党获得了越来越多的华人的选票支持，人民公正党在混合选区也取得了较好的竞选成绩；土著团结党、国家诚信党也很有可能在2018年大选获得一些马来人的选票支持，所以这些族群政党在该届大选开展了务实的合作。它们的议会选举合作，弥补了族群政党难以获得其他族群人员选票支持的不足，尽可能多地争取了选民的选票数。

(二) 维护国家的公共利益

国家的公共利益是社会中多数人的共同利益，所以族群政党开展合作时，通常致力于维护这方面的利益。马来西亚的族群政党在多数情况下，为维护国家的公共利益，宁愿暂时搁置彼此的利益分歧，也要开展有关事项的合作。例如，民主行动党与马华公会、民政党的政党理念存在差异，它们也互为议会选举过程中的竞争对手。当伊斯兰党提出建立伊斯兰教国时，民主行动党立即终止了与伊斯兰党的联盟关系；民主行动党、马华公会、民政党还在多个场合共同反对伊斯兰党的伊斯兰教国理念。这意味着它们对该事项已经形成利益共识，即坚决反对伊斯兰党损害马来西亚的世俗政体。马来西亚的反对党为推动政治、经济、社会领域的公正发展，也开展了议会竞选事务的合作。例如，当国阵的人员出现政治腐败问题、国阵实施的经济、社会政策不公正时，国民公正党、伊斯兰党、民主行动党等族群政党建立了替阵，并且在该国的1999年大选中公开挑战国阵的执政地位，最终替阵的成员党获得的议会议席数得到增加，替阵的成员党对国阵的执政权力的制约能力得到提高，也迫使国阵在2001年制定与实施了更公正的国家宏愿政策,该国在经济、社会领域的公正程度也得到增强。

(三) 维护族群人员的利益

族群人员的利益是族群政党利益的一部分,所以族群政党开展合作时,也会尽量维护相应族群人员的利益。在马来亚的独立时期,为维护马来人的利益,巫统与马华公会、印度人国大党开展了关于特权、国语、国教等事项的协商与合作,最终该国的宪法规定马来人继续享有多项特权,将马来语列为国语,伊斯兰教列为国教。为维护华人、印度人的利益,马华公会、印度人国大党与巫统开展了关于非马来人的公民权、族群教育政策的协作,最终该国宪法降低了华人、印度人成为该国公民的条件,并且规定华人、印度人享有发展本族群语言教育的权利。马来亚独立后,巫统与马华公会为保障马来人的教育优势地位,维护马来人社会稳定,联合推动了多数华文中学改制为以英语作为教学用语的中学,也抵制了独立大学的创办。民主行动党、马华公会、民政党为了使华小不变质,保障华人的华文初等教育权利,共同阻止了不利于华小的"3M"计划,也协同解决了华小高职事件;马华公会、民政党为提高华小教育政策的合理程度,维护华人社会稳定,也开展了华小的有关事务合作,最终该国政府废除了能使华小转变为马来文小学的条例,取消了华小用英语教数学和科学的规定。

(四) 获得议会的更多议席

族群政党的最直接、最现实的利益是提高该党的政治地位,扩大政党的社会影响力,所以在存在议会选举的国家,族群政党开展合作时,也会尽力获得议会的更多议席。由于巫统领导的执政党联盟在1969年获得的国会众议院议席数减少了,所以为了获得议会的更多议席,巫统邀请了更多的族群政党加入联盟党,共同开展1974年的大选合作。由于国阵的议会竞选实力很强,新成立的"四六精神"党意识到无法与国阵在大选中开展竞争,所以为了争夺议会的议席,"四六精神"党与哈民党、伊斯兰党等族群政党建立了伊团阵;该党还与人民党、民主行动党等族群政党建立了人阵。伊团阵、人阵在1990年大选中也开展了竞选宣言、竞选区域的合作,使这两个阵线的较多成员党在该届大选获得的议会议席数得到增加。由于人民公正党在2004年大选中获得的议会议席数减少了,伊斯兰党也暂停了伊斯兰教国理念,人民公正党为增加在议会选举中获得的议席数,也与伊斯兰党、民主行动党开展了马来西亚2008年大选的合作。马哈蒂尔、慕尤丁等人组建的土著团结党自知政党实力较弱，但是为了尽量多获得议会议席，该党就加入了希盟，并且与希盟的其他成员党开展了2018年的议会竞选合作，最终土著团结党在该届大选获得的国会众议院议席数超过了十个。

三　族群政党合作的方式

（一）组建族群政党联盟

族群政党联盟是指两个或两个以上的族群政党联合建立的政治团体。自从马来亚出现巫华联盟之后，该国族群政党开展合作的主要方式是建立族群政党联盟。例如，该国相继出现的族群政党联盟主要包括巫华印联盟、国阵、伊团阵、人阵、替阵、民联、希盟等。这些族群政党联盟的成员党的政党理念通常不存在难以协调的利益冲突；这些族群政党联盟也通常制定了政治纲领，联盟的成员党也必须遵守该纲领。联盟的成员党在大选中要按照联盟制定的竞选宣言、竞选区域、竞选人数方案开展活动，配合联盟的其他成员的竞选活动，致力于为联盟获得议会的更多议席。马来西亚族群政党联盟的加入或退出渠道是开放的，只要其他的族群政党愿意遵守联盟的纲领，听从联盟的指挥，该族群政党就能成为联盟的成员党之一。如果联盟的成员党不愿意再遵守联盟的纲领，或者是该党与联盟的其他成员党的政党理念出现了严重对立的现象，该党就可以退出联盟。该国的族群政党联盟也为有关的族群政党开展合作提供了较好的平台，这些族群政党可以在联盟互相表达利益诉求，达成联盟的利益共识。

（二）采取互相支持的行为

由于族群政党之间的政党理念存在差异，所以它们没有组成族群政党联盟。但是在涉及族群的有关事务时，如果它们存在共识，它们会在言语表达、活动开展等方面采取互相支持的态度。马来西亚的马华公会、民政党、民主行动党主要由华人组成，但是由于它们的政党理念有较大的差异，民主行动党也不赞同巫统的族群政策，所以民主行动党始终没有加入巫统领导的国阵。但是当华人的权益受到严重损害时，民主行动党、马华公会和民政党会采取互相支持的行为。例如，当马来西亚的教育部意图在华小实施"3M"计划，改变华小的华文教育属性时，这些族群政党的领导人在公共场合表达了反对"3M"计划的意见，最终迫使该国的教育部修改了"3M"计划。当伊斯兰党提出伊斯兰教国理念时，民主行动党、马华公会、民政党的领导人为维护多数华人的世俗生活方式,也在公共场合说明了伊斯兰教国理念的危害,并且强烈反对该理念,这都对伊斯兰党的伊斯兰教国理念的实施产生了较大的抑制作用。

四 族群政党合作的效果

(一)获得较好的合作效果

马来西亚的族群政党开展的多领域合作,取得了较好的合作效果。例如,巫华印联盟对联合邦立法会的选举合作,使该联盟获得了立法会的多数议席,为制定有利于该联盟的宪法文本创造了良好的条件。马华公会与民政党对华文教育法令修订的合作,促进了该国《1996年教育法令》的制定,该法令也废除了教育部部长可以随意将华小改制为马来语小学的条文,降低了华小变质的风险。马华公会与民政党对华小用英语教数学和科学事件的合作,最终该国允许华小从2012年起全部用中文教数学和科学,保障了华小的华文教育属性。国阵成员党对议会选举的务实合作,使该联盟从1974年至2013年大选获得了国会众议院半数以上的议席数,并且掌握了该国的执政地位;该联盟在2004年大选甚至获得国会众议院90.4%的议席数。民联的成员党在2013年大选开展的竞选宣言、竞选区域的合作,使该联盟在国会众议院选举中的得票率首次超过了国阵;民主行动党在该届大选获得的国会众议院议席数也大幅度增加。希盟的成员党在2018年大选开展的竞选宣言、竞选标识、竞选区域的协作,使该联盟获得的国会众议院议席数首次超过了国阵,并且获得了该国的执政权力,实现了该国自1974年以来的执政权力的首次交替。

(二)获得较差的合作效果

马来西亚的族群政党开展的一些议会竞选合作,也获得了较差的合作效果。例如,由于马来人四六精神党的较多党员重新加入了巫统,使马来人四六精神党的政党实力受到了严重损害;伊团阵的成员党在1995年大选合作不密切,但是国阵在该届大选做了充足的准备,所以伊团阵在该届大选失利,其中马来人四六精神党获得的国会众议院议席数、州议会议席数都减少了。随后马来人四六精神党的多数成员也重新加入了巫统,最终也导致伊团阵的解体。由于伊斯兰党提出了伊斯兰教国理念,民主行动党就退出了替阵,该阵线的竞选实力也受到了损害。尽管替阵的伊斯兰党、人民公正党开展了2004年大选的有关事务的合作,但是替阵在该届大选获得的国会众议院议席数、州议会议席数、州政权数量都少于1999年大选,其中伊斯兰党在该届大选的竞选成绩下降得最明显。替阵的2004年大选成绩不良,也最终导致该联盟的解体。马来西亚的族群政党获得较差的合作效果,通常也迫使有关的族群政党转变政党理念,与其他族群政党开展更务实的合作。

(三) 促进马来西亚的政治发展

尽管马来西亚的族群政党开展的合作有较好的效果,也有较差的效果,但是从总体上分析,它们获得的较好效果要多于较差的效果,所以它们开展的合作在很大程度上推动了马来西亚的政治发展。例如,巫华印联盟对马来人的特权、非马来人的公民权、族群教育政策的协商与合作,使马来人继续享有多种特权,较多的华人、印度人获得了马来亚的公民权,华人、马来人拥有了发展本族群教育的权利,有效地缓解了这三大族群的利益矛盾,维护了该国族群社会的总体稳定,为实现马来亚的独立创造了良好的条件。巫统与马华公会推动华文中学改制,抵制独大的创办,维护了马来人的教育优势地位,也维护了马来人社会稳定。华人政党共同阻止"3M"计划在华小的实施,协同反对不懂华语的人员担任华小的高层职务;马华公会和民政党共同要求该国政府废除了能使华小马来化的条文,妥善解决华小用英语教数学和科学的事件,有效地维护了华人的初等教育权利,维持了华人社会的稳定。

马华公会、民政党支持巫统的世俗伊斯兰教国理念,华人政党共同反对伊斯兰党的宗教政权理念,有效地维护了该国的世俗政体。国阵的成员党开展的议会选举合作,使该联盟从1974年至2018年4月获得了马来西亚的执政权力。国阵在执政期间为解决族群之间经济实力差距太大、社会民生建设不足、社会公正程度不高等问题,相继实施了新经济政策、国家发展政策、国家宏愿政策,保证了该国政策的连续。面对国阵出现的政治腐败问题,该国的反对党也组建了族群政党联盟开展议会选举合作,它们提出的公正理念也获得了越来越多的社会民众支持,所以反对党联盟在2008年、2013年、2018年大选获得的国会众议院、州议会议席数逐渐增加;在反对党联盟的竞选压力下,国阵为回应社会民众的公正诉求,也实施了更公正的经济、社会政策。因此,马来西亚反对党联盟的议会选举合作促进了该国政治、经济、社会领域的公正发展。

第二节 族群政党合作的特征

马来西亚族群政党合作的条件、原因、方式和效果解释了该国族群政党开展合作的总体过程，有利于理解该国族群政党在族群事务、宗教事务、议会选举事务等方面的合作。但是在分析马来西亚族群政党合作过程的基础上，还有必要分析该国族群政党开展合作的特征。

一 联盟内部拥有主导的政党

族群政党之间的政党理念存在差异，如果联盟内部没有占主导地位的政党协调成员党的意见分歧，它们将难以达成联盟共识，实现联盟的共同利益。因此，当族群政党以联盟的形式开展合作时，应当有一个占主导地位的政党，统领联盟合作的发展方向，协调联盟成员党的利益冲突，及时解决联盟合作过程中的突发事件。族群政党联盟的主导政党通常由政党实力强的、社会影响力大的政党担任；主导政党在联盟的利益分配过程中经常能获得比其他成员党更多的利益。马来西亚的族群政党联盟内部通常也有一个主导的政党。例如，国阵建立之后，由于巫统的成员数量比马华公会、印度人国大党的成员数量多，巫统的议会竞选实力比它们的竞选实力强，巫统的社会影响力也比它们的社会影响力大，所以巫统是国阵的主导政党。巫统领导着国阵的国会众议院、州议会的选举合作事项；巫统的领导人也能决定国阵的竞选宣言内容，竞选区域和竞选议席数的分配方案；在大选过程中，巫统通常能获得比国阵的其他成员党更多的竞选议席数。国阵获得马来西亚的执政权之后，巫统领导人还掌握着内阁职务分配的权力；该党通常也能获得内阁重要部门的领导职务，该党获得的内阁职务数量也经常多于国阵的其他成员党。马来西亚的反对党联盟也通常有一个占主导地位的政党。由于人民公正党曾经多次开展维护公平、正义的社会活动，所以该党的社会影响力比希盟的其他成员党的社会影响力要大，人民公正党也就成了希盟的主导政党；人民公正党的主席在2018年大选之后还担任了该国内阁的副总理。

二 执政党联盟的成员党关系较稳定

族群政党通过建立联盟的方式开展议会选举合作,该族群政党联盟获得执政权之后,该联盟也就成了执政党联盟;由于执政党联盟的成员党能分享执政权力,所以该联盟的成员党关系通常较稳定。马来西亚的执政党联盟的成员党关系也较稳定。例如,自从巫统、马华公会、印度人国大党建立巫华印联盟,并且获得马来亚立法会的多数议席之后,它们就经常保持着议会选举的合作关系,它们的这种合作关系甚至延续到了国阵时期。国阵在 1974 年只有 9 个成员党,随后该联盟的成员党数量逐渐增加,国阵在 1995 年大选之后的成员党数量甚至达到了 14 个。随后由于各种因素的影响,有的政党退出了国阵,但是在 2018 年大选期间,国阵仍然有 13 个成员党。正是由于国阵在此期间能持续掌握马来西亚的执政权力,国阵的成员党能作为执政党之一,所以国阵的多数成员党愿意留在联盟内部,并且在巫统的领导下,开展议会选举事务的合作。

三 反对党联盟的成员党关系不稳定

反对党组建政党联盟,开展议会选举合作的目的之一是尽量多地获得国会众议院和州议会的议席数。如果反对党联盟在该届大选的竞选成绩不理想,有关的反对党很可能退出该联盟,并且在下次大选中与其他的反对党建立新的政党联盟,开展议会选举合作。因此,反对党联盟的成员党关系通常是不稳定的。由于受成员党的政党理念变化,成员党的大选成绩下降的影响,马来西亚的反对党联盟的成员党关系也不稳定。例如,马来西亚的反对党在 1990 年建立了伊团阵和人阵,随后由于伊斯兰党在执政的吉兰丹州实施了伊斯兰法律,民主行动党在 1995 年就退出了人阵,最终导致人阵的解体;马来人四六精神党在 1995 年大选失利,随后该党的领导人解散了这个政党,最终导致伊团阵的解体。该国的反对党在 1999 年大选之前建立了替阵,随后由于伊斯兰党在执政的丁加奴州实施了伊斯兰法律,民主行动党就退出了替阵;伊斯兰党、人民公正党在 2004 年大选获得的议席数下降,它们也退出了替阵。该国的反对党在 2008 年大选之后建立了民联,随后由于伊斯兰党在执政的吉兰丹州实施了《伊斯兰刑法》,民主行动党与人民公正党就终止了与该党的合作关系,最终导致民联的解体。由此可知,马来西亚的以上反对党的联盟关系维持时间较短,这些反对党的联盟关系通常只能存续一届或者两届大选。

四 全面的与局部的政党合作

由于国家的公共利益与社会所有民众的个人利益存在密切联系，所以涉及国家的公共利益事项时，该国的族群政党通常是开展全面的政党合作。由于政党利益或族群利益只与社会中特定群体的利益存在联系，所以涉及族群政党利益或族群人员利益时，该国的族群政党经常开展的是局部的政党合作。面对仍然受英国殖民统治的社会现实，巫统、马华公会、印度人国大党开展了全面的政党合作，甚至对各自代表的族群利益进行了适当的妥协，最终实现了马来亚的独立。在伊斯兰教理念逐渐侵蚀世俗政体的情况下，马华公会、民政党与巫统，民主行动党与其他华人政党也开展了全面的政党合作，最终使该国的世俗政体没有受到实质损害。面对马来人要求保障教育优势地位的诉求，巫统与马华公会开展了改制华文中学、抵制独立大学的局部政党合作，有效维护了马来人社会稳定。面对华人要求保障华文初等教育权利的诉求，华人政党开展了阻止华小马来化、英语化的局部政党合作，有效维护了华人社会稳定。为了持续获得该国的执政权力，国阵的成员党开展了议会选举的局部政党合作，最终国阵获得了该国44年的执政权力。为了获得议会的更多议席，该国反对党联盟的成员党也开展了议会选举的局部政党合作，使反对党联盟的成员党在较多大选中获得的议会议席数增加，希盟在2018年大选中还获得了该国的执政地位。

五 注重协调三方面的利益

国家的公共利益是国家公共事务领域的重要利益，政党利益与族群利益是族群政党的现实利益。妥善地协调这三方面的利益能促进族群政党更好地解决有关事项，增强族群政党之间合作的正当程度。在马来亚独立之前，该国的巫华印联盟的成员党开展议会选举、族群事务合作的主要目的是实现马来亚的自主发展；但是在合作过程中，也使它们成为该国的执政党之一，马来人继续享有多项特权，华人、印度人获得了发展母语教育的权利，多数华人、印度人也获得了马来亚的公民权。马来亚独立之后，马华公会与巫统开展的有关华文教育事务的合作，使马华公会继续留在了执政联盟内部，也维护了马来人的教育优势地位。民主行动党与其他华人政党开展的有关华小事务的合作，使民主行动党在大选中获得的议席数增加，也维护了华人的初等教育权益。这些族群政党对华文教育事务的合作有效协调了马来人与华人之间的教育利益冲突。马华公会、民政党支持巫统的世俗伊斯兰教国理念，使国阵在 2004 年大选中获得的议席数增加。民主行动党与其他华人政党联合抵制伊斯兰党的伊斯兰教国理念，使民主行动党在 2004 年大选中获得的议席数增加。这些政党对伊斯兰理念的合作有效维护了该国的世俗政体，也维护了多数华人的世俗生活方式。国阵的成员党对议会选举的合作，使该联盟持续获得了马来西亚的执政权力，族群的不同利益群体能在国阵有序地表达诉求，也促进了该国政局稳定。反对党联盟的成员党对议会选举的合作，使多数成员党获得的议席数增加，族群不同政治诉求的人员能有序地参与政治事务，也增强了该国政治、经济、社会领域的公正程度。

第三节 族群政党合作的启示

马来西亚的族群政党联盟内部拥有领导的政党、联盟成员党的关系、族群政党的合作程度、族群政党的利益协调，解释了该国族群政党合作的特点，有利于了解该国族群政党合作的本质规律。在分析马来西亚的族群政党合作特征之后，也有必要从公共利益、特殊利益、发展理念、合作效果、利益协调的角度分析该国的族群政党合作对其他多族群国家政党合作的启示。

一 以国家的公共利益为主导

由于各族群政党的利益诉求存在差异，无论是以哪个族群政党的利益作为合作目标，都容易引发其他族群政党的不赞同心理，所以某个族群政党的利益不适宜作为族群政党之间合作的目标。国家的公共利益是国家的高层次利益，社会的个体人员、社会组织的能力有限，它们也难以实现国家的公共利益；作为有组织、有纪律、有理想的政党应当肩负实现国家的公共利益的重任。因此，族群政党开展合作时应当将国家的公共利益放在首位。当国家的公共利益出现时，族群政党之间要开展务实的合作，致力于实现国家的公共利益；即使在实现该利益的过程中，有可能损害一些政党利益、族群利益和个人利益，也应当不过多地计较这些特殊利益的损失。当外界势力意图损害国家的公共利益时，族群政党要通过合作的方式与外界势力做坚决的斗争，确保国家的公共利益不受到损害。族群政党之间的合作以国家的公共利益为最高目标，能提高它们的合作价值，增强社会民众对它们的合作的拥护程度。

二　增加政党之间的特殊利益

族群政党的特殊利益包括本党的利益及代表的族群人员的利益，其中包括族群政党的议会选举利益、政府部门职务分配利益，族群人员的教育利益、宗教利益、生活方式利益等方面的内容。族群政党之间能开展有关事项的合作，也是因为它们具有特殊利益的某方面或某几方面的利益共识。然而族群政党在政治活动中既要维护政党的利益，也要维护族群人员的利益，所以族群政党要维护的利益事项较多。如果族群政党不存在相同的政党利益或族群人员利益，它们难以建立持久的合作关系。某个族群政党会由于某方面的政党利益、族群利益与参与合作的其他族群政党存在差异，就不再与它们继续开展合作。因此，为增强族群政党之间的合作关系，参与合作的族群政党有必要增加它们在政党利益、族群人员利益方面的相同点。如果某个族群政党的政党利益或者族群利益与参与合作的其他族群政党产生了分歧，其他的族群政党应当尽量说服该族群政党纠正在政党利益、族群利益方面的不合理诉求，使它们能再次达成特殊利益的新共识，维护它们的合作关系。

三　坚持发展主义的价值取向

族群政党在开展合作的过程中应当注重实现和维护它们的共同利益，致力于建立长期的合作关系。如果族群政党只是考虑本党的利益、本族群人员的利益，就难以与其他的族群政党继续建立合作的关系；如果开展合作的族群政党只是考虑它们的短期利益，也不利于它们开展长期的合作。族群政党在开展合作时也要努力推动国家多领域的发展。当国家仍然处于被殖民统治的地位时，族群政党要暂时搁置理念分歧，尽量达成利益共识，致力于实现国家的独立自主。国家独立之后，族群政党要注重满足该国不同时期的族群人员的利益诉求，维护相应族群的社会稳定，为国家的可持续发展创造良好的族群社会环境。在实行议会选举的国家中，当社会的宗教人士意图损害议会选举制度、推行宗教的生活方式时，族群政党要同心协力抵制他们的宗教化行为，使该国的世俗政体、多数民众的世俗生活方式不受到实质的损害。作为执政党的族群政党在开展合作时要注重实施有利于经济、社会发展的政策，保证国家政策的连续；作为反对党的族群政党在议会选举合作中要尽量多地获得议会议席，增强对国家权力的制约能力，迫使执政党实施更加公正的经济社会政策。

四　创造政党合作的较好效果

族群政党的合作效果影响着它们继续开展合作的意愿。如果族群政党在合作过程中难以实现政党的利益、代表的族群人员的利益，它们会认为这种合作的用途不大，就不再与先前的族群政党开展合作，并且寻求与其他的族群政党建立新的合作关系。因此，族群政党在议会选举合作中要致力于促进有关的政党获得的议会议席数增加，获得的选民支持率提升，才能使有关的族群政党体会到合作的价值，继续与原先的族群政党开展合作。族群政党在开展教育事务合作时，要确保族群政党代表的族群人员能获得发展本族群教育的权利，尽量地维护族群人员的教育利益；族群政党在开展宗教事务合作时，要确保族群人员拥有宗教信仰自由的权利，本族群人员的生活方式不受其他族群的宗教条例的影响，尽力维护族群人员的宗教利益、自主生活的利益。族群政党在合作过程中有效地维护本族群的教育、宗教、生活方式等方面的利益，能增强族群人员对它们的拥护程度，提高族群政党在本族群的影响力，巩固有关的族群政党的合作关系。

五　注重族群政党的利益协调

尽管实力强的族群政党主导着合作过程中的利益分配事项，但是实力强的族群政党在分配利益时不能只维护本党的利益，应当适当地照顾实力较弱的族群政党的利益，使实力较弱的族群政党愿意继续开展合作，维护它们的合作关系。族群政党获得议会议席的前提是该党能参与议会的竞选，所以族群政党在开展议会选举合作过程中，实力强的族群政党不能全部占有议会的竞选议席数和竞选区域，应当根据实力较弱的族群政党的竞选能力、选民基础，赋予它们适当数量的竞选议席数和竞选区域，使实力较弱的族群政党也有机会获得议会的议席。族群政党参与国家行政事务的前提是该党能获得政府部门的职务，所以参与合作的族群政党获得该国的执政地位之后，获得议会议席数多的族群政党不能全部占有政府部门的职务，获得议会议席数多的族群政党应当根据开展合作的其他族群政党的竞选成绩，赋予它们适当数量的政府部门职务；即使参与合作的一些族群政党没有获得议会议席，也应当根据它们的组织特点，给予它们少量的政府部门职务。族群政党在合作过程中协调在议会竞选数量、政府部门职务分配等方面的利益，能在较大程度上增强它们的合作关系。

第四节 本章小结

马来西亚的族群政党开展合作的条件是有关事项涉及多数民众的利益，政党在国家中的政治地位；该国的任何一个政党难以完成该事项；政党能获得相应的利益；该国不允许使用暴力的解决方式。当族群政党的资源能够互补，为了维护国家的公共利益、族群人员利益，争取获得议会的更多议席时，该国的族群政党就会开展有关事项的合作。马来西亚的族群政党开展合作的方式包括建立族群政党联盟，在言语内容、社会活动等方面采取互相支持的态度。该国族群政党开展的合作既有较好的效果，也有较差的效果，但是由于较好的合作效果多于较差的合作效果，所以它们开展的合作对该国政治发展产生了积极的影响。在马来西亚的执政党联盟、反对党联盟内部通常存在一个占主导地位的政党，该党引领着联盟的发展方向，掌握着联盟利益的分配权力。由于执政党联盟的成员党能够分享执政权力，所以这些政党的联盟关系较稳定；由于反对党联盟的成员党之间的理念会产生冲突，它们在大选中获得的议会议席数减少，所以这些政党的联盟关系通常不稳定。为实现国家的公共利益，该国的族群政党会开展全面的合作；为实现政党利益或族群人员的利益，该国的有关族群政党会开展局部的合作。马来西亚的族群政党在合作中也注重协调国家的公共利益、政党利益和族群人员的利益。该国的族群政党合作对其他国家的族群政党合作的启示是注重实现和维护国家的公共利益；扩大它们在政党利益、族群人员利益方面的共识；致力于建立长期的合作关系，推动国家的政治、经济、社会领域的发展；努力创造议会选举、族群的教育、宗教、生活方式等领域合作的较好效果；注重协调实力强的族群政党与实力较弱的族群政党在议会的竞选议席数、竞选区域、政府部门职务分配等方面的利益。

结　　论

马来西亚的马来人、华人、印度人的代表人士为有效地维护族群的利益，按照不同的政治理念组建了多个族群政党。这些族群政党对马来亚的独立事项、族群的教育事项、伊斯兰教事务、国会众议院和州议会的选举事务开展了务实的合作，它们的合作在很大程度上影响了马来西亚的政治发展。

在马来亚独立之前，由于巫统希望获得马华公会的经济支持，马华公会希望树立良好的政党形象，巫统希望获得城市华人的选票支持，马华公会、印度人国大党希望获得马来人的选票支持，所以它们组建了巫华印联盟，这意味着该国的三大族群正式建立了政党联盟。巫华印联盟的成员党对多数华人、印度人的公民权，各族群的教育事务、联合邦宪法内容的合作，缓和了该国三大族群的利益冲突，使马来亚脱离了英国的殖民统治。该时期的马来亚族群政党开展合作的主要目的是实现国家独立，所以它们全面开展了联合邦立法会选举、宪法制定等领域的合作。它们为营造族群关系稳定的氛围，促进国家的自主发展，甚至互相妥协了族群之间的利益，所以它们在该时期的合作主要是以国家的公共利益为导向，并且主动地生产国家的公共利益。

马来亚独立之后，由于马华公会发生了内部人员的退党事件，该党的实力受到了严重损害；为维护与巫统的联盟关系，马华公会与巫统联合推动了华文中学的改制，也共同抵制了独立大学的创建。它们的合作使该国马来人的教育优势地位更加显著，对维护马来人的社会稳定发挥了积极作用。由于该国陆续制定了对华小发展不利的政策，华小面临着变质的风险，所以该国的华人政党共同制止了不利于华小的"3M计划"，妥善解决了华小高职事件，也对《1996年教育法令》的制定和华小数理英语教学事件开展了合作,最终使华小保留了华文教育的本质,该国的华小教育政策也向有利于华人的方向转变,这在较大程度上维护了华人社会的稳定。该国族群政党对独立后的教育事务合作主要是为了获得议会选举的更多议席,维护相应族群的教育利益,所以它们在该时期的教育事务合作更多考虑的是政党利益和族群人员利益,它们开展的是局部的政党合作。但是它们在教育事务方面的合作也较好地协调了马来人与华人之间的教育利益冲突。

由于马来人与华人的经济差距加大、国内的社会分化现象的产生、国外的伊斯兰复兴运动的发展,马来西亚在坚持议会制政体的基础上,从20世纪80年代开始在行政、经济和社会领域增加了伊斯兰教因素。马华公会、民政党也支持巫统的世俗伊斯兰教国理念;华人政党还联合抵制了伊斯兰党的政教合一的政权理念。它们的合作有效地维护了该国的世俗政体,使伊斯兰党的右派激进主义理念难以获得该国多数民众的支持。马来西亚的族群政党开展的伊斯兰事务合作,主要是确保该国的世俗政体不受到实质损害,所以它们在该领域的全面合作也是以国家的公共利益为导向的。巫统、马华公会、民政党、民主行动党对世俗政体的维护,使它们在2004年大选中获得了较好的成绩,也有效地维护了该国多数华人的世俗生活方式。

由于巫统、马华公会、印度人国大党在1969年获得的国会众议院议席数减少,巫统希望增强"5·13"族群冲突后的政治基础,所以巫统吸收了其他政党组建了国阵。该阵线的成员党在大选中开展了竞选区域、竞选议席数和竞选宣言的合作;它们在大选后还开展了内阁职务分配的合作,它们的务实合作使国阵连续获得马来西亚44年的执政权。国阵在此期间相继实施了新经济政策、国家发展政策、国家宏愿政策,这些政策有效解决了该国不同时期的经济社会问题,也促进了国家政策的连续。国阵成员党开展议会选举合作的主要目的是获得马来西亚的执政地位,所以它们的议会选举合作主要考虑的是族群政党利益,它们开展的是局部的政党合作。但是它们在该领域的合作也维护了马来西亚的政局稳定,该国的族群人员也能在国阵有序地表达利益诉求。

由于巫统高层人员的政策观念存在分歧,该党在20世纪80年代后期再次出现了内部分裂的现象;从巫统退出的人员也组建了"四六精神"党,该党也联合其他反对党分别组建了伊团阵和人阵。这两个阵线也开展了大选的竞选宣言、竞选区域的合作，它们的合作标志着该国反对党开始产生族群政党联盟意识，也为该国以后的反对党联盟的内部机制运作、议会选举合作提供了有益的借鉴。由于伊斯兰党在吉兰丹州制定了与伊斯兰教有关的法令，民主行动党就退出了人阵，该阵线在1995年大选之前也解散了；马来人四六精神党在1995年大选失利，迫使该党退出了伊团阵，随后该阵线也解散了。人阵、伊团阵相继终结，意味着该国反对党的族群政党联盟的发展遭遇了挫折，很不利于它们以后的议会选举。然而马来西亚在1998年再次发生了影响力很大的政治事件。即由于马哈蒂尔与安瓦尔对1997年爆发的亚洲金融危机的解决方案存在严重分歧，马哈蒂尔解除了安瓦尔的党内及内阁的所有职务，这造成了他们将近二十年的敌对状态。支持安瓦尔的人员组建了国民公正党，该党也联合其他反对党建立了替阵。该阵线的成员党在大选中也开展了竞选宣言、人数和区域的合作，它们的议会选举合作标志着该国反对党的族群政党联盟得到重建，公正发展理念逐渐深入民心。由于伊斯兰党在1999年大选后主张伊斯兰教国理念，民主行动党就立即退出了替阵；该阵线成员党的2004年大选成绩很不理想，随后替阵也解散了。

由于伊斯兰党在2004年大选后暂停了伊斯兰教国理念，为了争夺议会的议席，民联的成员党在2008年、2013年大选中开展了有效合作，最终它们在2008年大选获得的国会众议院议席数大幅度增加，民联在2013年的国会众议院选举的得票率还超过了国阵，使国阵面临的议会选举压力逐渐加大，该国的两线制政治格局也更加显著。由于伊斯兰党在吉兰丹州实施了《伊斯兰刑法》，人民公正党、民主行动党就终结了与伊斯兰党的联盟关系，民联被迫解散。由伊斯兰党的开明人士组成的国家诚信党与人民公正党、民主行动党也组建了希盟。巫统内部出现的纳吉布涉嫌严重贪污的事件，迫使马哈蒂尔与巫统的一些人员组建了土著团结党，随后该党也加入了希盟，该联盟的实力也得到了很大提升。

由马来西亚反对党联盟的组建与解散的情况可以得知，伊斯兰党主张伊斯兰理念是反对党联盟解散的重要原因；巫统的内部分裂、反对党的大选失利能促进反对党再次组建政党联盟。目前希盟成员党的政党理念较理性，该联盟也没有伊斯兰党，所以希盟成员党的联盟关系较稳定。希盟的成员党在2018年大选中也开展了密切合作，并且成功地获得了该国的执政地位。该联盟成员党的议会选举合作，促进了该国的公正廉洁政治和公民政治的发展，也增强了该国执政权力的制约机制。马来西亚反对党联盟的成员党开展议会选举合作的主要目的是获得议会的更多议席，所以它们的议会选举合作也是局部的合作，即它们更多考虑的是本党的议会选举利益。但是它们的议会选举合作，既使它们获得了议会的较多议席，也迫使国阵自20世纪90年代以来，实施了更公正的经济、社会发展政策，所以在较大程度上推动了马来西亚政治、经济、社会领域的公正发展。它们的议会选举合作也使该国的族群人员能有序地参与政治事务。

马来西亚的族群政党开展合作的条件是有关事项的重要程度大，单个族群政党难以完成该事项，族群政党能获得相应的政党利益，该国不允许使用暴力的解决方式。由于政党之间的资源存在互补，也能维护国家的公共利益、族群人员的利益，获得议会的更多议席，所以该国的族群政党开展了有关事项的合作。该国族群政党合作的方式包括建立政党联盟；在言语内容、社会活动等方面采取互相支持的行为。该国的族群政党合作既有较好的效果，也有较差的效果；但是由于它们的较好合作效果多于较差的合作效果，所以它们的合作在较大程度上推动了该国的政治发展。马来西亚的族群政党合作的特征包括在执政联盟内部、反对党联盟内部通常有一个占主导地位的政党；执政党联盟的成员党关系较稳定，但是反对党联盟的成员党关系不稳定；该国的族群政党为实现国家的公共利益开展了全面的政党合作，为实现政党利益或族群人员利益开展了局部的政党合作；它们在合作中也注重协调国家的公共利益、族群政党利益和族群人员利益。

目前一些发展中国家的族群冲突问题很突出，有的国家甚至陷入了治理衰败的困境。马来西亚也是一个多族群的国家，而且是有很多伊斯兰教徒的国家，但是该国能维持族群关系总体稳定、经济社会快速发展的重要原因之一是该国的族群政党通过政党合作的方式达成了政治共识，实现了该国的稳定发展。马来西亚的族群政党合作对其他的多族群国家的政党合作的启示是注重实现和维护国家的公共利益；增加它们的政党利益、族群人员利益的共同点；致力于保持长期的合作关系，促进国家的多领域发展；尽量在议会选举、族群事务等方面多创造合作的较好效果；注重协调它们在议会竞选、政府部门职务分配等方面的利益。

参考文献

一 中文著作

《马克思恩格斯文集》(第2卷),人民出版社2009年版。

《列宁全集》(第33卷),人民出版社1985年版。

《马来西亚联邦宪法》,北京大学法律系宪法教研室编译,商务印书馆1979年版。

柴宝勇:《政党政治的概念、框架与实践:构建有中国特色的政党政治学》,中国社会科学出版社2016年版。

陈新民:《德国公法学基础理论》(上),山东人民出版社2001年版。

陈振明:《政治学——概念、理论和方法》,中国社会科学出版社2004年版。

陈中和:《马来西亚伊斯兰政党政治——巫统和伊斯兰党之比较》,新纪元学院马来西亚族群研究中心和策略咨询中心联合出版,2006年。

范若兰、李婉珺、[马]廖朝骥:《马来西亚史纲》,世界图书出版广东有限公司2018年版。

段立生、黄云静、范若兰等:《东南亚宗教论集》,泰国曼谷大通出版社2002年版。

高鹏怀:《比较政党与政党政治》,知识产权出版社2008年版。

郭伟伟:《世界主要政党规章制度文献——马来西亚》,中央编译出版社2015年版。

何靖华、东方晓:《现代政治与伊斯兰教》,社会科学文献出版社2000年版。

贺圣达:《战后东南亚历史发展》,云南大学出版社1995年版。

胡祖庆:《政党合作与结盟》,书泉出版社2006年版。

黄滋生、温北炎：《战后东南亚华人经济》，广东人民出版社1999年版。

金宜久：《当代伊斯兰教》，东方出版社1995年版。

孔建勋：《多民族国家的民族政策与族群态度——新加坡、马来西亚和泰国实证研究》，中国社会科学出版社2010年版。

李文：《东亚：政党政治与政治参与》，世界知识出版社2007年版。

廖小健：《世纪之交马来西亚》，世界知识出版社2002年版。

廖小健：《战后马来西亚族群关系：华人与马来人关系研究》，暨南大学出版社2012年版。

林勇：《马来西亚华人与马来人经济地位变化比较研究：1957—2005》，厦门大学出版社2008年版。

林若雩：《马哈迪主政下的马来西亚》，韦伯文化事业出版有限公司2001年版。

刘红凛：《政党政治与政党规范》，上海人民出版社2010年版。

罗圣荣：《马来西亚的印度人及其历史变迁》，中国社会科学出版社2015年版。

庞卫东：《新加坡与马来（西）亚的合作与分离研究：1945—1965》，社会科学文献出版社2017年版。

彭树智：《伊斯兰教与中东的现代化进程》，西北大学出版社1997年版。

石沧金：《马来西亚华人社团研究》，暨南大学出版社2013年版。

孙振玉：《马来西亚的马来人与华人及其关系研究》，甘肃民族出版社2008年版。

覃光广、冯利、陈朴：《文化学辞典》，中央民族学院出版社1988年版。

吴云贵、周燮藩：《近现代伊斯兰教思潮与运动》，社会科学文献出版社2000年版。

杨建成：《马来西亚华人的困境：西马来西亚华巫政治关系之探讨，1957—1978》，文史哲出版社1982年版。

王虎：《马来西亚非政府组织研究》，厦门大学出版社2010年版。

王沪宁：《比较政治分析》，上海人民出版社1987年版。

王浦劬：《政治学基础》，北京大学出版社1997年版。

王京烈：《动荡中东多视角分析》，世界知识出版社1996年版。

王仲田：《政治学导论》，中共中央党校出版社1997年版。

张铭：《现代化视野中的伊斯兰复兴运动》，中国社会科学出版社1999

年版。

张锡镇：《东亚：变幻中的政治风云》，中国国际广播出版社 2002 年版。

郑良树：《马来西亚华文教育发展简史》，外语教学与研究出版社 2007 年版。

周淑真：《政党与政党制度比较研究》，人民出版社 2001 年版。

祝家华：《解构政治神话：大马两线政治的评析（1985—1992）》，华社资料研究中心，1994 年。

庄礼伟：《亚洲的高度》，广东旅游出版社 1999 年版。

［英］巴特摩尔：《平等还是精英》，尤卫军译，辽宁教育出版社 1998 年版。

［英］边沁：《道德与立法原则导论》，时殷弘译，商务印书馆 2000 年版。

［英］D. G. E. 霍尔：《东南亚史》（下册），中山大学东南亚历史研究所译，商务印书馆 1982 年版。

［英］哈耶克：《经济、科学与政治——哈耶克思想精粹》，冯克利译，江苏人民出版社 2000 年版。

［英］史蒂文·卢克斯：《个人主义》，阎克文译，江苏人民出版社 2001 年版。

［美］E. R. 克鲁斯克、B. M. 杰克逊：《公共政策词典》，上海远东出版社 1992 年版。

［美］查尔斯·A. 比尔德：《美国政府与政治》（上册），朱曾汶译，商务印书馆 1987 年版。

［美］E. 博登海默：《法理学：法律哲学与法律方法》，中国政法大学出版社 1998 年版。

［美］加布里埃尔·阿尔蒙德：《发展中地区的政治》，任晓晋译，上海人民出版社 2012 年版。

［美］利昂·D. 爱泼斯坦：《西方民主国家的政党》，何文辉译，商务印书馆 2014 年版。

［美］庞德：《通过法律的社会控制——法律的任务》，沈宗灵、董世忠译，商务印书馆 1984 年版。

［美］塞缪尔·P. 亨廷顿：《变化社会中的政治秩序》，王冠华译，上海世纪出版集团 2008 年版。

［美］塞缪尔·亨廷顿：《文明的冲突与世界秩序的重建》，周琪译，新华

出版社 2002 年版。

［意］加埃塔诺·莫斯卡：《政治科学要义》，任军锋译，上海人民出版社 2005 年版。

［意］维尔弗雷多·帕累托：《精英的兴衰》，宫维明译，上海人民出版社 2003 年版。

［新西兰］尼古拉斯·塔林：《剑桥东南史》，王士录译，云南人民出版社 2003 年版。

［马］冯东阳：《看七八年大选的马华成败史》，星光出版社 1979 年版。

［马］郭仁德：《敦陈祯禄传》，马来西亚华人文化协会，1996 年。

［马］莫顺生：《马来西亚教育史》，马来西亚华校教师会总会（教总），林连玉基金联合出版，2000 年。

［马］林水檺、何启良：《马来西亚华人史新编》（第 2 册），马来西亚中华大会堂总会，1999 年。

［马］林水檺、骆静山：《马来西亚华人史》，马来西亚留台校友会联合总会，1984 年。

［马］《巫统的困境：第十届大选分析》，策略资讯研究中心，2000 年。

［马］谢诗坚：《马来西亚华人政治思潮演变》，友达企业有限公司 1984 年版。

［马］郑良树：《马来西亚华文教育发展史》（第三册），马来西亚华校教师会总会，2003 年。

［马］郑良树：《马来西亚华文教育发展史》（第四册），马来西亚华校教师会总会，2003 年。

［马］祝家华：《解构政治神话：大马两线政治的评析（1985—1992）》，华社资料研究中心，1994 年。

《巫统的困境：第十届大选分析》，策略资讯研究中心，2000 年。

《1990 年教育法案真相》，马来西亚华校教师总会，1990 年。

二　中文论文

曹庆峰、熊坤新：《民族关系维度下的马来西亚治国理念》，《黑龙江民族丛刊》（双月刊）2013 年第 1 期。

曹庆峰：《马来西亚民族政策的历史嬗变及其启示》，《西北民族大学学报》（哲学社会科学版）2013 年第 4 期。

曹云华：《试论马来西亚的"新经济政策"——从华人与原住民关系的角度进行分析》，《东南亚纵横》1998年第2期。

陈家刚：《协商民主与当代中国的政治发展》，《北京联合大学学报》（人文社会科学版）2008年第2期。

陈朋：《协商合作型信任：一种契合现代社会需求的信任图景》，《理论与改革》2014年第4期。

陈衍德、任娜：《马来西亚华人与马来人族际关系演变新探》，《暨南学报》（哲学社会科学版）2002年第1期。

单伟：《美国学界对中国政治精英的研究》，《浙江社会科学》2008年第5期。

段颖：《马来西亚的多元文化、国家建设与族群政治》，《思想战线》2017年第5期。

方盛举：《马来西亚政党政治浅析》，《思想战线》1998年第9期。

房宁：《亚洲政治发展比较研究的理论性发现》，《中国社会科学》2014年第2期。

范若兰：《马来西亚伊斯兰教复兴运动试析》，《东南亚研究》1998年第1期。

范若兰、孟庆顺：《马来西亚华人如何看待伊斯兰教国》，《当代亚太》2004年第1期。

范若兰、孟庆顺：《马来西亚伊斯兰教国理念、实践与政党政治》，《东南亚研究》2005年第2期。

范若兰：《伊斯兰教与马来西亚政治民主化》，《东南亚研究》2007年第6期。

范若兰：《对立与合作：马来西亚华人政党与伊斯兰党关系的演变》，《东南亚研究》2010年第4期。

范若兰：《马来西亚华人社会与伊斯兰党关系简析》，《世界民族》2012年第1期。

范若兰：《马来西亚2013年大选与政治发展前景分析》，《当代世界》2013年第10期。

范若兰、［马］廖朝骥：《追求公正：马来西亚华人政治走向》，《世界知识》2018年第12期。

郭慧敏、姚曼：《政治协商与社会利益的表达——基于协商合作的视角》，

《生产力研究》2014 年第 1 期。

郭伟伟、陈晓全：《马来西亚政党政治的特点与趋势展望》，《国外理论动态》2013 年第 11 期。

胡春艳：《二战后马华公会与马来西亚华教权益争取》，《八桂侨刊》2015 年第 3 期。

胡小红：《公共利益及其相关概念再探讨》，《学术界》2008 年第 1 期。

辉明：《试论马来西亚伊斯兰党的发展演变》，《世界宗教文化》2013 年第 3 期。

辉明：《马来西亚政治海啸：第 13 届国会选举分析》，《南洋问题研究》2015 年第 3 期。

辉明：《从华人政党到全民政党？——"安华事件"后马来西亚民主行动党的政策转变》，《当代世界与社会主义》2016 年第 2 期。

洪明：《台湾"政党合作"问题初探》，《台湾研究》1997 年第 1 期。

贾小叶：《激进主义思潮研究述要》，《中国文化研究》2015 年第 4 期。

李羚：《党争视角下的政党合作职能思考》，《中国政协理论研究》2011 年第 2 期。

李路曲：《"体制内"民主化范式的形成及其类型学意义》，《政治学研究》2017 年第 1 期。

李一平：《一党独大下马来西亚多党联盟政治的发展》，《当代亚太》2005 年第 12 期。

廖小健：《马来西亚政局新特点》，《东南亚研究》2000 年第 3 期。

廖小健：《影响马来西亚马华两族关系的文化与政治因素》，《华侨华人历史研究》2007 年第 4 期。

廖小健：《马来西亚民族政党联盟的构建与影响》，《世界民族》2007 年第 6 期。

廖小健：《试论马来西亚华人政党的"不入阁"》，《东南亚研究》2013 年第 6 期。

骆永昆：《马来西亚总理马哈蒂尔》，《国际研究参考》2018 年第 6 期。

门中敬：《含义与意义：公共利益的宪法解释》，《政法论坛》2012 年第 4 期。

蒙文彪：《确立和谐协商机制，坚持独特发展模式——马来西亚巫统缘何能长期执政》，《当代世界》2001 年第 10 期。

齐顺利：《政治整合视域下的马来西亚民族建构研究》，《国际论坛》2012年第4期。

齐顺利：《马来西亚"伊斯兰国"与民族国家：争论、影响与趋势》，《东南亚研究》2016年第6期。

宋效峰：《试析马来西亚一党独大制的历史合法性》，《广州社会主义学院学报》2008年第1期。

宋效峰：《马来西亚的"第三条道路"：民主行动党的理念与实践》，《东南亚南亚研究》2012年第3期。

许利平、骆永昆：《马来西亚的种族政治与和谐社会的构建》，《东南亚南亚研究》2011年第3期。

许梅：《独立后马来西亚华人的政治选择与政治参与》，《东南亚研究》2004年第1期。

荣小民：《马来西亚的新发展政策》，《东南亚纵横》1991年第13期。

申钟：《当代伊斯兰复兴运动初探》，《西亚非洲》1982年第6期。

石沧金：《马来西亚印度人的政治参与简析》，《世界民族》2009年第2期。

施雪琴：《马来西亚澳尔根组织及其活动》，《东南亚研究》1995年第5期。

孙海法、刘运国、方琳：《案例研究的方法论》，《科研管理》2004年第2期。

孙九霞：《试论族群与族群认同》，《中山大学学报》（社会科学版）1998年第2期。

童宁：《族际关系与政治发展：以马来西亚为个案的民族政治学考察》，《经济与社会发展》2007年第3期。

仝志辉：《农民选举参与中的精英动员》，《社会学研究》2002年第1期。

王洪树：《协商合作：公共决策的新机制》，《领导科学》2009年第29期。

王洪树、张玉芳：《协商合作：一种重要的民主政治运作形式》，《中国政协理论研究》2010年第2期。

王洪树：《公共政策执行路径的协商合作视角》，《领导科学》2011年第29期。

王文俊：《论伊斯兰教在马来西亚政治中的作用和影响》，《东南亚纵横》2013年第11期。

韦朝晖：《马来西亚：2013年回顾与2014年展望》，《东南亚纵横》2014年第4期。

韦朝晖：《马来西亚：2017年回顾与2018年展望》，《东南亚纵横》2018年第2期。

吴丽萍：《政党的概念及其要素考辩》，《南华大学学报》（社会科学版）2010年第6期。

吴阳松：《新媒体环境下政党形象建构的适应性分析》，《理论探讨》2018年第4期。

徐杰舜：《论族群与民族》，《民族研究》2002年第1期。

姚建国：《协调种族利益 确保执政地位——马来西亚巫统的执政理念》，《当代世界》2005年第1期。

俞云平、陈衍德：《从隔阂对抗走向共存共荣——马来西亚马华族群关系的演变》，《厦门大学学报》（哲学社会科学版）2008年第3期。

张千帆：《"公共利益"是什么？——社会功利主义的定义及其宪法上的局限性》，《法学论坛》2005年第1期。

张文生：《台湾泛蓝阵营的政党合作分析》，《台湾研究集刊》2002年第3期。

张应龙：《马来西亚国阵的组成与华人政党的分化》，《华侨华人历史研究》2002年第2期。

张云：《马来西亚政党政治的变化及其走向》，《东南亚研究》2001年第2期。

庄礼伟：《第13届国会选举前夕的马来西亚：选举型威权的终结?》，《东南亚研究》2013年第2期。

周淑真：《政党协商——多党合作制度的核心要素》，《世纪行》2016年第2期。

周燮藩：《当代伊斯兰教浅析》，《伊斯兰文化》2009年第1期。

周义程：《公共利益、公共事务和公共事业的概念界说》，《南京社会科学》2007年第1期。

［日］山下彰一：《马来西亚新国家发展政策的概要与各种课题》，汪慕恒译，《南洋资料译丛》1994年第Z1期。

［韩］黄仁元：《马来西亚政治在选举威权主义体制崩溃后的可能性：以2018年第14届议会选举为中心》，李鹏译，《南洋资料译丛》2018年第

4 期。

［挪威］弗里德里克·巴斯：《族群与边界》，高崇译，《广西民族学院学报》（哲学社会科学版）1999 年第 1 期。

三 报刊论文

《吉隆坡有 300 余人集体退出马华公会》，《星岛日报（香港）》1959 年 7 月 30 日。

《林敬益：宣称回教国的目的，阻止回教党煽动回教徒》，《南洋商报》2001 年 11 月 10 日。

《不必为马国是回教国担忧，马哈迪保证不剥夺华族利益》，《联合早报》2001 年 11 月 12 日。

《总理：没必要继续辩论，大马确是回教国》，《南洋商报》2002 年 6 月 20 日。

《诚意实践迈向辉煌大马，国阵宣言力争民心》，《东方日报》2004 年 3 月 15 日。

《回教党大会》，《联合早报》2005 年 5 月 4 日。

《马来西亚第 12 届全国大选投票结果》，《联合早报》2008 年 3 月 10 日。

《率先启动竞选机器，民联大选宣言立誓铲除贪污》，《联合早报》2013 年 2 月 26 日。

四 学位论文

程嘉辉：《马华公会对华文教育的态度演变研究——政党政治的研究视角》，硕士学位论文，暨南大学，2009 年。

戴小峰：《伊斯兰复兴及其对马来西亚的政治影响》，硕士学位论文，暨南大学，2004 年。

费昭珣：《马华公会：对马来西亚华人政党的个案分析》，硕士学位论文，暨南大学，2000 年。

郭新海：《马来西亚伊斯兰教党论析》，硕士学位论文，厦门大学，2009 年。

李博：《马来西亚政治现代化进程中的华人作用研究》，硕士学位论文，云南民族大学，2016 年。

李欣：《论公共利益的界定》，硕士学位论文，郑州大学，2011 年。

廖韶吟：《马来西亚经济发展政策对华巫种族关系的影响》，硕士学位论文，东海大学，1988 年。

凌海：《马来西亚民主化的特点及其成因》，硕士学位论文，上海师范大学，2015 年。

刘晋飞：《马来西亚政党制度与政治稳定》，硕士学位论文，华东政法大学，2011 年。

莫彦华：《马来西亚"一党独大制"研究（1946—1990）》，硕士学位论文，天津师范大学，2013 年。

王雷：《马来西亚族群政策演变研究》，硕士学位论文，云南大学，2010 年。

王晓倩：《马来西亚政治转型进程评析》，硕士学位论文，辽宁大学，2014 年。

杨贝卡：《马来西亚伊斯兰复兴运动研究》，硕士学位论文，中南大学，2012 年。

张政东：《马来西亚政党政治民主化动力研究》，硕士学位论文，华东政法大学，2013 年。

曹庆锋：《马来西亚伊斯兰复兴运动研究》，博士学位论文，中央民族大学，2013 年。

胡春艳：《抗争与妥协：马来西亚华社对华族母语教育政策制定的影响》，博士学位论文，暨南大学，2010 年。

金东梅：《当代西方政党执政理论景观研究》，博士学位论文，吉林大学，2012 年。

梁忠：《马来西亚政府华人政策研究——从东姑·拉赫曼到马哈蒂尔》，博士学位论文，复旦大学，2006 年。

廖小健：《战后马来西亚族群关系研究》，博士学位论文，暨南大学，2007 年。

宋效峰：《马来西亚现代化进程中的政治稳定：政党制定的视角》，博士学位论文，山东大学，2009 年。

原晶晶：《20 世纪 80 年代以来马来西亚华人公会研究》，博士学位论文，厦门大学，2012 年。

五　英文著作

Abdul Rahman Embong, *State-Led Modernization and the New Middle Class in Malaysia London*: Palgrave Macmillan, 2002.

Albert Lau, *The Malayan Union Controversy 1942-1948*, Singapore: Oxford University Press, 1991.

Alias Mohamed, *Malaysia's Islamic Opposition: Past, Represent and Future*, Kuala Lumpur: Gateway Publishing House, 1991.

Alias Mohamed, *PAS' Platform-Development and Change 1951-1986*, Kuala Lumpur: Gateway Publishing House Sdn. Bhd, 1994.

Angus Campbell, *The American Voter*, New York: John Willey & Sons, 1960.

Anthony D. Smith, *The Ethnic Sources of Nationalism, Ethnic Conflict and International Security*, Princeton: Princeton University Press, 1993.

Aziz Zariza Ahmad. Mahathir, *Triumph After Trials*, Kuala Lumpur: S. Abdul Majeed, Pub. Division, 1990.

Barfield Thomas, *The Dictionary of Anthropology*, Malden: Blackwell Publishers, 1997.

Barbara Watson Andaya, Leonard Y. Andaya, *A History of Malaysia*, London: The Macmillan Press LTD, 1982.

Cheah Boon Kheng, *Malaysia: The Making of a Nation*, Singapore: Institute of Southeast Asian Study, 2002.

Chung Kek Yoong, *Mahathir Administration: Leadership and Change in a Multiracial Society*, Petaling Jaya: Pelanduk Publications, Sdn. Bhd, 1987.

Clive S. Kessler, *Islam and Politics in a Malay State: Kelantan 1838-1969*, Ithaca, N.Y.: Cornell University Press, 1978.

Donald L. Horowitz, *Ethnic Group in Conflict*, Berkeley, London: University of California Press, 1985.

Elsa Lafaye, *The Role of Educational Policy in Overcoming Ethnic Divisions and Building Malaysia's Nation, Education and Geopolitical Change*, Oxford: Grande-Bretagne, 1997.

Erica Miller, *Democratic Islamists? A Case Study on the Pan-Malaysian Islamic Party (PAS)*, Boston: Tufts University, 2007.

Farish A. Noor, *Islam Embedded: The Historical Development of the Pan-Malaysian Islamic Party PAS 1951–2003*, Kuala Lumpur: Malaysian Sociological Research Institute, 2004.

Harole Crouch, *Malaysia's 1982 General Election*, Singapore: Institute of Southeast Asian Studies, 1982.

Harold Crouch, *Government and Society in Malaysia*, Ithaca: Cornell University Press, 1996.

Heng Pek Koon, *Chinese Politics in Malaysia: A History of the Malaysian Chinese Association*, Singapore: Oxford University Press, 1988.

Hussin Mutalib, *Islam and Ethnicity in Malay Politics*, Oxford University Press, 1990.

Hussia Mutalib, *Islam in Malaysia: From Revivalism to Islamic State?* Singapore: Singapore University Press, 1993.

Ibrahim Ahmad, *Konflik UMNO-PAS Dalam Isu Islamisasi*, Kuala Lumpur: Buku Sdn, 1990.

In-Won Hwang, *Personalized Politics: The Malaysian State under Mahathir*, Singapore: Institute of Southeast Asian Studies, 2003.

James. V. Jesudason, *Ethnicity and the Economy: The State, Chinese Business and Multinational in Malaysia*, New York: Oxford University Press, 1989.

James Peter. Ongkili, *Nation-Building in Malaysia (1946–1974)*, Singapore: Oxford University Press, 1985.

Judith Strauch, *Chinese Village Politics in the Malaysian State*, Harvard University Press, 1981.

Khoo Boo Teik, *Paradoxes of Mahathirism: An Intellectual Biography of Mahathir Mohamad*, New York: Oxford University Press, 1995.

Khong Kim Hoong, *British Rule and the Struggle for Independence in Malaya, 1945–1957*, Pittsburgh: University of Pittsburgh, 1975.

Kim Hoong Khong, *Malaysia's General Election 1990: Continuity, Change, and Ethnic Politics*, Singapore: Institute of Southeast Asian Studies, 1991.

K. J. Ratnan, *Communalism and the Political Process in Malaya*, Kuala Lumpur: University of Malaya Press, 1965.

Leon Comber, *13 May 1969: A Historical Survey of Sino-Malay Relations*,

Kuala Lumpur: Heinemann Asia, 1983.

Leo Suryadinata, *Chinese and Nation – Building in Southeast Asia*, Singapore Society of Asian Studies, 1997.

Meredith L. Weiss, Saliha Hassan, *Social Movements in Malaysia: From Moral Communities to NGOs*, London: Routledge Curzon, 2003.

Nathan Glazer, Daniel P. Moynihan, *Ethnicity: Theory and Experience*, Harvard University Press, 1975.

R. K. Vasil, *Ethnic Politics in Malaysia*, New Delhi: Radiant Publishers, 1980.

R. S. Milne, Diane K. Mauzy, *Politics and Government in Malaysia*, Mauzy Vancouver: University of British Columbia Press, 1978.

Stanley S. Bedlington, *Malayia and Singapore: The Building of New States*, Ithaca: Cornell University Press.

Stuart Kaufman, Modern Hatreds, *The Symbolic Politics of Ethnic Wars*, Ithaca: Cornell University Press, 2001.

Timothy Norman Harper, *The End of Empire and the Making of Malaya*, Cambridge: Cambridge University Press, 1999.

Victor Purcell, *Malaya: Communist, or Free?* Stanford: Stanford University Press, 1954.

Zachariah Haji Ahmad, *Government and Politics of Malaysia*, Oxford: Oxford University Press, 1987.

Zainah Anwar, *Islamic Revivalism in Malaysia: Dakwah Among the Students*, Kuala Lumpur: Pelanduk Publication, 1987.

六 英文论文

Edmund Burke, "Thoughts on the Causes of the Present Discontents", in Louis I. Bredvold, Ralph G. Ross, ed., *The Philosophy of Edmund Burke*, Ann Arbor: University of Michigan Press, 1960.

Farish A. Noor, "Blood, Sweat, and Jihad: The Radicalization of the Political Discourse of the Pan – Malaysian Islamic Party (PAS) from 1982 Onwards", *Contemporary Southeast Asia*, Vol. 25, 2003.

Heng Pek Koon, "Lee Karo Hing. The Chinese in the Malaysian Political System", in Lee Kam Hing, Tan Chee – Beng ed. , *The Chinese in Malaysia*, Kuala Lumpur: Oxford University Press, 2000.

Ishak Bin Tadin, "Datu Onn and Malay Nationalism 1946 – 1951", *JSEAH*, Vol. 1, 1960.

James Chi, "The 1995 Malaysia General Election: Mahathir's Last Triumph?", *Asian Survey*, Vol. 36, 1996.

Jennifer Haskell, "Racial Politics, Power and Dominant Party Autocracy in Malaysia", *Stanford Journal of International Relations*, Vol. 6, 2005.

Johan Saravanamuttu, "The Eve of the 1999 General Election: From the NEP to Reformasi." in Francis Loh Kok Wah, Johan Saravanamuttu, eds. , *New Politics in Malaysia*, Singapore: Institute of Southeast Asian Studies, 2003.

Jomo Kwame Sundaram, "Ahmed Shabery Cheek. The Politics of Malaysia's Islamic Resurgence", *Third World Quarterly* Vol. 10, 1988.

Lim Kit Siang, "The Challenges of Opposition Politics in Malaysia – Checking Growing Authoritarianism and Ethnic Repolarization", in Colin Barlow, Francis Loh Kok Wah, ed. , *Malaysian Economics and Politics in the New Century*, Cheltenham, UK; Northamptom, MA: Edward Elgar, 2003.

Lucian W. Pye, "Aspects of Political Development", *Midwest Journal of Political Science*, Vol. 10, 1966.

Marx Weber, "The Ethnic Group, In Parsons", in Shils Etal, ed. , *Theories of Society*, Gleercol Illionois: The Free Press, 1961.

Mohamed Sufian Hashim, "The Relationship Between Islam and State in Malay", *Intisari*, Vol. 1, 1962.

N. J. Funston, "The Politics of Reassertion: Malaysia. In Ahmad Ibrahim", *Readings on Islam in Southeast Asia*, 1985.

Patricia A. Martinez, "The Islamic State or the State of Islam in Malaysia", *Contemporary Southeast Asia*, Vol. 23, 2001.

Roger Kershaw, "The East Coast in Malayan Politics: Episodes of Resistance and Integration in Kelantan and Trengganu", *Modern Asian Studies*, Vol. 11, 1977.

Saliha Hassan, "Islamic Non – Governmental Organizations", in *Social Movements in Malaysia: From moral communities to NGOs*, London: Routledge

Curzon, 2003.

Soh Eng Lim, "Tan Cheng Lock", *JSEAH*, Vol. 1, 1960.

William Case, "UMNO Paramountcy: A Report on Single – Party Dominance in Malaysia", *Party Politics*, Vol. 2, 1996.

后　　记

近年来，国内比较政治学界的一些学者开始研究族群政治，受此影响，本人以马来西亚为案例，分析了该国以族群人员为基础建立的族群政党的运作过程，并且阐述了这些族群政党之间的合作对马来西亚独立以来的政治发展的影响。希望本书能对研究比较政党政治，尤其是对研究马来西亚族群政治的学者具有启发作用。

在本书的撰写和修改过程中，武汉大学比较政治研究中心的储建国教授给予了很多指导，他还在百忙之中为本书写了热情洋溢的推荐序，本人借此机会表示诚挚的感谢。在出版这本书的过程中，中国社会科学出版社的王琪编辑也做了很多工作，在此也表示感谢。

本人对族群政党合作理论、马来西亚的族群政党合作都进行了积极的探讨，欢迎学界同人提出中肯的意见和建议，以备将来继续修订本书的内容。

李　江

2020 年 6 月 30 日